OEUVRES COMPLÈTES

DE M. LE VICOMTE

DE CHATEAUBRIAND.

—

TOME XXI.

IMPRIMERIE ET FONDERIE DE RIGNOUX,
RUE DES FRANCS-BOURGEOIS-S.-MICHEL, 8.

OEUVRES COMPLÈTES

DE M. LE VICOMTE

DE CHATEAUBRIAND,

MEMBRE DE L'ACADÉMIE FRANÇOISE.

TOME VINGT-UNIÈME.

LES MARTYRS.

TOME III.

PARIS.

POURRAT FRÈRES, ÉDITEURS.

M. DCCC XXXVI.

LES MARTYRS

ou

LE TRIOMPHE

DE LA RELIGION CHRÉTIENNE.

LES MARTYRS.

LIVRE DIX-NEUVIÈME.

SOMMAIRE.

Retour de Démodocus au temple d'Homère. Sa douleur. Il apprend la nouvelle de la persécution. Il part pour Rome, où il croit qu'Hiéroclès a fait conduire Cymodocée. Cymodocée est baptisée dans le Jourdain par Jérôme. Elle arrive à Ptolémaïs et s'embarque pour la Grèce. Une tempête suscitée par les ordres de Dieu fait aborder Cymodocée en Italie.

Qui pourra jamais dire l'amertume des chagrins paternels !

Après la séparation fatale, les esclaves avoient reconduit Démodocus à la citadelle d'Athènes. Il passa la nuit sous un portique du temple de Minerve, afin de découvrir aux premiers rayons du jour la galère de Cymodocée. Lorsque l'étoile du matin parut sur le mont Hymette, les larmes du vieillard coulèrent avec une nouvelle abondance.

« O ma fille ! s'écria-t-il, quand reviendras-tu de l'Orient, ainsi que cet astre, pour réjouir ton père ! »

L'aurore éclaira bientôt les flots solitaires où l'on cherchoit en vain quelque voile ; mais on apercevoit encore sur les vagues aplanies la trace blanchissante des vaisseaux que l'on ne voyoit plus. Déjà le soleil sortant de l'onde doroit et brunissoit à la fois la face de la mer. Des nues sereines étoient arrêtées çà et là dans l'azur du ciel de l'Attique; quelques-unes, teintes de rose, flottoient autour de l'astre du jour, comme l'écharpe des Heures. Ce spectacle ne fit qu'irriter la douleur du prêtre d'Homère. Il pousse des sanglots : depuis que sa fille étoit au monde, c'est la première fois qu'il voit loin d'elle se lever le soleil. Démodocus refuse tous les soins de son hôte, qui, témoin d'une pareille douleur, s'applaudissoit d'avoir vécu jusqu'alors sans enfants et sans épouse : ainsi le berger, au fond d'une vallée, écoute en frémissant le bruit du canon lointain ; il plaint les victimes tombées sur le champ de bataille, et bénit ses rochers et sa cabane.

Dès le jour suivant, Démodocus voulut quitter Athènes et retourner en Messénie. Sa douleur ne lui permit pas de suivre long-temps les chemins qu'il avoit parcourus avec Cymodocée. A Corinthe, il prit la route d'Olympie; mais il ne put supporter la joie et l'éclat des fêtes qu'on célébroit alors au bord de l'Alphée. Lorsque, après avoir franchi les montagnes de l'Élide, il aperçut les sommets de l'Ithome, il tomba sans mouvement entre les bras de ses esclaves. Bientôt on le rappelle à la vie : bientôt, pâle et tremblant, il arrive au temple d'Homère. Déjà le seuil des portes étoit jonché de feuilles flétries; l'herbe croissoit dans tous les sentiers : tant les pas de l'homme s'effacent promptement sur la terre ! Démodocus entre au sanctuaire de son aïeul; la lampe étoit éteinte. On voyoit sur l'autel les cendres du dernier sacrifice que le père de Cymodocée avoit offert aux dieux pour sa fille. Démodocus se prosterne devant l'image du poëte.

« O toi, dit-il, qui es maintenant toute ma famille, chantre des douleurs de Priam, pleure aujourd'hui les maux du dernier rejeton de ta race. »

En ce moment une des cordes de la lyre de Cymodocée se rompit, et rendit un son qui fit tressaillir le vieillard. Il relève la tête; il aperçoit la lyre suspendue à l'autel.

« C'en est fait, s'écrie-t-il, ma fille va mourir! les Parques m'annoncent son destin en brisant la corde de sa lyre. »

A ce cri les esclaves accourent au temple, et entraînent malgré lui Démodocus.

Chaque jour augmentoit ses ennuis; mille souvenirs déchiroient son cœur. C'étoit ici qu'il instruisoit sa fille dans l'art des chants; c'étoit là qu'il se promenoit avec elle. Rien n'est cruel comme la vue des lieux que nous avons habités au temps du bonheur, lorsque nous avons perdu ce qui faisoit le charme de notre vie. Les citoyens de Messène furent touchés des chagrins de Démodocus. Ils lui permirent d'interrompre des fonctions sacrées qu'il n'exerçoit qu'au milieu des larmes. Ses jours dépérissoient; il marchoit à grands pas vers le tombeau; les lettres de sa fille, égarées dans l'Orient, ne parvenoient point jusqu'à lui. La famille de Lasthénès ne pouvoit donner ses soins au vieillard : elle étoit persécutée, et la mère d'Eudore venoit de mourir. Que de victimes le prêtre d'Homère immole à des dieux sourds à sa voix! Que d'hécatombes promises, si

Neptune ramène Cymodocée aux rives du Pamisus !
Le jour s'éteint, le jour renaît, et retrouve Démodocus la main dans le sang, interrogeant les entrailles des taureaux et des génisses. Il s'adresse à tous les temples ; il va consulter des aruspices jusqu'au sommet du Ténare. Tantôt il revêt une robe de deuil, et frappe aux portes d'airain du sanctuaire des Furies ; il présente aux fatales sœurs des dons expiatoires, comme si ses malheurs étoient des crimes ! Tantôt il se couronne de fleurs, il affecte un air riant avec des yeux baignés de larmes, afin de se rendre propice quelque divinité ennemie des pleurs. S'il est des rites depuis long-temps abandonnés, des cérémonies pratiquées aux siècles d'Inachus et de Nestor, Démodocus les renouvelle ; il feuillette les livres sibyllins ; il ne prononce que des mots réputés heureux ; il s'abstient de certaines nourritures ; il évite la rencontre de certains objets ; il est attentif aux vents, aux oiseaux, aux nuages ; il n'est point assez d'oracles pour son amour paternel ! Ah ! déplorable vieillard ! écoute les sons de cette trompette qui retentit au sommet de l'Ithome : ils t'apprendront la destinée de ta fille.

Le commandant de Messène parcouroit les campagnes avec une suite nombreuse, proclamant Galérius empereur, et publiant l'édit de persécution. Démodocus ne sait s'il a bien entendu ; il court à Messène : tout lui confirme son malheur. Un vaisseau, venu d'Orient au port de Coronée, raconte en même temps que la fille d'Homère, enlevée de

Jérusalem, a été conduite à Hiéroclès. Que fera Démodocus? L'excès de l'adversité lui donne des forces : il se décide à voler à Rome, à se jeter aux pieds de Galérius, à réclamer Cymodocée. Avant de quitter le temple du demi-dieu, il consacre au pied de la statue d'Homère une petite galère d'ivoire, et un vase à recueillir des larmes : offrande et symbole de son inquiétude et de sa douleur! Ensuite il vend ses Pénates, la pourpre de son lit, le voile nuptial d'Épicharis, destiné à Cymodocée; il emporte avec lui sa fortune entière pour racheter l'enfant de son amour. Soins inutiles! Le ciel ne vouloit point céder sa conquête, et tous les trésors de la terre n'auroient pu payer la couronne de la nouvelle chrétienne.

Cymodocée n'appartenoit plus au monde. En recevant les eaux du baptême, elle alloit prendre son rang parmi les esprits célestes. Déjà elle avoit quitté la grotte de Bethléem avec Dorothée. Elle marchoit, au lever du jour, par des lieux âpres et stériles. Jérôme, vêtu comme saint Jean dans le désert, montroit le chemin à la catéchumène. Bientôt ils arrivent au dernier rang des montagnes de Judée, qui bordent les eaux de la mer Morte et la vallée du Jourdain.

Deux hautes chaînes de montagnes, s'étendant du nord au midi, sans détours, sans sinuosités, s'offrent aux yeux des trois voyageurs. Du côté de la Judée, ces montagnes sont des monceaux de craie et de sable qui imitent la forme de faisceaux d'armes, de drapeaux ployés, ou de tentes d'un camp assis au bord d'une plaine. Du côté de l'Arabie, ce sont de noirs rochers perpendiculaires, qui versent à la mer Morte des torrents de soufre et de bitume. Le plus petit oiseau du ciel n'y trouveroit pas un brin d'herbe pour se nourrir; tout y annonce la patrie d'un peuple réprouvé; tout semble y respirer l'horreur de l'inceste d'où sortirent Ammon et Moab.

La vallée comprise entre ces deux chaînes de montagnes présente un sol semblable au fond d'une mer depuis long-temps retirée : des plages de sel, une vase desséchée, des sables mouvants et comme sillonnés par les flots. Çà et là des arbustes chétifs croissent péniblement sur cette terre privée de vie : leurs feuilles sont couvertes du sel qui les a nourries, et leur écorce a le goût et l'odeur de la fumée; au lieu de villages, on aperçoit les ruines de quelques tours. Au milieu de la vallée passe un fleuve décoloré : il se traîne à regret vers le lac empesté qui l'engloutit. On ne distingue point son cours au milieu de l'arène, mais il est bordé de saules et de roseaux où se cache l'Arabe qui attend la dépouille du voyageur et du pèlerin.

« Vous voyez, dit Jérôme à ses deux hôtes étonnés, des lieux fameux par les bénédictions et les malédictions du ciel : ce fleuve est le Jourdain; ce lac est la mer Morte; elle vous paroît brillante, mais les villes coupables qu'elle cache dans son sein ont empoisonné ses flots. Ses abîmes sont solitaires et sans aucun être vivant; jamais vaisseau n'a pressé ses ondes; ses grèves sont sans oiseaux, sans arbres, sans verdure; son eau, d'une amertume affreuse, est si pesante que les vents les plus impétueux peuvent à peine la soulever. Ici le ciel est embrasé des feux qui consumèrent Gomorrhe. Cymodocée, ce ne sont pas là les rives du Pamisus, et les vallons du Taygète. Vous êtes sur le chemin d'Hébron, dans les lieux où retentit la voix de Josué lorsqu'il arrêta le soleil. Vous foulez une terre encore fumante de la colère de Jéhovah, et que consolèrent ensuite les paroles miséricordieuses de Jésus-Christ. Jeune catéchumène, c'est par cette solitude sacrée que vous allez chercher celui que vous aimez; les souvenirs de ce désert grand et triste se mêleront à votre amour pour le fortifier et le rendre plus grave : l'aspect de ces bords désolés est également propre à nourrir ou à éteindre les passions. Fille innocente, les vôtres sont légitimes, et vous n'êtes point obligée, comme Jérôme, de les étouffer sous des fardeaux de sable brûlant!»

En parlant ainsi, ils descendoient dans la vallée du Jourdain. Cymodocée, tourmentée d'une soif dévorante, cueille sur un arbrisseau un fruit semblable à un citron doré; mais, lorsqu'elle le porte à sa bouche, elle le trouve rempli d'une cendre amère et calcinée.

« C'est l'image des plaisirs du monde, » s'écrie le solitaire.

Et il continue son chemin en secouant la poussière de ses pieds.

Cependant les pèlerins s'avançoient vers un bois

de tamarin et d'arbres de baume, qui croissoient au milieu d'une arène blanche et fine; tout à coup Jérôme s'arrête et montre à Dorothée, presque sous ses pas, quelque chose en mouvement dans l'immobilité du désert : c'étoit un fleuve jaune, profondément encaissé, qui rouloit avec lenteur une onde épaissie. L'anachorète salue le Jourdain, et s'écrie :

« Ne perdons pas un moment, fille trop heureuse ! Venez puiser la vie à l'endroit même où les Israélites passèrent le fleuve en sortant du désert, et où Jésus-Christ voulut recevoir le baptême de la main du Précurseur. Ce fut de la cime de ce mont Abarim que Moïse découvrit pour vous la terre promise; ce fut au sommet de cette montagne opposée que Jésus-Christ pria pour vous pendant quarante jours. A la vue des murs en ruine de Jéricho, faisons tomber la barrière de ténèbres qui environne votre âme, afin que le Dieu vivant y puisse pénétrer. »

Aussitôt Jérôme descend dans le fleuve, Cymodocée y descend après lui. Dorothée, unique témoin de cette scène, se mit à genoux sur la rive. Il sert de père spirituel à Cymodocée, et lui confirme le nom d'Esther. Les flots se divisent autour de la chaste catéchumène, comme ils se partagèrent au même lieu autour de l'arche sainte. Les plis de sa robe virginale, entraînés par le courant, s'enflent au loin derrière elle; elle incline sa tête devant Jérôme, et, d'une voix qui charme les roseaux du Jourdain, elle renonce à Satan, à ses pompes et à ses œuvres. L'anachorète, puisant l'eau régénératrice avec une coquille du fleuve, la verse, au nom du Père, du Fils et du Saint-Esprit, sur le front de la fille d'Homère. Ses cheveux dénoués tombent des deux côtés de sa tête sous le poids de l'onde rapide qui suit et déroule leurs anneaux : ainsi la douce pluie du printemps humecte des jasmins fleuris, et glisse le long de leurs tiges parfumées. Oh! qu'il étoit attendrissant ce baptême furtif dans les eaux du Jourdain! Combien elle étoit touchante cette vierge qui, cachée au fond d'un désert, déroboit, pour ainsi dire, le ciel! Seule, la souveraine beauté parut plus belle en ce lieu, lorsque, les nuées s'entr'ouvrant, l'Esprit de Dieu descendit sur Jésus-Christ, en forme de colombe, et que l'on entendit une voix qui disoit :

« Celui-ci est mon fils bien-aimé. »

Cymodocée sort des ondes pleine de foi et de courage contre les maux de la vie : la nouvelle chrétienne, portant Jésus-Christ dans son cœur, ressembloit à une femme qui, devenue mère, trouve tout à coup pour son fils des forces qu'elle n'avoit pas pour elle-même.

En ce moment, une troupe d'Arabes se montra non loin du fleuve. Jérôme, d'abord effrayé, reconnut bientôt une tribu chrétienne, dont il avoit été l'apôtre. Cette petite Église, où Dieu étoit adoré sous une tente, comme aux jours de Jacob, n'avoit point échappé à la persécution. Les soldats romains lui avoient enlevé ses cavales et ses troupeaux : les chameaux seuls lui étoient restés. Le chef les avoit appelés de loin, en s'enfuyant dans la montagne, et ils s'étoient empressés de le suivre : ces fidèles serviteurs avoient porté à leurs maîtres le tribut d'un lait abondant, comme s'ils avoient deviné que ces maîtres n'avoient plus d'autre nourriture.

Jérôme vit dans cette rencontre la main de la Providence.

«Ces Arabes, dit-il à Dorothée, vous conduiront chez nos frères de Ptolémaïs, où vous trouverez facilement un vaisseau pour l'Italie.»

— «Gazelle au doux regard et aux pieds légers, vierge plus agréable qu'une source limpide, dit le chef des Arabes à Cymodocée, ne crains rien : je te conduirai partout où tu le désireras, si Jérôme, notre père, l'ordonne.»

Le jour étant trop avancé pour se mettre en marche, on s'arrête au bord du fleuve ; on égorge un agneau qu'on fait rôtir tout entier ; on le sert sur un plateau de bois d'aloès ; chacun déchire une partie de la victime ; on boit un peu de ce lait que le chameau puise dans un sable aride, et qui conserve le goût de la datte savoureuse. La nuit vient. On s'assied autour d'un bûcher. Attachés à des piquets, les chameaux forment un second cercle en dehors des descendants d'Ismaël. Le père de la tribu raconte les maux que l'on faisoit souffrir aux chrétiens. A la lueur du feu, on voyoit ses gestes expressifs, sa barbe noire, ses dents blanches, les diverses formes qu'il donnoit à son vêtement dans l'action de son récit. Ses compagnons l'écoutoient avec une attention profonde : tous penchés en avant, le visage sur la flamme, tantôt ils poussoient un cri d'admiration, tantôt ils répétoient avec emphase les paroles de leur chef; quelques têtes de chameaux s'avançoient au-dessus de la troupe, et se dessinoient dans l'ombre. Cymodocée contemploit en silence cette scène de pasteurs de l'Orient; elle admiroit cette religion qui civilisoit des hordes sauvages, et les portoit à secourir la foiblesse et l'innocence, tandis que les faux dieux ramenoient les Romains à la barbarie, et étouffoient dans leur cœur la justice et la pitié.

Au premier rayon de l'aurore, toute la troupe rassemblée offrit au bord du Jourdain ses prières à l'Éternel. Le dos d'un chameau, paré d'un tapis, fut l'autel où l'on plaça les signes sacrés de cette Église errante. Jérôme remit à Dorothée des lettres pour les principaux fidèles de Ptolémaïs. Il exhorta Cymodocée à la patience et au courage, en se félicitant d'envoyer une épouse chrétienne à son ami.

« Allez, lui dit-il, fille de Jacob, autrefois fille d'Homère! reine de l'Orient, vous sortez du désert brillante de clarté. Bravez les persécutions des hommes. La nouvelle Jérusalem ne pleure point assise sous le palmier comme la Judée captive de Titus; mais, victorieuse et triomphante, elle cueille sur ce même palmier l'immortel symbole de sa gloire! »

En achevant ces mots, Jérôme prend congé de ses hôtes, et retourne à la grotte de Bethléem.

La tribu arabe conduit les deux fugitifs, par des montagnes inaccessibles, jusqu'aux portes de Ptolémaïs. La souveraine des anges, qui ne cessoit de veiller sur Cymodocée, l'avoit soutenue miraculeusement au milieu de ses fatigues. Afin de la dérober aux yeux des païens, elle l'enveloppa d'un nuage, ainsi que Dorothée. Tous deux entrèrent dans Ptolémaïs sous ce voile. L'église, qui n'étoit point encore abattue, leur annonce la demeure du pasteur. En ces jours de tribulations, des chrétiens persécutés étoient des frères que l'on recevoit avec respect et tendresse; on les cachoit au péril de sa vie, et les secours de la charité la plus vive leur étoient prodigués. On annonce au pasteur que deux étrangers se présentoient à sa porte; il s'empresse de descendre. Dorothée, sans prononcer une parole, se fait reconnoître au signe du salut.

« Des martyrs! s'écrie aussitôt le pasteur. Des martyrs! Béni soit le jour qui vous amène à ma demeure! Anges du Seigneur, entrez chez Gédéon: ici vous trouverez la moisson dérobée aux Moabites. »

Dorothée remet au pasteur les lettres de Jérôme, et raconte en même temps les malheurs de Cymodocée.

« Quoi! s'écria le prêtre, c'est là l'épouse de notre défenseur! c'est là cette vierge dont l'histoire retentit dans toute la Syrie! Je suis Pamphile de Césarée, et j'ai connu jadis Eudore en Égypte. Fille de Jérusalem, que votre gloire est grande! Hélas!

votre illustre protectrice, Hélène la sainte, ne peut plus rien pour vous : elle est elle-même arrêtée. Les ministres d'Hiéroclès vous cherchent de tous côtés ; il faut quitter promptement cette ville ; mais il est encore des ressources : où voulez-vous porter vos pas ? »

Dorothée, dont la foi n'a pas la même ardeur que celle de Jérôme, et qui ne pénètre pas comme lui les desseins du ciel ; Dorothée, qui mêle encore à sa religion des tendresses humaines, ne croit pas que Cymodocée puisse se rendre auprès de son époux.

« C'est vous livrer à Hiéroclès, dit-il, sans espoir de sauver ni même de voir Eudore, s'il est tombé entre les mains de nos ennemis. Souffrez que je vous accompagne chez votre père. Votre présence lui rendra la vie. Nous vous cacherons dans quelque grotte inconnue, et j'irai chercher à Rome le fils de Lasthénès. »

— « Je suis jeune, répondit Cymodocée, et sans expérience ; conduis-moi, ô le plus doux des hommes : ta fille chrétienne doit obéir à tes conseils. »

Il ne se trouva dans le port de Ptolémaïs qu'un seul vaisseau faisant voile pour Thessalonique : la nouvelle chrétienne et son généreux conducteur furent obligés d'en profiter. Ils se cachèrent sous des noms inconnus, et quittèrent ce port que saint Louis, sauvé des mains des infidèles, devoit, tant de siècles après, illustrer de ses vertus. Hélas ! Cymodocée alloit chercher son père aux bords du

Pamisus, et le vieillard lui-même la demandoit inutilement aux flots du Tibre! Étranger dans Rome, sans protecteur, sans appui, il avoit compté sur Eudore; et le confesseur, séparé des hommes, ne pouvoit plus l'entendre ni le secourir.

Au pied du mont Aventin, sous les murs du Capitole, s'élevoit une antique prison d'État, dont l'origine remontoit au siècle de Romulus. Les complices de Catilina avoient entendu du fond de ce cachot la voix de Cicéron qui les accusoit dans le temple de la Concorde. La captivité de saint Pierre et de saint Paul purifia dans la suite cet asile des criminels. C'est là qu'Eudore attendoit chaque jour l'ordre qui devoit le livrer aux juges. C'est là qu'il avoit reçu la nouvelle de la mort de sa mère, comme le commencement de son sacrifice. Il avoit souvent adressé à la fille d'Homère des lettres pleines de religion et de tendresse : les unes avoient été arrêtées par les persécuteurs, les autres s'étoient perdues sur les flots; mais dans la prison même il goûtoit quelques-unes de ces consolations et de ces joies douloureuses qui ne sont connues que des chrétiens. Chaque jour lui amenoit des compagnons d'infortune et de gloire.

Lorsqu'un opulent laboureur recueille ses moissons nouvelles, il entasse dans une grange spacieuse, et les grains qui seront foulés par le pied des mules, et ceux qui rendront leurs trésors sous les coups du fléau, et ceux qu'un cylindre pesant détachera de la paille légère; le village retentit des cris du maître et des serviteurs, de la voix des

femmes qui préparent le festin, des clameurs des
enfants qui se jouent autour des gerbes, du mugissement des bœufs qui traînent ou qui vont chercher les épis jaunissants : ainsi Galérius rassemble
de toutes les parties du monde, dans les prisons de
Saint-Pierre, les chrétiens les plus illustres : froment
des élus, récolte divine qui doit enrichir le bon
Pasteur! Eudore voit arriver tour à tour des amis
qu'il avoit jadis rencontrés au fond des Gaules, en
Égypte, en Grèce, en Italie : il embrasse Victor,
Sébastien, Rogatien, Gervais, Protais, Lactance,
Arnobe, l'ermite du Vésuve, et le descendant de
Persée, qui se préparoit à mourir pour le trône de
Jésus-Christ plus royalement que son aïeul pour la
couronne d'Alexandre. L'évêque de Lacédémone,
Cyrille, vint aussi augmenter les joies du cachot.
A chaque reconnoissance c'étoient des transports,
des cantiques à la divine providence, des baisers de
paix. Ces confesseurs avoient transformé la prison
en une église où l'on entendoit nuit et jour les
louanges du Seigneur. Les chrétiens qui n'étoient
point encore enfermés envioient le sort de ces
victimes. Les soldats qui gardoient les martyrs
étoient souvent convertis par leurs discours; et les
geôliers, remettant les clefs en d'autres mains, se
rangeoient au nombre des prisonniers. Un ordre
parfait étoit établi parmi ces compagnons de souffrances. On eût cru voir une famille tranquille et
bien réglée, au lieu d'une foule d'hommes qui marchoient à la mort. De pieuses fraudes servoient à
procurer aux confesseurs tous les soulagements de

l'humanité et de la religion. Dix persécutions avoient rendu l'Église habile. Des prêtres, des diacres, déguisés en soldats, en marchands, en esclaves, des femmes, des enfants même, par d'ingénieuses et saintes impostures, pénétroient dans les prisons, au fond des mines, et jusqu'au pied des bûchers. Du fond d'une retraite ignorée, le pontife de Rome dirigeoit au dehors les mouvements du zèle. Une fidélité inviolable, celle de la religion et du malheur, étoit le lien de tous les frères. Non-seulement l'Église secouroit ses enfants, elle veilloit encore sur les infortunés d'une religion ennemie; elle les recueilloit dans son sein : la charité lui faisoit oublier ses propres douleurs, pour ne s'occuper que des besoins du misérable.

Les fidèles, rassemblés dans les prisons, étoient témoins des aventures les plus merveilleuses. Combien Eudore fut surpris un jour de reconnoître, déguisée sous l'habit d'une servante du cachot, la belle et brillante Aglaé!

« Eudore, lui dit-elle, Sébastien a été percé de flèches à l'entrée des catacombes; Pacôme s'est retiré dans les déserts de la Thébaïde; Boniface a tenu parole : il m'a envoyé ses reliques sous le nom d'un martyr; Boniface a confessé Jésus-Christ! Priez le ciel d'accorder le même honneur à une malheureuse pécheresse! »

Une autre fois on entendit un grand tumulte, et Genès, cet acteur fameux, fut introduit dans la prison.

« Ne me craignez plus, s'écria-t-il en entrant, je

suis votre frère! Tout à l'heure encore je blasphémois vos saints mystères; j'amusois la foule autour de moi; dans mes jeux criminels, j'ai demandé le martyre et le baptême. Aussitôt que l'eau m'a touché, j'ai vu une main qui venoit du ciel, et des anges lumineux au-dessus de ma tête ; ils ont effacé mes péchés dans un livre. Tout à coup changé, j'ai crié sérieusement : « Je suis chrétien ! » On rioit, on refusoit de me croire. J'ai raconté ce que j'avois vu. On m'a battu de verges, et je suis venu mourir avec vous. »

En achevant ces mots, Genès embrasse Eudore. Le fils de Lasthénès, au milieu des confesseurs, attiroit tous les regards. L'ermite du Vésuve lui rappeloit leur rencontre au tombeau de Scipion, et les espérances qu'il avoit dès lors conçues de sa vertu. Les confesseurs des Gaules lui disoient :

« Vous souvenez-vous que nous avons souhaité de nous trouver réunis à Rome, comme nous le sommes maintenant? Vous étiez encore bien loin de la gloire qui vous couronne aujourd'hui. »

Tandis que les prisonniers s'entretenoient de la sorte, ils virent entrer, sous la casaque d'un soldat vétéran, un homme chargé d'années ; ils ne l'avoient point encore remarqué parmi les chrétiens qui servoient les cachots ; il apportoit aux martyrs le saint viatique que Marcellin envoyoit à l'évêque de Lacédémone. La sombre lumière de la prison ne permettoit pas de découvrir les traits du vieillard ; il demande Eudore; on le lui montre en prières ; il s'approche de lui, le prend dans ses bras affoi-

2.

blis, et le presse sur son cœur en versant des larmes. Enfin il s'écrie avec des sanglots d'attendrissement:

« Je suis Zacharie! »

— « Zacharie! répète Eudore saisi de joie et de trouble, Zacharie! Vous mon père! vous Zacharie! »

Et il tombe aux genoux du vieillard.

« Ah, mon fils! dit l'apôtre des Francs, relevez-vous! C'est à moi à me prosterner. Que suis-je auprès de vous, qu'un vieillard inutile et ignoré! »

On s'assemble autour des deux amis; on veut savoir leur histoire; Eudore la raconte : des larmes coulent de tous les yeux. Le fils de Lasthénès demande à Zacharie quel conseil de la Providence l'a ramené des bords de l'Elbe aux rivages du Tibre.

« Mon fils, répond le descendant de Cassius, les Francs ont été vaincus pas Constance. Pharamond m'avoit donné à une petite tribu qui, totalement subjuguée, fut transportée auprès de la colonie d'Agrippine. La persécution est survenue : comme elle ne règne point encore dans les Gaules, où César protége les chrétiens, les évêques de Lutèce et de Lugdunum ont choisi un certain nombre de prêtres pour servir les confesseurs dans les autres parties de l'Empire. J'ai cru devoir me présenter de préférence à des jeunes gens, dont l'âge, plus que le mien, est digne de la vie. On a bien voulu accepter ma prière, et j'ai été envoyé à Rome. »

Zacharie apprit ensuite à Eudore l'heureuse arri-

vée de Constantin auprès de son père, la maladie
de Constance, et la disposition des soldats, qui ré-
servoient la pourpre à son fils. Cette nouvelle ra-
nima le courage des chrétiens, et les soutint dans
ces moments d'épreuves. Eudore n'avoit jamais été
sans espérance, quoique les chrétiens eussent
perdu leurs puissantes protectrices : Prisca avoit
accompagné son époux à Salone, et Valérie avoit
été exilée en Asie par Galérius. Du fond même
des prisons, Eudore suivoit un plan pour le salut
de l'Église et du monde ; il vouloit engager Dioclétien à reprendre l'empire, et il lui avoit envoyé
un messager au nom des fidèles.

L'Église entière s'appuyoit sur le courage, la prévoyance et les conseils d'Eudore ; et Cymodocée ré-
clamoit en vain la protection de son époux. Elle vo-
guoit vers les rivages de la Macédoine. Des hommes
affreux l'environnoient. Des soldats et des matelots,
plongés du matin au soir dans la débauche et dans
l'ivresse, insultoient à chaque instant l'innocence.
Ils s'aperçurent bientôt que Dorothée et la fille de
Démodocus étoient chrétiens. Il y a dans la croix
une vertu qui se trahit aux regards du vice. Cette
découverte augmenta l'insolence de ces barbares.
Tantôt ils promettoient au couple infortuné de le
livrer aux bourreaux en arrivant au rivage; tantôt
ils le menaçoient de le jeter dans la mer pour apaiser le courroux de Neptune : ils faisoient retentir
aux oreilles de Cymodocée des chants abominables ;
et sa beauté enflammant leur brutal désir, il étoit à
craindre qu'ils n'en vinssent aux derniers outrages.

Dorothée défendoit l'innocence avec la prudence d'un père et le courage d'un héros. Mais que pouvoit un seul homme contre une troupe de tigres furieux ?

Le Fils de l'Éternel, accompagné des chœurs célestes, revenoit dans ce moment des bornes les plus reculées de la création. Il étoit sorti des demeures incorruptibles pour rendre la vie et la jeunesse à des mondes vieillis. De globe en globe, de soleil en soleil, ses pas majestueux avoient parcouru toutes ces sphères qu'habitent des intelligences divines, et peut-être des hommes inconnus aux hommes. Rentré dans le sanctuaire impénétrable, il s'assied à la droite de Dieu ; ses regards pacifiques tombent bientôt sur la terre. De tous les ouvrages du Tout-Puissant, il n'en est point à ses yeux de plus agréable que l'homme. Le Sauveur aperçoit le vaisseau de Cymodocée ; il voit les périls de cette victime innocente qui doit attirer sur les gentils la bénédiction du Dieu d'Israël. Si le ciel a permis que cette nouvelle chrétienne fût éprouvée, c'est pour lui donner la force de surmonter les dernières afflictions qui la couvriront d'une gloire immortelle. Mais l'épreuve est assez longue. Cymodocée n'ira point s'égarer loin du théâtre de sa victoire. Le jour de son triomphe est venu, et les décrets éternels appellent au lieu du combat la vierge prédestinée.

Par un signe au milieu de la nue, Emmanuel fait connoître à l'ange des mers la volonté du Très-Haut. Aussitôt le vent, qui jusqu'alors avoit été favorable au vaisseau de Cymodocée, expire : un calme profond règne dans les airs; à peine des brises incertaines se lèvent tour à tour de divers côtés, rident la surface unie des flots, et viennent agiter les voiles sans avoir la force de les soulever. Le soleil pâlit au milieu de son cours, et l'azur du ciel, traversé de bandes verdâtres, semble se décomposer dans une lumière louche et troublée. Des sillons plombés s'étendent sans fin dans une mer pesante et morte; le pilote, levant les mains, s'écrie :

« O Neptune! que nous présagez-vous ? Si mon art n'est pas trompeur, jamais plus horrible tempête n'aura bouleversé les flots. »

A l'instant il ordonne d'abattre les voiles, et chacun se prépare au danger.

Les nuages s'amoncellent entre le midi et l'orient; leurs bataillons funèbres paroissent à l'horizon comme une noire armée, ou comme de lointains écueils. Le soleil descendant derrière ces nuages, les perce d'un rayon livide, et découvre dans ces vapeurs entassées des profondeurs menaçantes. La nuit vient : d'épaisses ténèbres enveloppent le vaisseau; le matelot ne peut distinguer le matelot tremblant auprès de lui.

Tout à coup un mouvement parti des régions de l'aurore annonce que Dieu vient d'ouvrir le trésor des orages. La barrière qui retenoit le tourbillon est brisée, et les quatre vents du ciel paroissent devant le dominateur des mers. Le vaisseau fuit et présente sa poupe bruyante au souffle impétueux de l'orient; toute la nuit il sillonne les vagues étincelantes. Le jour renaît et ne verse de clarté que pour laisser voir la tempête : les flots se dérouloient avec uniformité. Sans les mâts et le corps de la galère, que le vent rencontroit dans sa course, on n'auroit entendu aucun bruit sur les eaux. Rien n'étoit plus menaçant que ce silence dans le tumulte, cet ordre dans le désordre. Comment se sauver d'une tempête qui semble avoir un but et des fureurs préméditées?

Neuf jours entiers le navire est emporté vers l'occident avec une force irrésistible. La dixième nuit achevoit son tour lorsqu'on entrevit, à la lueur des éclairs, des côtes sombres qui sembloient d'une hauteur démesurée. Le naufrage parut inévitable. Le patron du vaisseau place chaque marin à son poste, et ordonne aux passagers de se retirer au fond de la galère; ils obéissent, et ils entendent la fatale planche se refermer sur eux.

C'est dans ces moments que l'on apprend bien à connoître les hommes. Un esclave chantoit d'une voix forte; une femme pleuroit en allaitant l'enfant qui bientôt n'auroit plus besoin du sein maternel; un disciple de Zénon se lamentoit sur la perte de la vie. Pour Cymodocée, elle pleuroit son père et son époux, et prioit avec Dorothée celui qui sait nous retrouver jusque dans les flancs des monstres de l'abîme.

Une violente secousse entr'ouvre la galère, un torrent d'eau se précipite dans la retraite des passagers; ils roulent pêle-mêle. Un cri étouffé sort de cet horrible chaos.

Une vague avoit enfoncé la poupe du navire : la fille d'Homère et Dorothée sont jetés au pied des degrés qui conduisoient sur le pont. Ils y montent à demi suffoqués. Quel spectacle ! Le vaisseau s'étoit échoué sur un banc de sable ; à deux traits d'arc de la proue, un rocher lisse et vert s'élevoit à pic au-dessus des flots. Quelques matelots, emportés par la lame, nageoient dispersés sur le gouffre immense ; les autres se tenoient accrochés aux cordages et aux ancres. Le pilote, une hache à la main, frappoit le mât du vaisseau ; et le gouvernail, abandonné, alloit tournant et battant sur lui-même avec un bruit rauque.

Restoit une foible espérance : le flot, en s'engouffrant dans le détroit, pouvoit soulever la galère et la jeter de l'autre côté du banc de sable. Mais qui oseroit tenir le gouvernail dans un tel moment ? Un faux mouvement du pilote pouvoit donner la mort à deux cents personnes. Les mariniers, domptés par la crainte, n'insultoient plus les deux chrétiens ; ils reconnoissoient au contraire la puissance de leur Dieu, et les supplioient d'en obtenir leur délivrance. Cymodocée, oubliant leurs outrages et ses périls, se jette à genoux, et fait un vœu à la mère du Sauveur. Dorothée saisit le timon abandonné ; les yeux tournés vers la poupe, la bouche entr'ouverte, il attend la lame qui va rouler sur le vaisseau ou la vie ou la mort. La lame se lève, elle approche, elle se brise : on entend le gouvernail tourner avec effort sur ses gonds rouillés ; l'écueil voisin semble changer de place, et l'on sent, avec une joie mêlée d'un doute affreux, le vaisseau soulevé et emporté rapidement. Un moment du plus terrible silence règne parmi les matelots. Tout à coup une voix demande la sonde: la sonde se précipite; on étoit dans une eau profonde! Un cri de joie s'élève jusqu'au ciel!

Étoile des mers, patronne des navigateurs, le salut de ces infortunés fut un miracle de votre bonté divine! On ne vit point un dieu imaginaire lever la tête au-dessus des vagues et leur commander le silence; mais une lumière surnaturelle entr'ouvrit les nuées : au milieu d'une gloire, on aperçut une femme céleste portant un enfant dans ses bras, et calmant les flots par un sourire. Les mariniers se jettent aux genoux de Cymodocée, et confessent Jésus-Christ : première récompense que l'Éternel accorde aux vertus d'une vierge persécutée!

Le vaisseau s'approche doucement de la rive, où s'élevait une chapelle chrétienne abandonnée. On précipite au fond de la mer des sacs remplis de pierres attachées à un câble de Tyr, et l'ancre sacrée, dernière ressource dans les naufrages. Parvenu à fixer la galère, on se hâte de l'abandonner. Comme une reine environnée d'une troupe de captifs qu'elle vient de délivrer de l'esclavage, Cymodocée descend à terre, portée sur les épaules des matelots. A l'instant même elle accomplit son vœu. Elle marche à la chapelle en ruine. Les matelots la suivent deux à deux, demi-nus et couverts de l'écume des flots. Soit hasard, soit dessein du ciel,

LIVRE XIX. 27

il restoit dans cet asile désert une image de Marie à moitié brisée. L'épouse d'Eudore y suspendit son voile tout trempé des eaux de la mer. Cymodocée prenoit possession d'une terre réservée à sa gloire : elle entroit triomphante en Italie.

LIVRE VINGTIÈME.

SOMMAIRE.

Cymodocée, arrêtée par les satellites d'Hiéroclès, est conduite à Rome. Émeute populaire. Cymodocée, délivrée des mains d'Hiéroclès, est renfermée dans les prisons comme chrétienne. Disgrâce d'Hiéroclès. Il reçoit l'ordre de partir pour Alexandrie. Lettre d'Eudore à Cymodocée.

'AURORE avoit rappelé les mortels aux fatigues et aux douleurs; ils reprenoient de toutes parts leurs travaux pénibles : le laboureur suivoit la charrue en arrosant de ses sueurs le sillon que le bœuf avoit tracé; la forge retentissoit des coups du marteau qui tomboit en cadence sur le fer étincelant; une rumeur confuse s'élevoit des cités. Le ciel étoit serein et l'orient radieux. On n'envoya point au-devant de Cymodocée une galère ornée de bandelettes; un char attelé de quatre chevaux blancs ne l'attendoit point sur la rive. Les honneurs que lui préparoit l'Italie étoient de ceux qu'elle décernoit aux chrétiens; la persécution et la mort.

Les décrets du ciel avoient conduit la fille d'Homère non loin de Tarente, sous un promontoire avancé qui déroboit aux yeux des naufragés la patrie d'Architas. Le pilote monta sur de hauts rochers, et jetant ses regards autour de lui, il s'écria tout à coup :

« L'Italie! l'Italie! »

A ce nom, Cymodocée sentit ses genoux se dérober sous elle; son sein se souleva comme la vague enflée par le vent. Dorothée fut obligé de la soutenir dans ses bras, tant elle éprouva de joie à fouler la même terre que son époux. Puisque Dieu la séparoit de son père, qu'elle croyoit encore en Messénie, du moins elle pouvoit voler à Rome.

« Je suis chrétienne à présent, disoit-elle : Eudore ne peut plus m'empêcher de partager ses douleurs. »

Comme Cymodocée prononçoit ces mots, on vit un vaisseau tourner le promontoire voisin. Il étoit tiré par une barque chargée de soldats. Bientôt les matelots cessent de ramer. Les soldats coupent la corde qui servoit à traîner le vaisseau; le vaisseau s'arrête, s'enfonce peu à peu, et disparoît sous les flots.

C'étoit une de ces galères remplies de pauvres et de malheureux que Galérius faisoit noyer sur des côtes solitaires. Quelques-unes des victimes, dégagées de leur prison par les vagues, nagent vers la barque des soldats; ceux-ci les repoussent avec leurs piques; et, joignant la raillerie à l'atrocité, ils les envoient souper chez Neptune. A ce spectacle, les matelots de la galère de Cymodocée s'enfuirent épouvantés le long des sirtes; mais Dorothée et sa compagne ne peuvent vaincre dans leur cœur la charité, signe ineffaçable du chrétien. Ils appellent les infortunés qui luttent encore contre le trépas; ils leur tendent les mains; ils parviennent à les sauver. Aussitôt les ministres de Galérius abordent au rivage; ils entourent Dorothée et la fille de Démodocus.

« Qui êtes-vous, dit le centurion d'une voix menaçante, vous qui ne craignez point d'arracher à la mort les ennemis de l'empereur ? »

— « Je suis Dorothée, répondit le chrétien, dont l'indignation trahit la prudence ; je remplis les devoirs imposés à l'homme. Ah ! il faut que Tarente ait conservé ses dieux irrités, pour avoir ainsi perdu tout sentiment de pitié et de justice ! »

Au nom de Dorothée, connu dans tout l'Empire, le centurion n'ose porter la main sur un homme d'un rang aussi élevé ; mais il demande quelle est cette femme, dont la pitié imprudente s'est rendue coupable en violant les édits.

« Elle est sans doute chrétienne ! s'écrie-t-il, frappé de son humanité et de sa modestie. Où allez-vous ? d'où venez-vous ? comment êtes-vous ici ? Savez-vous qu'on ne peut entrer en Italie sans un ordre particulier d'Hiéroclès ? »

Dorothée raconte son naufrage, et cherche à cacher le nom de sa compagne. Le centurion se transporte à la galère échouée.

Lorsque, menacée par les matelots, Cymodocée s'étoit vue au moment de perdre la vie, elle avoit écrit à son père et à son époux deux lettres d'adieux, remplies de douleur et de passion. Ces lettres, restées à bord, apprirent son nom aux soldats, et une croix trouvée sur son lit décela sa religion : ainsi Philomèle se trahit par des chants d'amour qui la découvrent à l'oiseleur ; ainsi l'on reconnoît les épouses des rois à leur sceptre.

Le centurion dit à Dorothée :

« Je suis obligé de vous retenir sous ma garde
avec cette Messénienne. Les ordres contre les chrétiens sont exécutés dans toute leur rigueur; et si
je vous laissois libre, je courrois risque de la vie.
Je vais faire partir un messager, et le ministre de
l'empereur disposera de votre sort. »

Hiéroclès exerçoit alors sur le monde romain un
pouvoir absolu, mais il étoit plongé dans de vives
inquiétudes. Publius, préfet de Rome, commençoit
à l'emporter sur lui dans la faveur de Galérius. Le
rival d'Hiéroclès le traversoit dans tous ses projets.
Las d'attendre le retour de Cymodocée, le persécuteur vouloit-il livrer Eudore aux tourments,
Publius trouvoit quelque moyen de retarder le sacrifice. Hiéroclès, fidèle à ses premiers desseins,
reculoit-il le jugement du fils de Lasthénès, Publius
disoit à l'empereur :

« Pourquoi le ministre de votre Éternité n'aban-
donne-t-il pas au glaive le dangereux chef des rebelles ? »

Le silence de l'Orient sur la fille d'Homère alar-
moit aussi le coupable amour du persécuteur. Dans
son impatience, il avoit placé des sentinelles à tous
les ports de l'Italie et de la Sicile. De nombreux
courriers lui apportoient nuit et jour des nouvelles
du rivage. Ce fut au milieu de ces perplexités qu'il
reçut le messager de Tarente. Au nom de Cymodocée, il pousse un cri de joie, et se précipite de
son lit : tel le chantre d'Ilion peint le monarque du
Tartare s'élançant de son trône. Les lèvres trem-
blantes, les yeux égarés d'amour et de joie :

« Qu'on amène en ma présence, s'écrie-t-il, mon esclave messénienne ! Mon bonheur me la renvoie. »

En même temps il ordonne de rendre la liberté à l'officier du palais de Dioclétien.

Dorothée avoit à Rome de nombreux partisans et de zélés protecteurs, même parmi les païens. Cet homme juste ne s'étoit jamais servi de sa fortune et de son pouvoir que pour prévenir les violences et protéger l'innocent. Il recueilloit en ce moment le fruit de ses vertus, et l'opinion publique lui servoit de défense contre un ministre pervers. La rencontre de ce chrétien puissant et de Cymodocée parut à Hiéroclès un effet du hasard; il ne voulut point s'attirer de nouveaux ennemis, lorsqu'il avoit déjà Publius à combattre. L'apostat sentoit intérieurement que les haines publiques s'amonceloient sur sa tête : c'est ainsi que, dans la crainte de soulever le peuple en faveur d'un vieux prêtre des dieux, il avoit laissé Démodocus errer obscurément au milieu de Rome. Dieu commençoit à aveugler le méchant. Au lieu de marcher droit à son but, il s'embarrassoit dans des prévoyances humaines; et, à force de politique, de finesse et de calcul, il venoit tomber dans les piéges qu'il prétendoit éviter. Hiéroclès, aux yeux de la foule, paroissoit encore tout-puissant; mais un œil exercé voyoit en lui des signes de dépérissement et de décadence : tel s'élève un chêne dont la tête touche au ciel, dont les racines descendent aux enfers; il semble braver les hivers, les vents et la foudre ; le voyageur, assis à ses pieds, admire ses inébranlables rameaux qui ont vu passer les générations des mortels ; mais le pâtre, qui contemple le roi des forêts du haut de la colline, le voit élever au-dessus de son feuillage verdoyant une couronne desséchée.

Sur une colline qui dominoit l'amphithéâtre de Vespasien, Titus avoit bâti un palais des débris de la Maison dorée de Néron. Là se trouvoient réunis tous les chefs-d'œuvre de la Grèce. De vastes péristyles, des salles incrustées de marbre d'Orient, et pavées de mosaïques précieuses, étaloient aux regards les miracles de la sculpture antique : le *Mercure* de Zénodore, enlevé à la cité d'Arverne dans les Gaules, frappoit par ses dimensions colossales, qui n'ôtoient rien à sa légèreté ; la *Joueuse de flûte* de Lysippe sembloit chanceler en riant sous le pouvoir de Bacchus ; la *Vénus* de bronze de Praxitèle disputoit le prix de la beauté à la Vénus de marbre de cet artiste divin ; sa *Matrone en larmes*, et sa *Phryné* dans la joie, montroient la flexibilité de son art : la passion du sculpteur se déceloit dans les traits de la courtisane, qui sembloit promettre au génie la récompense de l'amour. Tout auprès de *Phryné*, on admiroit la *Lionne sans langue*, symbole ingénieux de cette autre courtisane qui mourut dans les tourments plutôt que de trahir Harmodius et Aristogiton. La statue du *Désir*, qui le faisoit naître, celle de *Mars en repos* et de *Vesta assise*, immortalisoient dans ces lieux le talent de Scopas. Galérius à tous ces monuments sans prix avoit ajouté le Taureau d'airain que Périllus inventa pour Phalaris.

Le nouvel empereur habitoit ce beau palais. Hiéroclès, son digne ministre, occupoit un des portiques de la demeure du maître du monde. Les appartements du philosophe stoïque surpassoient en magnificence ceux même de Galérius. Sur les murs polis avec art étoient représentés des paysages charmants, de vastes forêts, de fraîches cascades. Les tableaux des plus grands maîtres ornoient des bains enchantés et des cabinets voluptueux : ici paroissoit la *Junon Lacinienne:* pour servir de modèle à ce chef-d'œuvre, les Agrigentins avoient jadis offert leurs filles nues aux regards de Zeuxis ; là, c'étoit la *Vénus* d'Apellès sortant de l'onde, digne de régner sur les dieux ou d'être aimée d'Alexandre. On voyoit mourir d'amour le *Satyre* de Protogène : l'habitant des bois expiroit sur la mousse à l'entrée d'une grotte tapissée de lierre ; sa main laissoit échapper sa flûte, son thyrse étoit brisé, sa tasse renversée ; et tel étoit l'artifice du peintre, qu'il avoit su réunir ce que Vénus a de plus matériel dans la brute et de plus céleste dans l'homme. Malheur à celui qui fit sortir les beaux-arts des temples de la divinité, pour en décorer la demeure des mortels! Alors les œuvres sublimes du silence, de la méditation et du génie devinrent les causes, les éléments, les témoins des plus grands crimes ou des passions les plus honteuses.

Hiéroclès attendoit la fille de Démodocus dans la plus belle salle de son palais. A l'une des extrémités de cette salle respiroit l'*Apollon* vainqueur du serpent ennemi de Latone ; à l'extrémité opposée s'élevoit le groupe de *Laocoon et de ses fils*, comme si le sage, au milieu de ses voluptés, n'avoit pu se passer de l'image de l'humanité souffrante! La pourpre, l'or, le cristal, étinceloient de toutes parts. On entendoit sans cesse le doux bruit des eaux et d'une musique lointaine. Les fleurs les plus rares de l'Asie embaumoient l'air, et des parfums exquis brûloient dans des vases d'albâtre.

Les satellites d'Hiéroclès lui amènent enfin la proie qu'il poursuit depuis si long-temps. Par des détours obscurs et des portes secrètes que l'on referme soigneusement sur ses pas, Cymodocée est conduite aux pieds du persécuteur. Les esclaves se retirent, et la fille de Démodocus reste seule avec un monstre qui ne craint ni les hommes ni les dieux.

Elle cachoit sa douleur sous les replis d'un voile. On n'entendoit que le bruit de ses pleurs, comme on est frappé dans les bois du murmure d'une source qu'on ne voit point encore. Son sein, agité par la crainte, soulevoit sa robe blanche. Elle remplissoit la salle d'une espèce de lumière, pareille à cette clarté qui émane du corps des anges et des esprits bienheureux.

Hiéroclès demeure un moment interdit devant l'autorité de l'innocence, de la foiblesse et du malheur. Ses avides regards se repaissent de tant de charmes. Il contemple avec une ardeur effrayante celle qu'il n'a jamais vue si près de lui, celle dont il n'a jamais touché ni la main ni le voile, celle dont il n'a jamais entendu la voix que dans les chœurs des vierges, et qui pourtant a disposé des jours, des nuits, des pensées, des songes, des crimes de l'apostat. Bientôt la passion de cet homme dévoué à l'enfer surmonte le premier moment d'hésitation et de trouble. Il affecte d'abord une modération que l'amour, la jalousie, la vengeance, l'orgueil, ne pouvoient permettre à son cœur. Il adresse ces mots à Cymodocée :

« Cymodocée, pourquoi cette frayeur et ces larmes ? Tu sais que je t'aime. Soumis à tes moindres volontés, tu me verras t'obéir comme ton esclave, si tu consens à m'écouter. »

L'insolent favori de la fortune soulève le voile de Cymodocée. Il reste ébloui des grâces qu'il découvre. La vierge rougit, et cachant dans son sein son visage baigné de larmes :

« Je ne veux rien de toi, dit-elle. Je ne te demande rien que de me rendre à mon père. Les bois du Pamisus sont plus agréables à mon cœur que tous tes palais. »

— « Hé bien, répondit Hiéroclès, je te rendrai à ton père ; je comblerai ce vieillard de gloire et de richesses ; mais songe qu'une résistance inutile pourroit perdre à jamais l'auteur de tes jours. »

— « Me rendras-tu aussi à mon époux ? » s'écria Cymodocée en joignant ses mains suppliantes.

A ce nom Hiéroclès pâlit, et contenant à peine sa rage :

« Quoi ! dit-il, à ce perfide qui s'est emparé de ton cœur par des philtres et des enchantements ! Écoute : il va perdre la vie dans les tourments. Juge de mon amour pour toi : j'arracherai à la mort ce rival odieux. »

Cymodocée, trompée et poussant un cri de joie, tombe aux pieds d'Hiéroclès; elle embrasse ses genoux.

« Illustre seigneur, dit-elle, vous êtes placé à la tête des sages. Démodocus mon père m'a souvent raconté que la philosophie élève les mortels au-dessus de ce que j'appelois les dieux. Protégez donc, ô maître des hommes, protégez l'innocence, et réunissez deux époux injustement persécutés ! »

— « Nymphe divine, s'écria Hiéroclès transporté d'amour, relève-toi! Ne vois-tu pas que tes charmes détruisent l'effet de tes prières? Et qui pourroit te céder à un rival? La sagesse, enfant trop aimable, consiste à suivre les penchants de son cœur. N'en crois pas une religion farouche qui veut commander à tes sens. Les préceptes de pureté, de modestie, d'innocence, sont sans doute utiles à la foule; mais le sage jouit en secret des biens de la nature. Les dieux n'existent point, ou ne se mêlent point des choses d'ici-bas. Viens donc, ô vierge ingénue, viens : abandonnons-nous sans remords aux délices de l'amour et aux faveurs de la fortune. »

A ces mots, Hiéroclès jette ses bras autour de Cymodocée, comme un serpent s'enlace autour d'un jeune palmier ou d'un autel consacré à la pudeur. La fille de Démodocus se dégage avec indignation des embrassements du monstre.

« Quoi! dit-elle, c'est là le langage de la sagesse!

Ennemi du ciel, tu oses parler de vertu ! Ne m'as-tu pas promis de sauver Eudore ? »

— « Tu m'as mal compris, s'écrie Hiéroclès le cœur palpitant de jalousie et de colère. Tu me parles trop de cet homme plus horrible à mes yeux que cet enfer dont me menacent tes chrétiens. L'amour que tu lui portes est l'arrêt de sa mort. Pour la dernière fois, sache à quel prix je laisserai vivre Eudore : il meurt si tu n'es à moi. »

La réprobation parut tout entière sur le visage d'Hiéroclès. Un sourire contracte ses lèvres, et des gouttes de sang tombent de ses yeux. La chrétienne, qui jusqu'alors avoit été frappée de terreur, se sentit soudain relevée par le coup qui devoit l'abattre. Il n'est d'affreux que le commencement du malheur ; au comble de l'adversité, on trouve, en s'éloignant de la terre, des régions tranquilles et sereines : ainsi, lorsqu'on remonte les rives d'un torrent furieux, on est épouvanté, au fond de la vallée, du fracas de ses ondes ; mais à mesure que l'on s'élève sur la montagne, les eaux diminuent, le bruit s'affoiblit, et la course du voyageur va se terminer aux régions du silence dans le voisinage du ciel.

Cymodocée jette un regard de mépris sur Hiéroclès :

« Je te comprends, dit-elle, et je vois à présent pourquoi mon époux n'a point encore reçu sa couronne ; mais sache que je n'achèterai point par le déshonneur la vie du guerrier que j'aime plus que la lumière des cieux. Il n'est point de supplice

qu'Eudore ne préfère à celui de me voir à toi ;
tout foible qu'il est, mon époux se rit de ta puissance : tu ne peux que lui donner la palme, et
j'espère la partager avec lui. »

— « Non, dit Hiéroclès furieux, je n'aurai point
perdu le fruit de tant de souffrances, d'humiliations
et de complots : j'obtiendrai par la force ce que tu
me refuses, et tu verras périr le traître que tu ne
veux pas sauver. »

Il dit, et poursuit Cymodocée, qui fuit dans la
vaste salle. Elle se précipite aux pieds du *Laocoon*;
elle menace le persécuteur de se briser la tête contre
le marbre ; elle embrasse la statue, et semble un
troisième enfant expirant de douleur aux pieds d'un
père infortuné.

« Mon père, s'écrie-t-elle, mon père, ne viendras-tu
pas me secourir ! Vierge sainte, ayez pitié de moi ! »

A peine a-t-elle prononcé cette prière, le palais
retentit des clameurs de mille voix tumultueuses.
On frappe à coups redoublés aux portes d'airain.
Hiéroclès, étonné, suspend sa poursuite. Dieu, par
un effroi soudain, fixe les pas, et glace le cœur du
pervers.

« C'est la Vierge sainte, s'écrie Cymodocée ; elle
vient ! Méchant, tu vas être puni ! »

Le bruit augmente. Hiéroclès ouvre la porte d'une
galerie qui dominoit les cours du palais ; il aperçoit
une foule immense : au milieu est un vieillard qui
tient un rameau de suppliant, et porte la robe et
les bandelettes d'un prêtre des dieux. On entend
de toutes parts ces cris :

« Qu'on lui rende sa fille! Qu'on livre le traître au suppliant du peuple romain! »

Ces mots parviennent à Cymodocée : elle s'élance aussitôt dans la galerie; elle reconnoît son père.... Démodocus à Rome!... Du haut du palais, Cymodocée avance la tête, ouvre les bras et se penche vers Démodocus. Un cri s'élève :

« La voilà! C'est une prêtresse des Muses! c'est la fille de ce vieux prêtre des dieux. »

Démodocus reconnoît sa fille; il la nomme par son nom, il verse des torrents de larmes, il déchire ses vêtements, il tend au peuple des mains suppliantes. Hiéroclès appelle ses esclaves; il veut enlever Cymodocée; mais la foule :

« Il y va de ta vie, Hiéroclès; nous te déchirerons de notre propre main si tu fais la moindre violence à cette vierge des Muses. »

Des soldats mêlés parmi le peuple tirent leurs épées et menacent le persécuteur. Cymodocée s'attache aux colonnes de la galerie; la Reine des anges l'y retient par des nœuds invisibles : rien ne l'en peut arracher.

Dans ce moment, Galérius, effrayé du tumulte qu'il entendoit dans son palais, paroît sur un balcon opposé, entouré de sa cour et de ses gardes. Le peuple s'écrie :

« César, justice, justice! »

L'empereur, par un signe de la main, commande le silence; et le peuple romain, avec ce bon sens qui le caractérise, se tait et écoute.

Le préfet de Rome, qui favorisoit secrètement

cette scène afin de perdre Hiéroclès, étoit auprès de Galérius; il interroge le peuple:

« Que voulez-vous de la justice d'Auguste? »

— « Vieillard, réponds! » s'écrie la foule.

Démodocus prend la parole:

« Fils de Jupiter et d'Hercule, divin empereur, aie pitié d'un père qui réclame sa fille; Hiéroclès l'a renfermée dans ton palais: tu la vois échevelée à ce portique auprès de son ravisseur; il veut faire violence à une prêtresse des Muses; je suis moi-même un prêtre des dieux : protége l'innocence, la vieillesse et les autels. »

Hiéroclès répond du haut du portique:

« Divin Auguste, et vous, peuple romain, on vous trompe: cette Grecque est une esclave chrétienne, qu'injustement on me veut ravir. »

Démodocus:

« Elle n'est pas chrétienne; ma fille n'est pas esclave : Je suis citoyen romain. Peuple, n'écoutez pas notre ennemi. »

— « Ta fille est-elle chrétienne? » s'écrie le peuple d'une commune voix.

« Non, repartit Démodocus, elle est prêtresse des Muses : il est vrai que, pour épouser un chrétien, elle vouloit.... »

— « Est-elle chrétienne? interrompit le peuple. Qu'elle parle elle-même. »

Alors Cymodocée, levant les yeux au ciel, répond :

« Je suis chrétienne. »

— « Non, tu ne l'es pas! s'écrie Démodocus avec

des sanglots. Aurois-tu la barbarie de vouloir être à jamais séparée de ton père ? Auguste, peuple romain, ma fille n'a pas été marquée du sceau de la religion nouvelle. »

Dans ce moment, la fille d'Homère découvre Dorothée au milieu de la foule.

« Mon père, dit la vierge en larmes, je vois auprès de vous Dorothée ; c'est lui, sans doute, qui vous a conduit ici pour me sauver : il sait que je suis chrétienne; que j'ai été marquée du sceau de ma religion ; il a été témoin de mon bonheur. Je ne puis nier ma foi : je veux être l'épouse d'Eudore. »

Le peuple s'adressant à Dorothée :

« Est-elle chrétienne ? »

Dorothée baissa la tête et ne répondit point.

« Vous le voyez, s'écrie Hiéroclès, elle est chrétienne. Je réclame mon esclave. »

Le peuple interdit demeure suspendu entre sa fureur contre les chrétiens, sa haine pour Hiéroclès, et sa pitié pour Cymodocée; puis satisfaisant à la fois sa justice et ses passions :

« Cymodocée est chrétienne, dit-il: qu'on la livre au préfet de Rome, et qu'elle subisse le sort des chrétiens ; mais qu'on l'arrache à Hiéroclès, dont elle ne peut être l'esclave : Démodocus est citoyen romain. »

Auguste confirme cette espèce de sentence par un signe de tête, et Publius se hâte de l'exécuter.

Retiré dans son palais, Galérius est agité par des mouvements de honte et de colère : il ne peut pardonner à Hiéroclès d'être la cause d'un rassemblement séditieux qui avoit osé violer l'asile même du prince.

Le préfet de Rome revient trouver Galérius.

« Auguste, lui dit-il, la sédition est apaisée : cette chrétienne de Messénie est jetée dans les prisons. Prince, je ne saurois vous le cacher, votre ministre a compromis le salut de l'Empire. Il prétend être l'ennemi des chrétiens ; toutefois il épargne depuis long-temps la vie du plus dangereux des rebelles. Cymodocée étoit destinée pour épouse à Eudore : il est bien malheureux que votre premier ministre ait de ridicules démêlés de jalousie avec le chef de vos ennemis. »

Publius s'aperçoit de l'effet de ce discours ; il se hâte d'ajouter :

« Mais, prince, ce ne sont pas là les seuls torts d'Hiéroclès : si on vouloit l'en croire, ce seroit lui qui vous auroit fait nommer Auguste ; ce Grec, qui doit tout à vos bontés, vous auroit revêtu de la pourpre.... »

Publius s'interrompit à ces mots, comme s'il eût renfermé dans son cœur des choses encore plus injurieuses à la majesté du prince. Galérius rougit, et l'habile courtisan vit qu'il avoit touché la plaie secrète.

Publius n'avoit point ignoré l'arrivée de Dorothée à Rome, son entrevue avec Démodocus, et les démarches de celui-ci pour conduire la foule au palais ; il eût été facile à Publius de prévenir le mouvement populaire ; mais il se garda bien de faire manquer un projet qui pouvoit renverser Hiéroclès ; il favorisa même par des agents secrets les desseins de Démodocus : maître de tous les ressorts qui faisoient jouer cette grande machine, ses discours insidieux achevèrent d'alarmer l'esprit de Galérius.

« Qu'on me délivre de ce chrétien et de ses complices, dit l'empereur. Je vois avec regret qu'Hiéroclès ne peut plus rester auprès de moi ; mais, en récompense de ses services passés, je le nomme gouverneur de l'Égypte. »

Alors Publius, au comble de la joie :

« Que votre majesté divine se repose sur moi de tous ces soins. Eudore mérite mille fois la mort ; mais, comme ses trahisons ne sont pas assez prouvées, il suffira de le faire juger comme chrétien. Quant à Cymodocée, elle sera condamnée à son tour avec la foule des impies. Hiéroclès va recevoir les ordres de votre éternité. »

Ainsi parle Publius, et sur-le-champ il fait connoître à Hiéroclès sa destinée.

Le ministre pervers relit plusieurs fois la lettre impériale qui l'éloigne de la cour. Ses joues pâles, ses yeux égarés, sa bouche entr'ouverte, exprimoient les douleurs du courtisan criminel qui voit s'évanouir dans un instant les songes de sa vie.

« Dieu des chrétiens, s'écrie-t-il, est-ce toi qui me poursuis ? Pour obtenir Cymodocée, j'ai laissé vivre Eudore, et Cymodocée m'échappe, et mon rival mourra d'une autre main que de la mienne ! J'ai méprisé dans Rome un obscur vieillard, j'ai cru devoir laisser la liberté à un chrétien puissant, et Démodocus et Dorothée m'ont perdu! O aveugle prévoyance humaine! O vaine et fastueuse sagesse, qui n'as pu me conserver ma puissance, et qui ne peux me consoler! »

Tels étoient les aveux que la douleur arrachoit à Hiéroclès. Des larmes indignes mouilloient ses paupières. Il déploroit son sort avec la foiblesse d'une femme de peu de sens et d'un moindre cœur; il eût pourtant voulu sauver Cymodocée, mais le lâche ne se sentoit pas assez de courage pour exposer sa vie.

Tandis qu'il hésite entre mille projets, qu'il ne peut ni se résoudre à braver l'orage, ni consentir à s'éloigner, Dorothée avoit instruit Eudore de l'arrivée de Cymodocée et des événements du palais. Les confesseurs, assemblés autour du fils de Lasthénès, le félicitoient d'avoir choisi une épouse si courageuse et si fidèle. La joie d'Eudore étoit grande, quoique troublée par les nouveaux périls qu'alloit courir la jeune chrétienne.

« Elle a donc confessé Jésus-Christ la première! s'écrioit-il dans un saint transport. Cet honneur étoit réservé à son innocence! »

Ensuite il pleuroit d'attendrissement en songeant que sa bien-aimée avoit reçu le baptême dans les eaux du Jourdain par la main de Jérôme.

« Elle est chrétienne! répétoit-il à tout moment. Elle a confessé Jésus-Christ devant le peuple romain; je puis donc mourir en paix: elle viendra me retrouver! »

Un rayon d'espérance commençoit à luire dans les cachots. La disgrâce d'Hiéroclès pouvoit amener un changement dans l'Empire. Constantin menaçoit Galérius du fond de l'Occident; le messager qu'Eudore avoit envoyé à Dioclétien pouvoit rapporter d'heureuses nouvelles. Lorsqu'un vaisseau pendant une nuit affreuse a fait naufrage, les matelots boivent l'onde amère et luttent à peine contre les flots; si une aurore trompeuse perce un moment les ténèbres et découvre à ces infortunés une terre prochaine, ils nagent avec effort vers la rive; mais bientôt l'aurore s'éteint, la tempête recommence, et les nautoniers s'enfoncent dans l'abîme : telle fut la courte espérance, tel fut le sort des chrétiens.

Les martyrs chantoient encore au Très-Haut un cantique de louanges, lorsqu'ils virent entrer Zacharie. Déjà l'apôtre des Francs connoissoit le destin de son ami :

« Chantez, dit-il, mes frères, chantez! Vous avez un juste sujet de joie! Demain un grand saint augmentera peut-être le nombre de vos intercesseurs auprès de Dieu! »

Tous les confesseurs se turent. Le silence règne un moment dans la prison. Chacun cherche à deviner quelle est l'heureuse victime, chacun désire que le sort soit tombé sur lui, chacun repasse dans son esprit les titres qu'il peut avoir à cet honneur. Eudore avoit à l'instant compris Zacharie; mais il rejetoit les espérances du martyre comme une pensée superbe et une tentation de l'enfer. Il craignoit de pécher par orgueil en se désignant lui-même; il se jugeoit indigne de mourir de préférence à ces vieux confesseurs qui, depuis si long-temps, combattoient pour Jésus-Christ. Zacharie fit bientôt cesser cette sublime incertitude et cette émulation divine; il s'approche d'Eudore :

« Mon fils, dit-il, je vous ai sauvé la vie; vous me devez votre gloire : ne m'oubliez pas quand vous serez dans le ciel. »

A l'instant, tous les évêques, tous les prêtres, tous les prisonniers tombent aux genoux du martyr, baisent le bas de ses vêtements, et se recommandent à ses prières. Eudore, resté debout au milieu de ces vieillards prosternés, ressembloit à un jeune cèdre du Liban, seul rejeton d'une forêt antique abattue à ses pieds.

Un licteur, précédé de deux esclaves portant des torches de cyprès, pénètre dans le cachot. Surpris de l'adoration des prisonniers, qui demeurèrent dans la même attitude, il en croyoit à peine ses regards :

« Roi des chrétiens, dit-il à l'époux de Cymodocée, quel est parmi ton peuple le tribun que l'on nomme Eudore ? »

— « C'est moi, » répondit le fils de Lasthénès.

— « Eh bien, dit le licteur encore plus étonné, c'est donc toi qui dois mourir ! »

— « Vous le voyez à mes honneurs », repartit Eudore.

Un esclave déroule l'écrit fatal, et lit à haute voix l'ordonnance de Publius :

« Eudore, fils de Lasthénès, natif de Mégalopolis
« en Arcadie, jadis tribun de la légion britannique,
« maître de la cavalerie, préfet des Gaules, paroîtra
« demain au tribunal de Festus, juge des chrétiens,
« pour sacrifier aux dieux ou mourir. »

Eudore s'inclina, et le licteur sortit.

Comme dans les fêtes de la ville de Thésée on voit une jeune Canéphore se dérober aux yeux de la foule qui vante sa pudeur et ses grâces, ainsi Eudore, qui porte déjà les palmes du sacrifice, se retire au fond de la prison, pour éviter les louanges de ses compagnons de gloire. Il demande la liqueur mystérieuse dont les chrétiens se servoient entre eux au temps des persécutions, et il trace ses adieux à Cymodocée.

Ange des saintes amours, vous qui gardez fidèlement l'histoire des passions vertueuses, daignez me confier la page du livre de mémoire où vous gravâtes les tendres et pieux sentiments du martyr!

« Eudore, serviteur de Dieu, enchaîné pour l'a-
« mour de Jésus-Christ : à notre sœur Cymodocée
« désignée pour notre épouse et la compagne de
« nos combats, paix, grâce et amour.

« Ma colombe, ma bien-aimée, nous avons appris
« avec une joie digne de l'amour qui est pour vous
« dans notre cœur, que vous aviez été baptisée dans
« les eaux du Jourdain par notre ami le solitaire Jé-
« rôme. Vous venez de confesser Jésus-Christ devant
« les juges et les princes de la terre. O servante du
« Dieu véritable, quel éclat doit avoir maintenant
« votre beauté ! Pourrions-nous nous plaindre, nous

« trop justement puni, tandis que vous, Ève encore
« non tombée, vous souffrez les persécutions des
« hommes ? Ce nous est une tentation dangereuse de
« penser que ces bras si foibles et si délicats sont abat-
« tus sous le poids des chaînes; que cette tête, ornée
« de toutes les grâces des vierges, et qui mériteroit
« d'être soutenue par la main des anges, repose
« sur une pierre dans les ténèbres d'une prison. Ah!
« s'il nous eût été donné d'être heureux avec vous!...
« Mais loin de nous cette pensée ! Fille d'Homère,
« Eudore va vous devancer au séjour des concerts
« ineffables : il faut qu'il coupe le fil de ses jours,
« comme un tisserand coupe le fil de sa toile à moitié
« tissue. Nous vous écrivons de la prison de Saint-
« Pierre, la première année de la persécution. De-
« main nous comparoîtrons devant les juges, à
« l'heure où Jésus-Christ mourut sur la croix. Ma
« bien-aimée, notre amour pour vous seroit-il plus
« fort, si nous vous écrivions de la maison des rois,
« et durant l'année du bonheur ?

« Il faut vous quitter, ô vous qui êtes née la plus
« belle entre les filles des hommes ! Nous demandons
« au ciel avec larmes qu'il nous permette de vous
« revoir ici-bas, ne fût-ce que pour un moment.
« Cette grâce nous sera-t-elle accordée ? Attendons
« avec résignation les décrets de la Providence ! Ah!
« du moins, si nos amours ont été courts, ils ont été
« purs ! Ainsi que la Reine des anges, vous gardez le
« doux nom d'épouse, sans avoir perdu le beau
« nom de vierge. Cette pensée, qui feroit le déses-
« poir d'une tendresse humaine, fait la consolation

« d'une tendresse divine. Quel bonheur est le nôtre !
« O Cymodocée, nous étions destiné à vous appeler
« ou la mère de nos enfants, ou la chaste compagne
« de notre félicité éternelle !

« Adieu donc, ô ma sœur ! Adieu, ma colombe, ma
« bien-aimée ! priez votre père de nous pardonner
« ses larmes. Hélas ! il vous perdra peut-être, et il n'est
« pas chrétien : il doit être bien malheureux !

« Voici la salutation que moi Eudore j'ajoute à la
« fin de cette lettre :

« Souvenez-vous de mes liens, ô Cymodocée !
« Que la douceur de Jésus-Christ soit avec vous ! »

LIVRE VINGT ET UNIÈME.

SOMMAIRE.

Eudore est relevé de sa pénitence. Plaintes de Démodocus. Prison de Cymodocée. Cymodocée reçoit la lettre d'Eudore. Actes du martyre d'Eudore. Le Purgatoire.

C'ÉTOIT l'heure où les courtisans de Galérius, couchés sur des lits de pourpre autour d'une table pompeusement servie, prolongeoient les délices du festin dans les ombres de la nuit. Les mains chargées de branches d'anet, le front ceint d'une couronne de roses et de violettes, chaque convive faisoit éclater ses transports. Des joueuses de flûte, habiles dans l'art de Terpsichore, irritoient les désirs par des danses efféminées et des chansons voluptueuses. Une coupe d'une rare beauté, et aussi profonde que celle de Nestor, animoit la joyeuse assemblée. Le dieu qui porte l'arc et le bandeau, et qui se rit des maux qu'il a faits, étoit, comme au banquet d'Alcibiade, l'objet des discours de ces hommes heureux. Le marbre, le cristal, l'argent, l'or, les pierres précieuses, renvoyoient et multiplioient l'éclat des flambeaux; et l'odeur des parfums de l'Arabie se mêloit à celle des vins de la Grèce.

A cette heure, les confesseurs chrétiens, abandonnés du monde et condamnés à mourir, préparoient aussi une fête et un banquet dans les cachots de Saint-Pierre. Eudore devoit comparoître le lendemain au tribunal du juge; il pouvoit expirer au milieu des tourments : il étoit donc temps de le relever de sa pénitence.

On allume une lampe dans la prison. Cyrille, à qui l'évêque de Rome a remis ses pouvoirs, doit célébrer la messe de réconciliation. Gervais et Protais sont choisis pour servir le sacrifice : ils se revêtent d'une tunique blanche apportée par les frères; leurs cheveux blonds tombent en boucles sur leur cou découvert; une pudeur virginale respire dans tous leurs traits. On eût dit qu'ils marchoient au martyre, tant il y avoit de joie et de modestie peintes sur le front de ces jeunes hommes!

Les prisonniers se mettent à genoux autour de Cyrille, qui commence à voix basse une messe sans calice et sans autel. Les confesseurs alarmés ne savent où il va consacrer la victime sans tache. O sublime invention de la charité! ô touchante cérémonie! le vieil évêque dépose l'hostie sur son cœur, qui devient ainsi l'autel du sacrifice. Jésus-Christ martyr est offert en holocauste sur le cœur d'un martyr! Un Dieu s'élève de ce cœur, un Dieu descend dans ce cœur.

Cependant Eudore, dépouillé de l'habit de sa pénitence, reçoit en échange une robe éclatante de blancheur. Perséus et Zacharie se lèvent pour remplir les fonctions de diacre et d'archidiacre : ils adressent au nom des chrétiens ces paroles à Cyrille :

« Très cher à Dieu, c'est ici le moment de la miséricorde; ce pénitent veut être réconcilié, et l'Église vous le demande : il a été postulant, auditeur, prosterné; faites-le remonter au rang des élus. »

Cyrille dit alors :

« Pénitent, promettez-vous de changer de vie ? Levez les mains au ciel en signe de cette promesse. »

Eudore leva vers le ciel ses bras chargés de chaînes : il parut orné de ses liens comme une jeune épouse de ses bracelets et des franges d'or qui bordent sa robe. Cyrille prononça sur lui ces paroles :

« Fidèle, je t'absous par la miséricorde de Jésus-Christ, qui délie dans le ciel tout ce que ses apôtres délient sur la terre. »

A ces mots, Eudore tombe aux pieds de l'évêque : il reçoit des mains du diacre le saint Viatique, ce pain du voyageur chrétien préparé pour le pèlerinage de l'éternité. Les confesseurs admirent au milieu d'eux le martyr désigné, qui, semblable à un consul romain choisi par le peuple, va bientôt déployer les marques de sa puissance. Le monde n'auroit aperçu dans cette assemblée de proscrits que des hommes obscurs destinés à périr du dernier supplice; et pourtant là se voyoient les chefs d'une race nombreuse qui devoit couvrir la terre; là se trouvoient des victimes dont le sang alloit éteindre le feu de la persécution, et faire régner la croix sur l'univers. Mais combien de larmes couleront encore avant que cette persécution ait amené le jour du triomphe !

Démodocus n'étoit arrivé à Rome que pour avoir le cœur déchiré. Averti du premier malheur qui menaçoit la prêtresse des Muses, il étoit parvenu à rassembler le peuple et à le conduire au palais de Galérius; mais à peine a-t-il arraché Cymodocée des mains d'Hiéroclès, qu'elle lui est enlevée comme chrétienne. On interdit au vieillard la vue de sa fille : toute pitié a disparu depuis que la jeune Messénienne s'est déclarée de la secte proscrite. Le gardien de la prison de Saint-Pierre étoit humain, pitoyable, accessible à l'or : on pénétroit aisément jusqu'aux martyrs; mais Sævus, gardien du cachot de Cymodocée, étoit ennemi furieux des chrétiens, parce que Blanche, sa femme, qui étoit chrétienne, avoit en horreur ses débauches. Il n'avoit jamais voulu consentir que l'on parlât, même devant lui, à la fille d'Homère, et il repoussoit Démodocus par des outrages et des menaces.

Non loin de l'asile de douleur où gémissoit l'épouse d'Eudore, s'élevoit un temple consacré par les Romains à la Miséricorde : la frise en étoit ornée de bas-reliefs de marbre de Carrare, représentant des sujets consacrés par l'histoire ou chantés par la Muse : on reconnoissoit cette pieuse fille qui nourrit son père dans la prison, et devint la mère de celui dont elle avoit reçu la vie; plus loin Manlius, après avoir immolé son fils, revenoit victorieux au Capitole; les vieillards s'avançoient au-devant de lui, mais les jeunes Romains évitoient la rencontre du triomphateur. Ici, une brillante Vestale, faisant remonter sur le Tibre le vaisseau qui portoit l'image de Cybèle, entraînoit avec sa ceinture les destins de Rome et de Carthage; là, Virgile, encore pasteur, étoit obligé d'abandonner les champs paternels ; là, dans la nuit fatale de son exil, Ovide recevoit les adieux de son épouse.

Les astres finissoient et recommençoient leur cours, et retrouvoient Démodocus assis dans la poussière sous le portique de ce temple. Un manteau sale et déchiré, une barbe négligée, des cheveux en désordre et souillés de cendres, annonçoient le chagrin du vénérable suppliant. Tantôt il embrassoit les pieds de la statue de la Miséricorde, en les arrosant de ses pleurs ; tantôt il imploroit la pitié du peuple : quelquefois il chantoit sur la lyre pour tendre un piége aux passants, pour attirer par les accents du plaisir l'attention que les hommes craignent de donner aux larmes.

« O siècle d'airain ! s'écrioit-il, hommes haïs de Jupiter pour votre dureté ! quoi ! vous restez insensibles à la douleur d'un père ! Romains, vos ancêtres ont élevé des temples à la Piété filiale, et mes cheveux blancs ne peuvent vous toucher ! Suis-je donc un parricide en horreur aux peuples et aux cités ? Ai-je mérité d'être dévoué aux Euménides ? Hélas ! je suis un prêtre des dieux ; j'ai été nourri sur les genoux d'Homère, au milieu du chœur sacré des Muses ! J'ai passé ma vie à implorer le ciel pour les hommes, et ils se montrent inexorables à mes prières ! Que demandé-je pourtant ? Qu'on me permette de voir ma fille, de partager ses fers, de mourir dans ses bras avant qu'elle me soit ravie. Romains, songez à l'âge si tendre de ma Cymodocée ! Ah ! j'étois le plus heureux des mortels que le soleil éclairé dans sa course! Aujourd'hui quel esclave voudroit changer son sort contre le mien ? Jupiter m'avoit donné un cœur hospitalier : de tous les hôtes que j'ai reçus à mes foyers, et qui ont bu avec moi la coupe de la joie, en est-il un seul qui vienne partager ma douleur! Insensé est le mortel qui croit sa prospérité constante! La Fortune ne se repose nulle part. »

A ces mots, Démodocus, frappant ses mains avec désespoir, se roule sur la terre. Ses cris ne percent point les murs du cachot de sa fille. Les fidèles qui avoient précédé la nouvelle chrétienne dans ce lieu sanglant avoient tous donné leur vie pour Jésus-Christ. Cymodocée habitoit seule la prison. Fatigué des soins qu'il étoit obligé de rendre à l'orpheline, Sævus insultoit souvent à son malheur: ainsi, lorsque de grossiers villageois ont enlevé un aiglon sur la montagne, ils enferment dans une indigne cage l'héritier de l'empire des airs; ils insultent par d'ignobles jeux et des traitements inhumains à la majesté tombée : ils frappent cette tête couronnée; ils éteignent ces yeux qui auroient contemplé le soleil; ils tourmentent en mille façons ce jeune roi qui n'a point d'ailes pour fuir, ou de serres pour repousser les outrages.

Nourrie dans les riantes idées de la mythologie, environnée jusqu'alors des images les plus douces et les plus gracieuses, Cymodocée avoit à peine connu le nom de la tristesse et de l'adversité. Elle n'avoit point été formée à cette école chrétienne où, dès le berceau, l'homme apprend qu'il est né pour souffrir. Depuis quelque temps, soumise aux épreuves de la Providence, la fille d'Homère avoit changé de religion en changeant de fortune, et le christianisme étoit venu lui donner contre les afflictions de la vie des secours que ne lui offroit point le culte des faux dieux. Elle étudioit avec ardeur les livres saints qu'elle avoit trouvés dans sa prison, et qui avoient appartenu à quelque martyr; mais, sans cesse obsédée par les souvenirs de son enfance et de sa jeunesse, elle ne pouvoit goûter encore parfaitement ces hautes consolations de la religion qui nous élèvent au-dessus des regrets et des misères humaines. Souvent, au milieu de sa lecture, sa tête tomboit sur la page sacrée, et la nouvelle chrétienne, saisie de douleur, redevenoit un moment la prêtresse des Muses. Elle se représentoit cette brillante lumière de la Messénie; elle croyoit errer dans les bois d'Amphise; elle revoyoit ces belles fêtes de la Grèce, ces chars roulant sous les ombrages de Némée, ces religieuses Théories parcourant au son des flûtes les sommets de l'Ira ou la plaine de Sténiclare. Elle songeoit au bonheur dont elle jouissoit autrefois avec son père, et au chagrin qui accabloit maintenant ce vieillard. «Où est-il? que fait-il? qui prend soin de son âge et de ses larmes? Oh! que les peines de Cymodocée sont légères auprès de celles qui doivent accabler son père et son époux!»

Tandis que la fille de Démodocus se livre à ces pensers amers, elle entend tout à coup retentir des pas au fond de sa prison. Blanche, la femme du gardien, s'avance et remet à Cymodocée la lettre d'Eudore, avec le secret nécessaire pour lire ces tristes adieux. Cette chrétienne timide, qui n'ose braver ouvertement son époux et les supplices, se hâte de sortir, et referme les portes du cachot.

Cymodocée, restée seule, prépare aussitôt la liqueur qui, versée sur la page blanche, doit faire paroître les traits mystérieux que l'amour et la religion y avoient tracés. Au premier essai, elle reconnoît l'écriture d'Eudore; bientôt elle parvient à lire les premiers témoignages de l'amour de son époux; les expressions du martyr deviennent plus tendres; on entrevoit quelque annonce funeste; Cymodocée n'ose plus déchiffrer l'écrit fatal. Elle s'arrête; elle recommence, s'arrête de nouveau, recommence encore; enfin, elle arrive à ces mots:

« Fille d'Homère, Eudore va peut-être vous de-
« vancer au séjour des concerts ineffables. Il faut
« qu'il coupe le fil de ses jours, comme un tisserand
« coupe le fil de sa toile à moitié tissue. »

Soudain les yeux de la jeune chrétienne s'obscurcissent, et elle tombe évanouie sur la pierre de la prison.

Mais, ô Muse céleste, d'où viennent ces transports de joie qui éclatent dans les parvis éternels? Pourquoi les harpes d'or font-elles entendre ces sons mélodieux? Pourquoi le roi-prophète soupire-t-il ses plus beaux cantiques? Quelle allégresse parmi les anges! Le premier des martyrs, le glorieux Étienne, a pris dans le Saint des Saints une palme éclatante; il la porte vers la terre avec un

LIVRE XXI.

front incliné et respectueux. Cieux, racontez le triomphe du juste! Le moment si court des afflictions de la vie va produire un bonheur qui ne finira plus. Eudore a paru devant le juge!

Il a dit adieu à ses amis; il a recommandé à leur charité son épouse et Démodocus. Les soldats ont conduit le martyr au temple de la Justice, bâti par Auguste, près du théâtre de Marcellus. Au fond d'une salle immense et découverte s'élève une chaire d'ivoire, surmontée de la statue de Thémis, mère de l'Équité, de la Loi et de la Paix. Le juge est placé sur cette chaire : à sa gauche sont des sacrificateurs, un autel, une victime; à sa droite, des centurions et des soldats; devant lui, des entraves, un chevalet, un bûcher, une chaise de fer, mille instruments de supplice, et de nombreux bourreaux : dans la salle est la foule du peuple. Eudore enchaîné se tient debout au pied du tribunal. Les hérauts, ministres de Jupiter et des hommes, commandent le silence. Le juge interroge, et l'écrivain grave sur des tablettes les actes du martyr.

Festus, suivant les formes usitées, dit :

« Quel est ton nom? »

Eudore répond :

« Je m'appelle Eudore, fils de Lasthénès. »

Le juge dit :

« N'as-tu pas connoissance des édits qui ont été publiés contre les chrétiens ? »

Eudore répond :

« Je les connois. »

Le juge dit :

« Sacrifie donc aux dieux. »

Eudore répond :

« Je ne sacrifie qu'à un seul Dieu, créateur du ciel et de la terre. »

Festus ordonne de dépouiller Eudore, de l'étendre sur le chevalet, et de lui attacher des poids aux pieds.

Le juge dit :

« Eudore, je te vois pâlir, tu souffres. Aie pitié de toi-même : souviens-toi de ta gloire et des honneurs dont tu as été comblé ! Jette les yeux sur ta maison près de tomber par ta chute : vois les larmes de ton père, écoute les plaintes de tes aïeux. Ne crains-tu point de combler d'un ennui éternel la déplorable vieillesse de ceux qui t'ont donné la vie ? »

Eudore répond :

« Ma gloire, mes honneurs et mes parents sont dans le ciel. »

Le juge dit :

« Seras-tu donc insensible aux douceurs et aux promesses d'un chaste hyménée ? »

Eudore ne répond point.

Le juge dit :

« Tu t'attendris, achève; laisse-toi toucher : sacrifie, ou tremble des maux qui t'attendent. »

Eudore répond :

« Que me serviroit d'avoir tremblé devant un juge qui doit mourir comme moi ? »

Festus fait déchirer Eudore avec des ongles de fer. Le sang couvre le corps du confesseur, comme la pourpre de Tyr teint l'ivoire de l'Inde, ou la laine la plus blanche de Milet.

Alors le juge:

« Es-tu vaincu ? Vas-tu sacrifier aux dieux ? Songe, si tu t'obstines, que tu entraîneras dans ta perte ton père, tes sœurs, et celle qui étoit destinée à ton lit. »

Eudore s'écrie :

« D'où me vient ce bonheur d'être sacrifié trois fois pour mon Dieu ? »

On écarte les pieds du confesseur dans les entraves; on fait rougir la chaise de fer; on prépare la poix bouillante et les tenailles. Eudore ne paroît pas souffrir. On voyoit sur son visage briller l'allégresse jointe à une douce gravité, et la majesté au milieu des grâces. La chaise de fer est préparée. Le docteur des chrétiens, assis dans le fauteuil embrasé, prêche plus éloquemment l'Évangile. Des Séraphins répandent sur Eudore une rosée céleste, et son ange gardien lui fait une ombre de ses ailes. Il paroissoit dans la flamme comme un pain délicieux préparé pour les tables éternelles. Les païens les plus intrépides détournoient la tête : ils ne pouvoient soutenir l'éclat du martyr. Les bourreaux fatigués se relayoient les uns les autres; le juge regardoit le chrétien avec un secret effroi : il croyoit voir un dieu sur cette chaise ardente. Le confesseur lui crie :

« Remarquez bien mon visage, afin de le reconnoître à ce jour terrible où tous les hommes seront jugés ! »

A ces mots, Festus troublé fait suspendre le supplice. Il se précipite de son tribunal, passe derrière le rideau, et laisse l'écrivain lire en tremblant cette sentence :

« La clémence de l'invincible Auguste ordonne
« que celui qui, refusant d'obéir aux sacrés édits,
« n'a pas voulu sacrifier, soit exposé aux bêtes, dans
« l'amphithéâtre, le jour de la divine naissance de
« notre empereur éternel. »

Aussitôt Eudore est reporté par les soldats à la prison. Déjà les confesseurs étoient instruits de son triomphe. Au moment où la porte du cachot s'entr'ouvre, et laisse voir aux évêques le martyr pâle et mutilé, ils s'avancent au-devant de lui, Cyrille à leur tête, et entonnent tous à la fois ce cantique :

« Il a vaincu l'enfer, il a cueilli la palme! Entrez
« dans le tabernacle du Seigneur, ô prêtre illustre
« de Jésus-Christ!

« Quel éclat sort de ses plaies! il a été éprouvé
« par le feu, comme l'argent raffiné jusqu'à sept
« fois. »

« Il a vaincu l'enfer, il a cueilli la palme! Entrez
« dans le tabernacle du Seigneur, ô prêtre illustre
« de Jésus-Christ! »

Les anges répétoient dans le ciel ce cantique, et un nouveau sujet d'allégresse charmoit les esprits bienheureux.

Eudore, dans le cours de ses actes glorieux, avoit offert secrètement son sacrifice pour le salut de sa mère. Depuis long-temps averti en songe de la destinée de Séphora, il prioit le Très-Haut d'accorder

à cette vertueuse femme un rang parmi les élus.
Elle étoit tombée, au sortir du monde, dans le lieu
où les âmes achèvent d'expier leurs erreurs, parce
qu'elle avoit aimé ses enfants avec trop de foiblesse, et qu'elle étoit ainsi devenue la première
cause des égarements de son fils. Eudore, par
l'hommage volontaire de son sang, avoit obtenu la
fin des épreuves de Séphora. Les trois prophètes
qui lisent devant l'Éternel le Livre de vie, Isaïe,
Élie et Moïse, proclament le nom de l'âme délivrée.
Marie se lève de son trône : les anges qui lui présentoient les vœux des mères, les pleurs des enfants, les douleurs des pauvres et des infortunés,
suspendent un moment leurs offrandes. Elle monte
vers son Fils; elle entre dans la région où l'agneau
règne au milieu des vingt-quatre vieillards; elle s'a-
vance jusqu'aux pieds d'Emmanuel, et s'inclinant
devant la seconde Essence incréée :

- « O mon Fils! si n'étant encore qu'une foible
« mortelle, j'ai porté dans mon sein le poids de votre
« éternité; si vous daignâtes confier à mon amour
« le soin de votre humanité souffrante, daignez
« écouter ma prière! Vos prophètes ont annoncé la
« délivrance de la mère du nouveau martyr. Les
« fidèles vont-ils enfin jouir de la paix du Seigneur ?
« Fille des hommes, vous m'avez permis de vous
« présenter leurs larmes. Je vois un confesseur
« qu'un tigre va déchirer; le sang qu'il a déjà ré-
« pandu ne suffit-il pas pour racheter ce chrétien,
« et le faire rentrer dans votre gloire ? Faut-il qu'il
« achève son sacrifice, et la voix de Marie ne peut-

« elle rien changer à la rigueur de vos conseils ? »

Ainsi parle la Mère des sept douleurs. Alors le Messie, d'un ton miséricordieux :

« O ma mère ! vous le savez, je compatis aux lar-
« mes des hommes ; je me suis chargé pour eux du
« fardeau de toutes les misères du monde. Mais il
« faut que les décrets de mon Père s'accomplissent.
« Si mes confesseurs sont persécutés un moment
« sur la terre, ils jouiront dans le ciel d'une gloire
« sans fin. Cependant, ô Marie ! le moment de leur
« triomphe approche : la grâce même a commencé.
« Descendez vers les lieux où les fautes sont effa-
« cées par la pénitence ; ramenez au ciel avec vous
« la femme dont les prophètes ont déclaré la béa-
« titude, et que la félicité du martyr pour lequel
« vous m'implorez commence par le bonheur de sa
« mère. »

Un sourire accompagne les paroles pacifiques du Sauveur du monde. Les vingt-quatre vieillards s'inclinent sur leurs trônes, les Chérubins se voilent de leurs ailes ; les sphères célestes s'arrêtent pour écouter le Verbe éternel ; et les profondeurs du chaos tressaillent et sont éclairées, comme si quelque création nouvelle alloit sortir du néant.

Aussitôt Marie descend vers le lieu de la purification des âmes. Elle s'avance par un chemin semé de soleils, au milieu des parfums incorruptibles et des fleurs célestes que les anges répandent sous ses pas. Le chœur des vierges la précède, en chantant des hymnes. Auprès d'elle paroissoient les femmes les plus illustres : Élisabeth, dont l'enfant tressaillit à l'approche de Marie; Madeleine, qui répandit un nard précieux sur les pieds de son maître, et les essuya de ses cheveux; Salomé, qui suivit Jésus au Calvaire; la mère des Machabées, celle des sept enfants martyrs; Lia et Rachel; Esther, reine encore; Débora, de qui la tombe vit croître le chêne des pleurs; et l'épouse d'Élimélech, que les anges ont appelée Belle, et les hommes Noémi.

Entre le ciel et l'enfer s'étend une vaste demeure consacrée aux expiations des morts. Sa base touche aux régions des douleurs infinies, et son sommet à l'empire des joies intarissables. Marie porte d'abord la consolation aux lieux les plus éloignés du séjour des béatitudes. Là, des malheureux, haletants et couverts de sueur, s'agitent au milieu d'une nuit obscure. Leurs noires paupières ne sont éclairées que par les flammes voisines de l'enfer. Les âmes éprouvées dans cette enceinte ne partagent point les supplices éternels, mais elles en ont la terreur. Elles entendent le bruit des tourments, le retentissement des fouets, le fracas des chaînes. Un fleuve brûlant, formé des pleurs des réprouvés, les sépare seul de l'abîme où elles craindroient d'être ensevelies, si elles n'étoient rassurées par un espoir sans cesse éteint et toujours renaissant.

L'apparition de la Reine des anges au milieu de ces infortunés suspendit un moment l'horreur de leurs craintes. Une lumière divine éclaira les prisons expiatoires, pénétra jusque dans l'enfer, et l'enfer étonné crut voir entrer l'Espérance. Saisie d'une pitié céleste, Marie passe avec sa pompe angélique à des régions moins obscures et moins malheureuses. A mesure qu'on s'élève dans ces lieux d'épreuves, ces lieux s'embellissent, et les peines deviennent plus douces et moins durables. Des anges compatissants, bien que sévères, veillent aux pénitences des âmes éprouvées. Au lieu d'insulter à leurs peines, comme les esprits pervers aux pleurs des damnés, ils les consolent, et les invitent au repentir : ils leur peignent la beauté de Dieu, et le bonheur d'une éternité passée dans la contemplation de l'Être suprême.

Un spectacle extraordinaire frappe surtout les regards des saintes femmes descendues des cieux avec la Reine des vierges : des âmes deviennent peu à peu rayonnantes et lumineuses, au milieu des autres âmes qui les entourent; une auréole glorieuse se forme autour de leur front; transfigurées par degré, elles s'envolent à des régions plus élevées, d'où elles entendent les divins concerts. C'étoient des morts dont les peines étoient abrégées par les prières des parents et des amis qu'ils avoient encore sur la terre. Céleste prérogative de l'amitié, de la religion et du malheur! Plus celui qui prie ici-bas est infortuné, pauvre, infirme, méprisé, plus ses vœux ont de puissance pour donner un bonheur éternel à quelque âme délivrée!

L'heureuse Séphora brilloit d'un éclat extraordinaire au milieu de ces morts rachetés. La mère des Machabées prend aussitôt par la main la mère d'Eudore, et la présente à Marie. Le cortége remonte lentement vers les sacrés tabernacles. Les mondes divers, ceux qui frappent nos regards pendant la nuit, ceux qui échappent à notre vue dans la profondeur des espaces, les soleils, la création entière, les chœurs des puissances qui président à cette création, chantent l'hymne à la mère du Sauveur :

« Ouvrez-vous, portes éternelles : laissez passer « la Souveraine des cieux !

« Je vous salue, Marie, pleine de grâce, modèle « des vierges et des épouses! Chérubins ardents, « portez sur vos ailes la fille des hommes et la mère « de Dieu. Quelle tranquillité dans ses regards bais- « sés! Que son sourire est calme et pudique! Ses « traits conservent encore la beauté de la douleur « qu'elle éprouva sur la terre, comme pour tempé- « rer les joies éternelles! Les mondes frémissent « d'amour à son passage; elle efface l'éclat de la « lumière incréée dans laquelle elle marche et res- « pire. Salut, vous qui êtes bénie entre toutes les « femmes! Refuge des pécheurs, consolatrice des « affligés!

« Ouvrez-vous, portes éternelles : laissez passer « la Souveraine des cieux ! »

LIVRE VINGT-DEUXIÈME.

SOMMAIRE.

L'ange exterminateur frappe Galérius et Hiéroclès. Hiéroclès va trouver le juge des chrétiens. Retour du messager envoyé à Dioclétien. Tristesse d'Eudore, de Démodocus et de Cymodocée. Le repas libre. Tentation.

QUE sont les peines du corps auprès des tourments de l'âme ! Quel feu peut être comparé au feu des remords ! Le juste est tourmenté dans son corps ; mais son âme, comme une forteresse inexpugnable, reste paisible quand tout est ravagé au dehors : le méchant, au contraire, repose parmi des fleurs ou sur un lit de pourpre ; il semble jouir de la paix, mais l'ennemi s'est glissé au dedans ; des signes funestes trahissent le secret de cet homme qui semble heureux : ainsi au milieu d'une campagne florissante on découvre le drapeau funèbre qui flotte sur les tours d'une cité dont la peste et la mort se disputent les débris.

Hiéroclès a renié le ciel : le ciel l'a abandonné à l'enfer. Publius, qui veut achever de perdre un rival, a découvert les infidélités du ministre de l'empereur : le sophiste avoit fait entrer dans ses trésors une partie des trésors du prince. Chacun cherche à Hiéroclès un crime nouveau : car on devient aussi lâche à accuser le méchant abattu qu'on étoit lâche à l'excuser triomphant. Que fera l'ennemi de Dieu? Partira-t-il pour Alexandrie, sans essayer de sauver celle qu'il a perdue? Restera-t-il à Rome pour assister aux funérailles sanglantes de Cymodocée? La haine publique le poursuit; un prince terrible le menace; un effroyable amour brûle dans son cœur. Dans cette perplexité, les yeux du pervers se tachent de sang, son regard devient fixe, ses lèvres s'entr'ouvrent, et ses joues livides tremblent avec tout son corps : ainsi lorsqu'un serpent s'est empoisonné lui-même avec les sucs mortels dont il compose son venin, le reptile, couché dans la voie publique, s'agite à peine sur la poussière, ses paupières sont à demi fermées, sa gueule noircie laisse échapper une écume impure, sa peau détendue et jaunie ne s'arrondit plus sur ses anneaux : il inspire encore l'effroi; mais cet effroi n'est plus ennobli par l'idée de sa puissance.

Oh! combien différent est le chrétien de qui les veines épuisées de sang en ont toutefois assez retenu pour animer un grand cœur! Mais c'étoit peu que les douleurs et les remords avant-coureurs des châtimens réservés au persécuteur des fidèles : Dieu fait un signe à l'ange exterminateur, et du doigt lui marque deux victimes. Le ministre des vengeances attache aussitôt à ses épaules des ailes de feu dont le frémissement imite le bruit lointain du tonnerre. D'une main il prend une des sept coupes d'or pleines de la colère de Dieu; de l'autre il saisit le glaive qui frappa les nouveau-nés de l'Égypte et fit reculer le soleil à l'aspect du camp de Sennachérib. Les nations entières, condamnées pour leurs crimes, s'évanouissent devant cet esprit inexorable, et l'on cherche en vain leurs tombeaux. Ce fut lui qui traça sur la muraille, pendant le festin de Balthazar, les mots inconnus; ce fut lui qui jeta sur la terre la faux qui vendange, et la faux qui moissonne, lorsque Jean entrevit dans l'île de Pathmos les formidables figures de l'avenir.

L'ange exterminateur descend dans un éclair, comme ces étoiles qui se détachent du ciel et portent l'épouvante au cœur du matelot. Il entre enveloppé d'un nuage dans le palais des Césars au moment même où Galérius, assis à la table du festin, célébroit ses prospérités. Aussitôt les lampes du banquet pâlissent; on entend au dehors comme le roulement d'une multitude de chariots de guerre; les cheveux des convives se hérissent sur leur front; des larmes involontaires coulent de leurs yeux; les ombres des vieux Romains se levèrent dans les salles, et Galérius eut un pressentiment confus de la destruction de l'Empire. L'ange s'approche invisible de ce maître du monde, et verse dans sa coupe quelques gouttes du vin de la colère céleste. Poussé par son mauvais destin, l'empereur porte à ses lèvres la liqueur dévorante; mais à peine a-t-il bu à la fortune des Césars, qu'il se sent soudain enivré; un mal aussi prompt qu'inattendu le renverse aux pieds de ses esclaves : Dieu dans un moment a couché ce géant sur la terre.

Une poutre coupée sur le sommet du Gargare a vieilli dans un palais, séjour d'une race antique; tout à coup le feu rayonnant au foyer du roi monte jusqu'au chêne desséché, la poutre s'embrase, et tombe avec fracas dans les salles qui mugissent : ainsi tombe Galérius. L'ange l'abandonne à ce premier effet du poison éternel, et vole à la demeure où gémissoit Hiéroclès. D'un coup du glaive du Seigneur, il flétrit les flancs du ministre impie. A l'instant une hideuse maladie, dont Hiéroclès avoit puisé les germes dans l'Orient, se déclare. L'infortuné voit une lèpre épaisse couvrir tout son corps ; ses vêtements s'attachent à sa chair, comme la robe de Déjanire ou la tunique de Médée. Sa tête s'égare ; il blasphème contre le ciel et les hommes, et tout à coup il implore les chrétiens pour le délivrer des esprits de ténèbres dont il se sent obsédé. La nuit étoit au milieu de son cours. Hiéroclès appelle ses esclaves ; il leur ordonne de préparer une litière ; il sort de son lit, s'enveloppe dans un manteau, et se fait porter, à moitié en délire, chez le juge des chrétiens.

« Festus, lui dit-il, tu tiens en ta puissance une chrétienne qui fait le tourment de ma vie : sauve-la de la mort, et donne cette esclave à mon amour ; ne la condamne point aux bêtes ; l'édit te permet de la livrer aux lieux infâmes.... tu m'entends ? »

A ces mots, le pervers jette une bourse d'or aux pieds du juge : il s'éloigne ensuite en poussant un sourd mugissement, comme un taureau malade qui se traîne parmi des roseaux, au fond d'un marais.

Dans ce moment même, le dernier espoir des chrétiens venoit de s'évanouir : le messager qu'Eudore avoit envoyé à Dioclétien pour l'engager à reprendre l'Empire étoit revenu de Salone : Zacharie l'introduisit dans les cachots. Les confesseurs avoient tous reçu leur sentence : ils étoient condamnés à mourir dans l'amphithéâtre avec Eudore. Entouré des évêques qui pansoient ses plaies, le fils de Lasthénès étoit étendu à terre sur les robes des martyrs : tel un guerrier blessé est couché sur les drapeaux qu'il a conquis, au milieu de ses compagnons d'armes. Le messager, saisi de douleur, restoit muet et interdit, les yeux attachés sur l'époux de Cymodocée.

« Parlez, mon frère, lui dit Eudore; la chair est un peu abattue, mais l'esprit conserve encore sa vigueur. Félicitez-moi d'être soulagé par des mains qui ont tant de fois touché le corps de Jésus-Christ. »

Le messager, essuyant ses pleurs, rendit compte en ces mots de son entrevue avec Dioclétien :

« Eudore, je m'embarquai d'après vos ordres sur la mer Adriatique, et j'abordai bientôt au rivage de Salone. Je demandai Dioclès, autrefois Dioclétien, empereur. On me dit qu'il habitoit ses jardins à quatre milles de la ville. Je m'y rendis à pied. J'arrivai à la demeure de Dioclès; je traversai des cours où je ne rencontrai ni gardes ni surveillants. Des esclaves étoient occupés çà et là à des travaux champêtres. Je ne savois à qui m'adresser. J'aperçus un homme avancé en âge qui travailloit dans le jardin; je m'approchai de lui pour lui demander où l'on trouvoit le prince que je cherchois.

« Je suis Dioclès, répondit le vieillard en conti-
« nuant son travail. Vous pouvez vous expliquer si
« vous avez quelque chose à me dire. »

« Je demeurai muet d'étonnement.

« Hé bien, me dit Dioclétien, quelle affaire vous
« amène ici? Avez-vous des graines rares à me don-
« ner, et voulez-vous que nous fassions des échan-
« ges ? »

« Je remis votre lettre au vieil empereur; je lui
peignis les malheurs des Romains, et le désir que
les chrétiens avoient de le revoir à la tête de l'État.
A ces mots, Dioclétien, suspendant son travail,
s'écria :

« Plût aux dieux que ceux qui vous envoient vis-
« sent, comme vous, les légumes que je cultive de
« mes propres mains à Salone : ils ne m'inviteroient
« pas à reprendre l'empire ! »

« Je lui fis observer qu'un autre jardinier avoit
bien consenti à porter la couronne.

« Le jardinier Sidonien, répliqua-t-il, n'étoit pas,
« comme moi, descendu du trône, et il fut tenté
« d'y monter : Alexandre n'auroit pas réussi auprès
« de moi. »

« Je ne pus en obtenir d'autre réponse. En vain
je voulus insister.

« Rendez-moi un service, me dit-il brusque-
« ment; voilà un puits; je suis vieux, vous êtes
« jeune, tirez-moi de l'eau, mes légumes en man-
« quent. »

« A ces mots, Dioclétien me tourna le dos, et
Dioclès reprit son arrosoir. »

Le messager se tut. Cyrille lui adressa la parole :

« Mon frère, vous ne sauriez nous apporter une meilleure nouvelle. Eudore, après votre départ, nous avoit instruits de l'objet de votre voyage : les évêques craignoient que vous n'eussiez réussi. Le martyre a éclairé le fils de Lasthénès; il connoît maintenant ses devoirs : Galérius est notre souverain légitime. »

— « Oui, dit Eudore repentant et humilié, je me reconnois justement puni pour un dessein criminel. »

Ainsi parloient ces martyrs brisés par les fers et les chevalets de Galérius : tel l'animal courageux qui lance les ours et les sangliers dans les brunes forêts de l'Achéloüs, tombe, sans l'avoir mérité, dans la disgrâce du chasseur; percé de l'épieu destiné aux bêtes farouches, le limier tourne sous le coup fatal, se débat sur la mousse ensanglantée; mais, en expirant, il jette un regard soumis vers son maître, et semble lui reprocher de s'être privé d'un serviteur fidèle.

Cependant, au moment de quitter la terre, Eudore étoit tourmenté d'une tendre inquiétude. Malgré la ferveur de sa foi et l'exaltation de son âme, le martyr ne pouvoit songer sans frémir au destin de la fille d'Homère. Que deviendra cette victime ? Retombera-t-elle entre les mains d'Hiéroclès ? Sera-t-elle interrogée par le juge ? Pourra-t-elle soutenir d'aussi terribles épreuves ? A-t-elle été condamnée à la mort sur son premier aveu, avec les confesseurs de la prison de Saint-Pierre ? Eudore se représentoit Cymodocée déchirée par des lions, et implorant en vain le secours de l'époux pour qui elle donnoit sa vie. A ce tableau, il opposoit celui du bonheur qu'il auroit pu goûter avec une femme si belle et si pure. Mais une voix s'élevoit tout à coup dans sa conscience, et lui crioit:

« Martyr! sont-ce là les pensées qui doivent occu-
« per ton âme ? L'éternité ! l'éternité ! »

Les évêques, habiles dans la connoissance du cœur, s'apercevoient des combats intérieurs de l'athlète. Ils devinoient ses pensées et cherchoient à relever son courage:

« Compagnon, lui disoit Cyrille, soyons pleins de joie : bientôt nous irons à la gloire. Voyez dans cette prison, comme dans une riante campagne, ce champ d'épis mûrs qui seront tous moissonnés et rempliront les granges du bon pasteur ! Cymodocée sera peut-être avec nous : c'est une fleur qui s'est trouvée au milieu du froment, et qui parfumera les corbeilles ! Si Dieu l'ordonne ainsi, que sa volonté soit faite ! Mais demandons plutôt au ciel qu'il laisse votre épouse ici-bas, afin qu'elle offre pour nous à l'Éternel le sacrifice agréable de ses innocentes prières. »

Lorsque après une nuit brûlante d'été un vent frais s'élève de l'orient avec le jour, le nautonier dont le vaisseau languissoit sur une mer immobile salue le Zéphyr, enfant de l'Aurore, qui lui ramène la fraîcheur et lui abrége le chemin : ainsi les paroles de Cyrille, comme un souffle bienfaisant, raniment le martyr et le poussent dans la voie du ciel. Toutefois il ne peut se dépouiller entièrement de l'homme : depuis long-temps il a chargé des chrétiens intrépides de sauver Cymodocée, et de n'épargner ni soins, ni peines, ni trésors; il se confie surtout au courage de Dorothée, qui déjà deux fois a vainement essayé pendant la nuit d'escalader la prison de la fille d'Homère.

Plus heureux à l'égard de Démodocus, Dorothée étoit parvenu à l'arracher des portes du cachot, et à le conduire dans une retraite assurée.

« Infortuné vieillard, lui disoit-il, pourquoi précipiter ainsi la fin de vos jours? Craignez-vous qu'ils ne s'enfuient pas assez vite? Réservez vos cheveux blancs pour votre fille. Si Dieu la veut rendre à vos embrassements, elle aura plus besoin de vos consolations que vous n'aurez besoin des siennes : elle aura perdu son époux ! »

— « Eh! comment, répondoit le vieillard, veux-tu que je cesse de redemander ma fille? C'étoit sur elle que je tournois mes regards des bords du tombeau. Dernière héritière de la lyre d'Homère, les Muses l'avoient comblée de dons précieux. Elle gouvernoit ma maison ; personne, en sa présence, n'eût osé insulter à ma vieillesse. J'aurois vu croître sur mes genoux des fils semblables à leur mère ! Cymodocée, dont les paroles avoient tant de charmes, que sont devenues tes promesses? Tu me disois : « Quelle sera ma douleur, ô mon père, si les « Parques inflexibles te ravissent jamais à mon « amour! Je couperai mes cheveux sur ton bûcher,

« et je passerai mes jours à te pleurer avec mes
« compagnes. » Hélas ! ô ma fille, c'est moi qui reste
à te pleurer ! C'est moi qui, dans une terre étrangère, sans enfants, sans patrie, courbé sous le faix
des ans, c'est moi qui t'appellerai trois fois autour
de ton lit funèbre ! »

Comme un taureau qu'on arrache aux honneurs
du pâturage pour le séparer de la génisse que l'on
va sacrifier aux dieux, ainsi Dorothée avoit entraîné
Démodocus loin de la prison de Cymodocée.

La nouvelle chrétienne avoit rouvert les yeux à
la lumière, ou plutôt aux ténèbres des cachots. Elle
lit et relit vingt fois la lettre d'Eudore, et vingt
fois elle l'arrose de ses pleurs.

« Époux chéri, dit-elle dans le langage confus de
ses deux religions, seigneur, mon maître, héros
semblable à une divinité, vous allez donc paroître
devant les juges ?.... Un fer cruel !.... Et je ne suis
pas là pour panser tes plaies !.... O mon père, pourquoi m'avez-vous abandonnée ? Accourez ; conduisez
mes pas vers le plus beau des mortels ! Tombez, murs
impitoyables, je veux porter ma vie au souverain
maître de mon cœur. »

Ainsi se plaignoit Cymodocée dans le silence de
son cachot, tandis que le bruit et le tumulte environnoient la prison des martyrs. Ils entendoient au
dehors une rumeur confuse, semblable au bouillonnement des grandes eaux, au fracas des vents
sur de hautes montagnes, au mugissement d'un
incendie allumé dans une forêt de pins, par l'imprudence d'un berger : c'étoit le peuple.

Il y avoit à Rome un antique usage : la veille de l'exécution des criminels condamnés aux bêtes, on leur donnoit à la porte de la prison un repas public, appelé le repas libre. Dans ce repas on leur prodiguoit toutes les délicatesses d'un somptueux festin : raffinement barbare de la loi, ou brutale clémence de la religion : l'une, qui vouloit faire regretter la vie à ceux qui l'alloient perdre ; l'autre, qui, ne considérant l'homme que dans les plaisirs, vouloit du moins en combler l'homme expirant.

Ce dernier repas étoit servi sur une table immense, dans le vestibule de la prison. Le peuple, curieux et cruel, étoit répandu à l'entour, et des soldats maintenoient l'ordre. Bientôt les martyrs sortent de leurs cachots, et viennent prendre leurs places autour du banquet funèbre : ils étoient tous enchaînés, mais de manière à pouvoir se servir de leurs mains. Ceux qui ne pouvoient marcher à cause de leurs blessures étoient portés par leurs frères. Eudore se traînoit appuyé sur les épaules de deux évêques, et les autres confesseurs, par pitié et par respect, étendoient leurs manteaux sous ses pas. Quand il parut hors de la porte, la foule ne put s'empêcher de pousser un cri d'attendrissement, et les soldats donnèrent à leur ancien capitaine le salut des armes. Les prisonniers se rangèrent sur les lits en face de la foule : Eudore et Cyrylle occupoient le centre de la table ; les deux chefs des martyrs unissoient sur leurs fronts ce que la jeunesse et la vieillesse ont de plus beau : on eût cru voir Joseph et Jacob assis au banquet de Pharaon. Cyrille invita ses frères à distribuer au peuple ce repas fastueux, afin de le remplacer par une simple agape, composée d'un peu de pain et de vin pur : la multitude étonnée faisoit silence ; elle écoutoit avidement les paroles des confesseurs.

« Ce repas, disoit Cyrille, est justement appelé le repas libre, puisqu'il nous délivre des chaînes du monde et des maux de l'humanité. Dieu n'a pas fait la mort, c'est l'homme qui l'a faite. L'homme nous donnera demain son ouvrage, et Dieu, qui est auteur de la vie, nous donnera la vie. Prions, mes frères, pour ce peuple : il semble aujourd'hui touché de notre destinée; demain il battra des mains à notre mort; il est bien à plaindre! Prions pour lui et pour Galérius notre empereur. »

Et les martyrs prioient pour le peuple et pour Galérius leur empereur.

Les païens, accoutumés à voir les criminels se réjouir follement dans l'orgie funèbre, ou se lamenter sur la perte de la vie, ne revenoient pas de leur étonnement. Les plus instruits disoient :

« Quelle est donc cette assemblée de Catons qui s'entretiennent paisiblement de la mort la veille de leur sacrifice ? Ne sont-ce point des philosophes, ces hommes qu'on nous représente comme les ennemis des dieux ? Quelle majesté sur leur front! quelle simplicité dans leurs actions et dans leur langage ! »

La foule disoit :

« Quel est ce vieillard qui parle avec tant d'autorité, et qui enseigne des choses si innocentes et si douces? Les chrétiens prient pour nous et pour l'empereur: ils nous plaignent; ils nous donnent leur repas; ils sont couverts de plaies, et ils ne disent rien contre nous ni contre les juges. Leur Dieu seroit-il le véritable Dieu?

Tels étoient les discours de la multitude. Parmi tant de malheureux idolâtres, quelques-uns se retirèrent saisis de frayeur, quelques autres se mirent à pleurer, et crioient:

« Il est grand le Dieu des chrétiens! Il est grand le Dieu des martyrs! »

Ils restèrent pour se faire instruire, et ils crurent en Jésus-Christ.

Quel spectacle pour Rome païenne! Quelle leçon ne lui donnoit point cette communion des martyrs! Ces hommes qui devoient bientôt abandonner la vie continuoient à tenir entre eux des discours pleins d'onction et de charité: lorsque de légères hirondelles se préparent à quitter nos climats, on les voit se réunir au bord d'un étang solitaire, ou sur la tour d'une église champêtre: tout retentit des doux chants du départ; aussitôt que l'aquilon se lève, elles prennent leur vol vers le ciel, et vont chercher un autre printemps et une terre plus heureuse.

Au milieu de cette scène touchante, on voit accourir un esclave: il perce la foule; il demande Eudore; il lui remet une lettre de la part du juge. Eudore déroule la lettre: elle étoit conçue en ces mots:

« Festus juge, à Eudore chrétien, salut:

« Cymodocée est condamnée aux lieux infâmes.
« Hiéroclès l'y attend. Je t'en supplie par l'estime
« que tu m'as inspirée, sacrifie aux dieux; viens re-
« demander ton épouse : je jure de te la faire rendre
« pure et digne de toi. »

Eudore s'évanouit; on s'empresse autour de lui :
les soldats qui l'environnent se saisissent de la lettre;
le peuple la réclame; un tribun en fait lecture à
haute voix; les évêques restent muets et conster-
nés; l'assemblée s'agite en tumulte. Eudore revient
à la lumière, les soldats étoient à ses genoux, et lui
disoient :

« Compagnon, sacrifiez! Voilà nos aigles au dé-
« faut d'autels. »

Et ils lui présentoient une coupe pleine de vin
pour la libation. Une tentation horrible s'empare
du cœur d'Eudore. Cymodocée aux lieux infâmes!
Cymodocée dans les bras d'Hiéroclès! La poitrine
du martyr se soulève : l'appareil de ses plaies se
brise, et son sang coule en abondance. Le peuple,
saisi de pitié, tombe lui-même à genoux, et répète
avec les soldats :

« Sacrifiez! sacrifiez! »

Alors Eudore, d'une voix sourde :

« Où sont les aigles? »

Les soldats frappent leurs boucliers en signe de
triomphe, et se hâtent d'apporter les enseignes.
Eudore se lève; les centurions le soutiennent; il
s'avance au pied des aigles; le silence règne parmi
la foule. Eudore prend la coupe; les évêques se
voilent la tête de leurs robes, et les confesseurs

poussent un cri : à ce cri, la coupe tombe des mains d'Eudore, il renverse les aigles, et se tournant vers les martyrs, il dit :

« Je suis chrétien ! »

LIVRE VINGT-TROISIÈME.

SOMMAIRE.

Satan ranime le fanatisme du peuple. Fête de Bacchus. Explication de la lettre de Festus. Mort d'Hiéroclès. L'ange de l'espérance descend vers Cymodocée. Cymodocée reçoit la robe des martyrs. Dorothée enlève Cymodocée de la prison. Joie d'Eudore et des confesseurs. Cymodocée retrouve son père. L'ange du sommeil.

LE prince des ténèbres regardoit en frémissant de rage la pitié du peuple et la victoire des confesseurs.

« Quoi ! s'écria-t-il, j'aurai fait trembler sur son « trône celui que des anges esclaves ont nommé le « Tout-Puissant ; quelques instants m'auront suffi « pour flétrir l'ouvrage de six jours ; l'homme sera « devenu ma facile proie ; et près de triompher du « Christ, mon dernier ennemi, un martyr insulte- « roit à ma puissance ! Ah ! ranimons contre les « chrétiens la fureur d'un peuple insensé, et que « Rome s'enivre aujourd'hui de l'encens des idoles « et du sang des martyrs ! »

Il dit, et prend aussitôt la figure, la démarche et la voix de Tagès, chef des aruspices. Il dépouille sa tête immortelle des restes de sa brillante chevelure, outragée par les feux de l'abîme ; les cicatrices que le désespoir et la foudre ont tracées sur son front se changent en rides vénérables ; il cache ses ailes repliées dans les amples contours d'une robe de lin, et courbant son corps sur un bâton augural, il s'avance au-devant de la foule qui revenoit du banquet des martyrs.

« Peuple romain, s'écrie-t-il, d'où naît aujour-
« d'hui cet attendrissement sacrilége? Quoi! votre
« empereur vous prépare des spectacles, et vous
« pleurez sur des scélérats, vil rebut des nations!
« Soldats, on renverse vos aigles, et vous vous lais-
« sez toucher! Que diroient les Scipion et les Camille
« s'ils revoyoient la lumière? Bannissez une com-
« passion criminelle, et, au lieu de plaindre ici les
« ennemis du ciel et des hommes, allez prier dans
« vos temples pour le salut du prince, et célébrer
« la fête des dieux. »

En prononçant ces paroles, l'ange rebelle souffle sur la foule inconstante un esprit de vertige et de fureur. La soif du sang et des plaisirs s'allume dans les âmes où la pitié s'éteint tout à coup. Un victimaire s'écrie :

« O ciel! quel prodige frappe mes regards! J'ai laissé Tagès au Capitole, et je le retrouve ici. Romains, n'en doutez pas, c'est quelque divinité cachée sous la figure du chef des aruspices, qui vient vous reprocher votre pitié coupable, et vous annoncer les volontés de Jupiter. »

A ces mots, le prince des ténèbres disparoît du milieu de la foule; et le peuple, saisi de terreur, court aux autels des idoles expier un moment d'humanité.

Galérius célébroit à la fois le jour de sa naissance et son triomphe sur les Perses. Ce jour tomboit aux fêtes de Flore. Afin de se rendre le peuple et les soldats plus favorables, l'empereur rétablit les fêtes de Bacchus, depuis long-temps supprimées par le sénat. Tant d'horreurs devoient être couronnées par les jeux de l'amphithéâtre, où les prisonniers chrétiens étoient condamnés à mourir.

D'imprudentes largesses, dont la source étoit dans la ruine des citoyens, et surtout dans la dépouille des fidèles, avoient renversé l'esprit de la foule. Toute licence étoit permise et même commandée. A la lueur des flambeaux, dans la voie Patricienne, une partie du peuple assistoit à des prostitutions publiques : des courtisanes nues, rassemblées au son de la trompette, célébroient par des chants obscènes cette Flore qui laissa sa fortune impudique à un peuple alors rempli de pudeur. Galérius montoit au Capitole sur un char tiré par des éléphants; devant lui marchoit la famille captive de Narsès, roi des Perses. Les danses et les hurlements des Bacchantes varioient et multiplioient le désordre. Des outres et des amphores sans nombre étoient ouvertes près des fontaines, et aux carrefours de la ville. On se barbouilloit le visage de lie, on pétrissoit la boue avec le vin. Bacchus paroissoit élevé sur un tréteau. Ses prêtresses agitoient autour de lui des torches enflammées, des thyrses entourés de pampres de vigne, et bondissoient au son des cymbales, des tambours et des clairons; leurs cheveux flottoient au hasard : elles étoient vêtues de la peau d'un cerf, rattachée sur leurs épaules par des couleuvres qui se jouoient autour de leurs cous. Les unes portoient dans leurs bras des chevreaux naissants; les autres présentoient la mamelle à des louveteaux; toutes étoient couronnées de branches de chêne et de sapin; des hommes déguisés en satyres les accompagnoient, traînant un bouc orné de guirlandes. Pan se montroit avec sa flûte; plus loin s'avançoit Silène; sa tête, appesantie par le vin, rouloit de l'une à l'autre épaule; il étoit monté sur un âne et soutenu par des Faunes et des Sylvains. Une Ménade portoit sa couronne de lierre, un Égypan sa tasse demi-pleine; le bruyant cortége trébuchoit en marchant, et buvoit à Bacchus, à Vénus et à l'Injure. Trois chœurs chantoient alternativement :

« Chantons Evohé, redisons sans cesse : Evohé,
« Evohé !

« Fils de Sémélé, honneur de Thèbes au bouclier
« d'or, viens danser avec Flore, épouse de Zéphyre et
« reine des fleurs ! Descends parmi nous, ô conso-
« lateur d'Ariadne, toi qui parcours les sommets de
« l'Ismare, du Rhodope et du Cythéron ! Dieu de la
« joie, enfant de la fille de Cadmus, les nymphes
« de Nyssa t'élevèrent, par le secours des Muses,
« dans une caverne embaumée. A peine sorti de la
« cuisse de Jupiter, tu domptas les humains rebelles
« à ton culte. Tu te moquas des pirates de Tyrsène,
« qui t'enlevoient comme l'enfant d'un mortel. Tu
« fis couler un vin délicieux dans le noir vaisseau,
« et tomber du haut des voiles les branches d'une
« vigne féconde; un lierre chargé de ses fruits en-
« toura le mât verdoyant; des couronnes couvrirent
« les bancs des rameurs; un lion parut à la poupe,

« les matelots, changés en dauphins, s'élancèrent
« dans les vagues profondes. Tu riois, ô roi Evohé !

« Chantons Evohé, redisons cans cesse : Evohé,
« Evohé !

« Nourrisson des Hyades et des Heures, élève des
« Muses et de Silène, toi qui as les yeux noirs des
« Grâces, les cheveux dorés d'Apollon, et sa jeu-
« nesse immortelle, ô Bacchus ! quitte les bords de
« l'Inde soumise, et viens régner sur l'Italie. On y
« recueille les vins de Falerne et de Cécube : deux fois
« l'année le fruit mûri pend à l'arbre, et l'agneau à
« la mamelle de sa mère. On voit voler dans nos
« campagnes des chevaux ardents pour la course, et
« paître le long du Clitumne les taureaux sans ta-
« ches qui marchent au Capitole, devant le triom-
« phateur romain. Deux mers apportent à nos rivages
« les trésors du monde. L'airain, l'argent et l'or cou-
« lent en ruisseaux dans les entrailles de cette terre
« sacrée. Elle a donné naissance à des peuples fa-
« meux, à des héros plus fameux encore. Salut,
« terre féconde, terre de Saturne, mère des grands
« hommes ! Puisses-tu porter long-temps les trésors
« de Cérès, et tressaillir au cri d'Evohé !

« Chantons Evohé, redisons sans cesse : Evohé,
« Evohé ! »

Hélas ! les hommes habitent la même terre; mais
combien ils diffèrent entre eux ! Pourroit-on prendre
pour des frères et des citoyens d'une même cité ces
habitants, dont les uns passent les jours dans la
joie, et les autres dans les pleurs ; les heureux qui
chantent un hymen, et les infortunés qui célèbrent

des funérailles? Qu'il étoit touchant, dans le délire de Rome païenne, de voir les chrétiens offrir humblement à Dieu leurs prières, déplorer des excès criminels, et donner tous les exemples de la modestie et de la raison au milieu de la débauche et de l'ivresse! Quelques autels, secrets dans les cachots, au fond des catacombes, sur les tombeaux des martyrs, rassembloient les fidèles persécutés. Ils jeûnoient, ils veilloient, victimes volontaires, pour expier les crimes du monde; et, tandis que les noms de Flore et de Bacchus retentissoient dans des hymnes abominables, au milieu du sang et du vin, les noms de Jésus-Christ et de Marie se répétoient en secret dans de chastes cantiques au milieu des larmes.

Tous les chrétiens se tenoient renfermés dans leurs maisons, évitant à la fois la fureur du peuple et le spectacle de l'idolâtrie. On ne voyoit errer au dehors que quelques prêtres attachés au service des hospices et des prisons, des diacres chargés de sauver les pauvres voués à la mort par Galérius, des femmes qui recueilloient les esclaves abandonnés par leurs maîtres et les enfants exposés par leurs mères. O charité des premiers fidèles! Leur trépas étoit le principal ornement des fêtes païennes; et ils s'occupoient du sort des idolâtres, comme si les idolâtres eussent été pour eux des frères pleins de compassion et de tendresse!

Cependant, après avoir repoussé les assauts du prince des ténèbres, les martyrs victorieux étoient rentrés dans leurs cachots : ainsi jadis, sous les murs d'Ilion, une troupe de héros s'élançoit sur l'ennemi qui tenoit la ville assiégée : les travaux sont détruits, les fossés comblés, les palissades arrachées, et les fils de Laomédon rentrent triomphants dans leurs sacrés remparts. Mais Eudore, fatigué du dernier combat, ne peut soulever sa tête abattue : en vain les évêques lui parlent, le consolent, élèvent aux cieux son courage, il reste muet et insensible à leurs discours. L'image des nouveaux périls de Cymodocée ne peut sortir de sa mémoire. Quels doivent être les tourments de ce martyr ! Déjà, presque assis sur les nuées, il a pu balancer, et peut-être balance encore entre la honte de l'apostasie, l'éternité des douleurs de l'enfer, et les maux qu'il endure en ce moment !

Le fils de Lasthénès ignoroit qu'il avoit été trompé à dessein par le juge. Festus étoit l'ami du préfet de Rome, et cette raison seule l'eût empêché de livrer Cymodocée à Hiéroclès. Mais Festus avoit d'ailleurs été frappé des réponses et de la magnanimité d'Eudore. En descendant du tribunal, il s'étoit rendu au palais de Galérius, et avoit supplié l'empereur de nommer un autre juge aux chrétiens :

« Il n'est plus besoin de juges, s'écria le tyran irrité. Ces scélérats se font une gloire de leurs supplices, et l'entêtement qu'ils y mettent corrompt le peuple et les soldats. Avec quelle insolence a osé souffrir le chef de ces impies ! Je ne veux plus qu'on perde le temps à les tourmenter. Je condamne aux bêtes tous les chrétiens des prisons, sans distinc-

tion d'âge ni de sexe, pour le jour de ma naissance.
Allez, et publiez cet arrêt. »

Festus connoissoit la violence de Galérius : il ne
répliqua point. Il sortit, et fit déclarer les ordres
du prince, mais en se disant comme Pilate :

« Je suis innocent de la mort de ces justes. »

Lorsque Hiéroclès vint le trouver au milieu de la
nuit, il se sentit saisi d'une nouvelle pitié pour Eudore. Un homme naturellement cruel, comme l'é-
toit le juge des chrétiens, peut toutefois être ennemi de la bassesse ; il fut indigné des lâches desseins du ministre tombé ; il lui vint en pensée de
profiter de la proposition de ce méchant, pour
sauver le fils de Lasthénès en l'engageant à sacrifier aux dieux. Il écrivit alors la lettre qu'Eudore
reçut au repas funèbre.

Dieu, qui vouloit le triomphe de son Église, faisoit tourner à la gloire des martyrs tout ce qui auroit pu leur ravir la couronne. Ainsi la fermeté d'Eudore dans les supplices ne fit que hâter la mort de
ses compagnons ; et la lettre de Festus aggrava des
maux qu'elle étoit destinée à prévenir. Galérius,
instruit de la scène du banquet, cassa les centurions
qui avoient montré quelque respect pour leur ancien général ; on éloigna de Rome, sous différents
prétextes, les légions étrangères ; et les prétoriens,
gorgés de vin et d'or, eurent seuls la garde de la
ville. Le nom de Cymodocée, d'Eudore et d'Hiéroclès, frappant de nouveau les oreilles de l'empereur,
le plongea dans une violente colère : Galérius dé-
signa particulièrement l'épouse d'Eudore pour le

massacre du lendemain; il ordonna que le fils de
Lasthénès parût seul, et le premier, dans l'amphithéâtre, le privant ainsi du bonheur de mourir avec
ses frères; enfin, il commanda de jeter Hiéroclès
au fond d'un vaisseau, et de le conduire au lieu de
son exil.

Cette sentence, subitement portée à Hiéroclès,
lui donna le coup de la mort. La patience et la
miséricorde de Dieu touchoient à leur terme, et la
justice alloit commencer. A peine Hiéroclès étoit
sorti de la maison du juge, qu'il se sentit de nouveau frappé par le glaive de l'ange exterminateur.
Dans un instant la maladie dont il est dévoré ne
laisse plus aux médecins aucune espérance. Les
païens, qui regardent la lèpre comme une malédiction du ciel, s'éloignent de l'apostat; ses esclaves
même l'abandonnent. Délaissé du monde entier, il
ne trouve de secours que dans les hommes qu'il a
si cruellement poursuivis. Les chrétiens, dont la
charité ose seule braver toutes les misères humaines, ouvrent leurs hospices à leur persécuteur.
Là, couché près d'un confesseur mutilé, Hiéroclès
voit ses douleurs soulagées par la même main qui
vient de panser les plaies d'un martyr. Mais tant
de vertus ne font qu'irriter cet homme repoussé de
Dieu; tantôt il appelle à grands cris Cymodocée; tantôt il croit apercevoir Eudore, une épée flamboyante
à la main, et le menaçant du haut du ciel. Ce fut
au milieu d'un de ces transports qu'on vint lui annoncer le dernier ordre de Galérius. Alors, se sou-
levant comme un spectre sur son lit pestiféré, le

faux sage murmure ces mots d'une voix effrayée et incertaine :

« Je vais me reposer pour jamais. »

Il expire. Effroyable et trompeuse espérance! Cette âme, qui croyoit mourir avec le corps, au lieu d'une nuit profonde et tranquille, aperçoit tout à coup au fond du tombeau une lumière prodigieuse. Une voix qui sort du milieu de cette lumière prononce distinctement ces paroles :

« Je suis Celui qui suis. »

A l'instant l'éternité vivante est révélée à l'âme de l'athée. Trois vérités frappent à la fois cette âme confondue : sa propre existence, celle de Dieu, et la certitude des récompenses sans terme et des châtiments sans fin. Oh! que n'est-elle ensevelie sous les débris de l'univers, pour se cacher à la face du souverain Juge! Une force invincible la porte, dans un clin d'œil, nue et tremblante, au pied du tribunal de Dieu. Elle voit, pour un seul moment, celui qu'elle a renié dans le temps, et qu'elle ne verra plus dans l'éternité. Le Tout-Puissant paroît sur les nuées, son Fils est assis à sa droite, l'armée des saints l'environne ; l'enfer accourt pour réclamer sa proie. L'ange protecteur d'Hiéroclès, confus et touché jusqu'aux larmes, se tient encore auprès de l'infortuné.

« Ange, dit le souverain Arbitre, pourquoi n'as-tu
« pas défendu cette âme ? »

— « Seigneur, répond l'ange se voilant de ses
« ailes, vous êtes le Dieu des miséricordes! »

—« Créature, dit la même voix, l'ange ne t'au-

« roit-il pas donné des avertissements salutaires ? »

L'âme, dans une terreur profonde, s'étoit jugée elle-même, et elle ne répondit point.

« Elle est à nous, s'écrièrent les anges rebelles : « cette âme a trompé le monde par une fausse sa« gesse ; elle a persécuté l'innocence, outragé la « pudeur, versé le sang innocent ; elle ne s'est point « repentie. »

— « Ouvrez le Livre de vie, » dit l'Ancien des jours.

Un prophète ouvrit le Livre de vie : le nom d'Hiéroclès étoit effacé.

« Va, maudit, aux feux éternels, » dit le Juge incorruptible.

A l'instant l'âme de l'athée commence à haïr Dieu de la haine des réprouvés, et tombe en des profondeurs brûlantes. L'enfer s'ouvre pour la recevoir, et se referme sur elle en prononçant :

« L'éternité ! »

L'écho de l'abîme répète :

« L'éternité ! »

Le Père des humains, qui vient de punir le crime, songe à couronner l'innocence.

Il est dans le ciel une puissance divine, compagne assidue de la religion et de la vertu ; elle nous aide à supporter la vie, s'embarque avec nous pour nous montrer le port dans les tempêtes, également douce et secourable aux voyageurs célèbres, aux passagers inconnus. Quoique ses yeux soient couverts d'un bandeau, ses regards pénètrent l'avenir ; quelquefois elle tient des fleurs naissantes dans sa main, quelquefois une coupe pleine d'une liqueur enchanteresse ; rien n'approche du charme de sa voix, de la grâce de son sourire ; plus on avance vers le tombeau, plus elle se montre pure et brillante aux mortels consolés : la Foi et la Charité lui disent : « Ma sœur ! » et elle se nomme l'Espérance.

L'Éternel ordonne à ce beau Séraphin de descendre vers Cymodocée, et de lui montrer de loin les joies célestes, afin de la soutenir au milieu des tribulations de la terre. Un faux rapport avoit interrompu pour quelques instants les chagrins de la jeune chrétienne. Le bruit s'étoit répandu dans Rome qu'Eudore venoit de recevoir sa grâce : la lettre de Festus, et la scène du repas libre mal expliquée, avoient donné naissance à cette rumeur populaire. Blanche s'étoit empressée de communiquer ce faux rapport comme une nouvelle certaine à la fille de Démodocus ; mais combien Blanche se repentit de son indiscrète bonté lorsqu'elle connut le véritable destin d'Eudore, et l'arrêt qui condamnoit à mort tous les chrétiens des prisons ! Sævus, plein d'une brutale joie, lui commande de porter à Cymodocée le vêtement des femmes martyres. C'étoit une tunique bleue, une ceinture noire, des brodequins noirs, un manteau noir, et un voile blanc. La foible et désolée gardienne accomplit en pleurant son message de douleur. Elle n'eut pas la force de détromper l'orpheline et de lui apprendre son sort.

« Voilà, lui dit-elle, ma sœur, un vêtement nouveau. Que la paix du Seigneur soit avec vous ! »

— « Qu'est-ce que ce vêtement? dit Cymodocée. Est-ce ma robe nuptiale? Est-ce mon époux qui me l'envoie? »

— « C'est pour lui qu'il faut la prendre, » répliqua la femme du gardien.

« Oh! dit Cymodocée, pleine de joie, mon époux a reçu sa grâce, nous achèverons notre hymen! »

Blanche avoit le cœur brisé; elle se contenta de dire:

« Priez, ma sœur, pour vous et pour moi! »

Elle sortit.

Demeurée seule avec le vêtement de gloire, Cymodocée le considère, et le prend dans ses mains charmantes.

« On m'ordonne, dit-elle, de me parer pour mon époux, il faut obéir. »

Aussitôt elle revêt la tunique, qu'elle rattache avec la ceinture; les brodequins couvrent ses pieds plus blancs que le marbre de Paros; elle jette le voile sur sa tête, et suspend à son épaule le manteau: telle la Muse des mensonges nous peint la Nuit, mère de l'Amour, enveloppée de ses voiles d'azur et de ses crêpes funèbres; telle Marcie (moins jeune, moins belle, moins vertueuse) se montra aux yeux du dernier Caton, quand elle le réclama pour époux au milieu des malheurs de Rome, et qu'elle parut à l'autel de l'Hymen avec l'habit d'une veuve éplorée. Cymodocée ne sait pas qu'elle porte la robe de la mort! Elle se regarde dans ce triste appareil, qui la rend cent fois plus touchante; elle se rappelle le jour où elle se couvrit des ornements des Muses pour aller avec son père remercier la famille de Lasthénès.

« Ma robe nuptiale, disoit-elle, n'est pas aussi éclatante ; mais elle plaira peut-être davantage à mon époux, parce que c'est une robe chrétienne. »

Le souvenir de son premier bonheur et du doux pays de la Grèce inspira la fille d'Homère. Elle s'assit devant la fenêtre de la prison, et reposant sur sa main sa tête embellie du voile des martyrs, elle soupira ces paroles harmonieuses :

« Légers vaisseaux de l'Ausonie, fendez la mer
« calme et brillante ! Esclaves de Neptune, aban-
« donnez la voile au souffle amoureux des vents !
« Courbez-vous sur la rame agile. Reportez-moi,
« sous la garde de mon époux et de mon père,
« aux rives fortunées du Pamisus.

« Volez, oiseaux de Libye, dont le cou flexible se
« courbe avec grâce ; volez au sommet de l'Ithome,
« et dites que la fille d'Homère va revoir les lauriers
« de la Messénie !

« Quand retrouverai-je mon lit d'ivoire, la lu-
« mière du jour si chère aux mortels, les prairies
« émaillées de fleurs qu'une eau pure arrose, que
« la pudeur embellit de son souffle !

« J'étois, semblable à la tendre génisse sortie du
« fond d'une grotte, errante sur les montagnes, et
« nourrie au son des instruments champêtres. Au-
« jourd'hui, dans une prison solitaire, sur la couche
« indigente de Cérès !....

« Mais d'où vient qu'en voulant chanter comme
« la fauvette, je soupire comme la flûte consacrée

« aux morts? Je suis pourtant revêtue de la robe
« nuptiale; mon cœur sentira les joies et les inquié-
« tudes maternelles; je verrai mon fils s'attacher à
« ma robe, comme l'oiseau timide qui se réfugie
« sous l'aile de sa mère. Eh! ne suis-je pas moi-même
« un jeune oiseau ravi au sein paternel !

« Que mon père et mon époux tardent à paroître!
« Ah! s'il m'étoit permis d'implorer encore les Grâ-
« ces et les Muses! Si je pouvois interroger le ciel
« dans les entrailles de la victime! Mais j'offense un
« Dieu que je connois à peine : reposons-nous sur
« la croix. »

Déjà la nuit enveloppoit Rome enivrée. Tout à
coup les portes de la prison s'ouvrent, et le centurion chargé de lire aux chrétiens la sentence de
l'empereur paroît devant Cymodocée. Il étoit accompagné de plusieurs soldats : quelques autres,
arrêtés dans les cours extérieures, retenoient le
gardien, et lui prodiguoient le vin des idoles.

Comme une colombe que le chasseur a surprise
dans le creux d'un rocher reste immobile de frayeur
et n'ose s'envoler dans les plaines du ciel, ainsi la
fille de Démodocus demeure frappée d'étonnement
et de crainte, sur le siége à demi brisé où elle étoit
assise. Les soldats allument un flambeau. O prodige! l'épouse d'Eudore reconnoît Dorothée sous
l'habit du centurion! Dorothée contemple à son
tour, sans pouvoir parler, cette femme dans l'appareil du martyre! Jamais il ne l'avoit vue si belle:
la tunique bleue, le manteau noir, faisoient éclater
la blancheur de son teint; et ses yeux, fatigués par

les pleurs, avoient une douceur angélique : elle ressembloit à un tendre narcisse qui penche sa tête languissante au bord d'une eau solitaire. Dorothée et les autres chrétiens déguisés en soldats lèvent les bras au ciel, et fondent en larmes.

« C'est toi, compagnon de mes courses loin de ma patrie ! s'écria la jeune Messénienne en se mettant à genoux et tendant les mains à Dorothée. Tu visites enfin ton Esther ! Mortel généreux, viens-tu guider mes pas vers mon père et vers mon époux ? Que la nuit eût été longue sans toi ! »

Dorothée, la voix entrecoupée par les pleurs, répondit :

« Cymodocée, vous connoissez donc votre sort ? Cette robe.... »

— « C'est ma robe nuptiale, dit la vierge ingénue. Mais si tout est fini, si mon époux est sauvé, si je suis libre, pourquoi ces pleurs et ce mystère ? »

— « Fuyons, repartit Dorothée ; enveloppez-vous dans cette toge, nous n'avons pas un moment à perdre. Accompagné de ces braves amis, je me suis glissé dans votre prison à la faveur de ce déguisement ; j'ai montré la sentence de l'empereur : Sævus m'a pris pour le centurion qui vient vous annoncer l'arrêt fatal. »

— « Quel arrêt ? » dit la fille d'Homère.

« Vous ne savez donc pas, repartit Dorothée, que les chrétiens des prisons sont condamnés à mourir demain dans l'amphithéâtre ? »

— « Mon époux est-il compris dans cet arrêt ? dit la nouvelle chrétienne en se levant avec une grâvité qu'elle n'avoit pas encore montrée; parlez, ne me trompez pas. Je ne connois point le serment inviolable des chrétiens; autrefois j'aurois juré par l'Érèbe et par le génie de mon père. Voilà votre livre sacré; il est écrit dans ce livre : « Vous ne mentirez pas; » jurez donc sur l'Évangile qu'Eudore est sauvé. »

Dorothée pâlit; les yeux noyés de larmes, il s'écria:

« Femme, voulez-vous donc que je vous parle de la gloire dont votre époux s'est couvert, et de celle qui l'attend encore ? »

Cymodocée trembla comme le palmier frappé de la foudre.

« Vos paroles, dit-elle, ont descendu dans mon cœur comme un glaive. Je vous entends! Et vous voulez que je fuie ! Je ne reconnois pas là les maximes d'un chrétien ! Eudore est couvert de plaies pour son Dieu; il combattra demain les bêtes féroces, et l'on me conseille de me soustraire à mon sort, de l'abandonner au sien ! Je sens à mes côtés je ne sais quelle espérance qui me fait entrevoir un bonheur et des beautés divines. Si quelquefois, foible et découragée, j'ai jeté un regard complaisant sur la vie, toutes ces craintes sont dissipées. Non, l'eau du Jourdain n'aura pas coulé en vain sur ma tête! Je vous salue, robe sacrée, dont je ne connoissois pas le prix! Je le vois, vous êtes la robe du martyre! La pourpre qui vous teindra demain sera immortelle, et me rendra plus digne de paroître devant mon époux ! »

En prononçant ces mots, Cymodocée, saisie d'un

7.

enthousiasme divin, portoit sa robe à ses lèvres, et la baisoit avec respect.

« Eh bien, s'écria Dorothée, si vous ne voulez pas nous suivre, nous périrons tous avec vous; nous demeurerons ici, nous nous déclarerons chrétiens, et demain vous nous conduirez à l'amphithéâtre. Mais quoi! la religion vous commande-t-elle cette barbarie? Vous voulez mourir sans recevoir la bénédiction de votre père, sans embrasser ce vieillard qui vous attend, et que votre résolution va conduire au tombeau! Ah! si vous l'aviez vu souiller ses cheveux avec des cendres brûlantes, déchirer ses habits, se rouler au pied des murs de votre prison, Cymodocée, vous vous laisseriez attendrir. »

Comme la glace qu'une seule nuit a formée dans les premiers jours du printemps se fond aux rayons du soleil; comme la fleur près d'éclore brise la légère enveloppe du bouton qui la retient, ainsi la résolution de Cymodocée s'évanouit à ces paroles; ainsi la piété filiale éclate et refleurit au fond de son cœur. Elle ne peut se résoudre à compromettre les hommes généreux qui s'exposent pour la sauver; elle ne peut mourir sans chercher à consoler Démodocus : elle garde un moment le silence; elle écoute les conseils de l'ange des espérances célestes, qui parle à son âme; puis soudain, renfermant en elle-même un projet sublime :

« Allons revoir mon père! »

Les chrétiens, au comble de la joie, couvrent d'un casque les cheveux de la jeune fille; ils enveloppent Cymodocée dans une de ces toges blanches bordées de pourpre que les adolescents prenoient à Rome, au sortir de l'enfance : on eût cru voir la légère Camille, le bel Ascagne, ou l'infortuné Marcellus. Les chrétiens placent la fille d'Homère au milieu d'eux; ils éteignent les flambeaux, sortent tous ensemble, et laissent le gardien, plongé dans l'ivresse, fermer soigneusement des cachots vides.

La troupe sainte se disperse dans la nuit, et Zacharie va porter à Eudore la nouvelle de la délivrance de Cymodocée.

Déjà l'on connoissoit dans la prison de Saint-Pierre le mensonge généreux du billet de Festus, et le fils de Lasthénès étoit soulagé d'une douleur insupportable. Mais lorsque Zacharie vint lui dire que la brebis étoit sortie de la caverne des lions, il poussa un cri de joie qui fut répété par tous les martyrs. Les confesseurs, en admirant les fidèles qui combattoient pour la foi, ne désiroient point voir couler le sang de leurs frères. Les victimes, attristées par le deuil du fils de Lasthénès, reprirent leur sérénité : il ne s'agissoit plus que de mourir! On commença par remercier le Dieu qui sauva Joas des mains d'Athalie. Ensuite revinrent les discours graves, les exhortations pieuses : Cyrille parloit avec majesté, Victor avec force, Genès avec gaîté, Gervais et Protais avec une onction fraternelle; Perséus, le descendant d'Alexandre, offroit des leçons tirées de l'histoire; Thraséas, l'ermite du Vésuve, enveloppoit ses maximes dans des images riantes.

« Puisque toute la vie, disoit-il à Perséus, se

réduit à quelques jours, que vous seroit-il revenu des grandeurs de votre naissance? Que vous importe aujourd'hui d'avoir accompli le voyage dans un esquif ou sur une trirème? L'esquif même est préférable, car il vogue sur le fleuve auprès de la terre, qui lui présente mille abris; le vaisseau navigue sur une mer orageuse où les ports sont rares, les écueils fréquents, et où souvent on ne peut jeter l'ancre, à cause de la profondeur de l'abîme. »

Tels étoient la liberté d'esprit, l'enjouement, les grâces de ces hommes, qui passoient leur dernière nuit sur la terre. Les jeunes et les vieux martyrs, animés du souffle de l'Esprit-Saint, répandoient tous les trésors des vertus, et présentoient réunis et confondus les fruits les plus aimables de la sagesse : tels sont les champs fertiles de la Campanie; le jeune froment est semé à l'ombre du vieux peuplier qui porte la vigne; bientôt le chaume jaunissant monte pour chercher la grappe rougie qui descend à son tour vers les épis dorés; un vent du ciel se glisse parmi les berceaux, agite les peupliers, les épis, les guirlandes de la vigne, et mêle les douces odeurs des moissons, des jardins et des bois.

Mais Dorothée, comme un courageux pasteur, s'est ouvert un chemin à travers la foule idolâtre. Sur le flanc du mont Esquilin s'élevoit une retraite qu'avoit habitée Virgile; un laurier planté à la porte s'offroit à la vénération du peuple. Dorothée, aux jours de sa puissance, avoit acheté cette demeure pour l'embellir. C'est là qu'il vient cacher la fille d'Homère. Démodocus remplissoit déjà cet asile écarté du bruit de ses pleurs. Le vieillard étoit assis dans la poussière, sous un portique : il croit voir deux guerriers s'avancer à travers les ombres :

« Qui êtes-vous ? s'écrie-t-il d'une voix éclatante. Fantômes envoyés par les sanglantes Euménides, venez-vous m'entraîner dans la nuit du Tartare ? Êtes-vous des génies chrétiens qui m'annoncez la mort de ma fille ? Tombe le Christ et ses temples, tombe le Dieu qui attache à la croix ses adorateurs ! »

— « Ce sont eux cependant qui te ramènent ta fille ! » dit Cymodocée en se jetant au cou de son père.

Le casque de la jeune martyre roule à terre, ses cheveux descendent sur ses épaules : le guerrier devient une vierge charmante. Démodocus perd l'usage de ses sens; on s'empresse de le faire revenir à la vie; on lui explique des mystères que dans sa joie il peut à peine comprendre. Cymodocée le soulage par des paroles et par des caresses :

« O mon père ! je te retrouve enfin après une séparation cruelle ! Me voilà donc encore à tes pieds ! C'est moi, c'est ta Cymodocée, pour qui ta bouche apprit à prononcer le tendre nom de fille. Tu me reçus dans tes bras à ma naissance. Tu me comblas de tes caresses et de tes bénédictions. Que de fois suspendue à tes bras, que de fois j'ai promis de te rendre le plus heureux des mortels ! Et j'ai pu faire couler des larmes de tes yeux ! O mon père ! est-ce toi que je presse sur mon sein ? Ah ! jouissons bien de ces moments d'un bonheur inespéré! Tu le sais : le ciel est prompt à reprendre les dons qu'il nous fait. »

Alors Démodocus :

« Gloire de mes ancêtres, fille plus précieuse à mon cœur que la lumière qui éclaire les ombres heureuses dans l'Élysée, pourrois-je te raconter mes douleurs! Comme je te cherchois aux lieux où je t'avois vue et autour de ces prisons qui te déroboient à mon amour! Ah! me disois-je, je ne préparerai point sa couche nuptiale; je n'allumerai point la torche de son hyménée; je resterai seul sur la terre, où les dieux m'auront enlevé ma couronne et ma joie! Lorsque je serrois ma fille dans mes bras aux rivages de l'Attique, je l'embrassois donc pour la dernière fois? Quel doux regard elle attachoit sur moi! Comme elle me sourioit avec tendresse! Étoit-ce là son dernier sourire? O traits chéris que j'ai retrouvés! ô front où se peignent la candeur et l'innocence, vous semblez faits pour le bonheur! Quel plaisir de sentir palpiter ce cœur jeune et plein de vie sur ce cœur vieilli et épuisé par la douleur! »

Tels sont les gémissements de Démodocus et de Cymodocée : Alcyon, qui bâtit son nid sur les vagues, fait entendre avec ses petits de douces plaintes dans le berceau flottant que la vaste mer doit bientôt engloutir. Dorothée fait apporter des flambeaux, et conduit le père et la fille dans une salle où l'on avoit préparé deux lits; il se retire et les laisse à leur tendresse. La nuit entière se fût écoulée dans des récits mutuels et de touchantes caresses, si le prêtre des dieux, se jetant tout à coup aux pieds de Cymodocée, ne se fût écrié :

« O ma fille, mets un terme à mes craintes et à mes malheurs ! Abjure des autels qui t'exposent sans cesse à de nouvelles persécutions ; reviens au culte de ton père. Hiéroclès n'est plus à craindre. Celui qui devoit être ton époux.... »

Cymodocée se précipite à son tour aux genoux du vieillard :

« Mon père à mes pieds ! s'écrie-t-elle en relevant Démodocus. Ah ! je n'ai pas la force de supporter cette épreuve. O mon père, épargnez une fille pleine de foiblesse, ne la séduisez pas ; laissez-lui le Dieu de son époux. Si vous saviez combien ce Dieu a augmenté pour vous mon respect et mon amour ! »

— « Ce Dieu, dit Démodocus, a voulu me ravir ma fille ; il t'enlève ton époux ! »

— « Non, dit Cymodocée, je ne perdrai point Eudore : il vivra toujours, sa gloire rejaillira sur moi. »

— « Quoi ! reprit le prêtre d'Homère, tu ne perdras point Eudore descendu au tombeau ? »

— « Il n'est point de tombeau pour lui, dit la vierge inspirée : on ne pleure point les chrétiens morts pour leur Dieu, comme on pleure les autres hommes. »

Cependant Cymodocée, qui cache un profond dessein dans son cœur, invite son père à se reposer. Elle le contraint par ses prières à se jeter sur un lit. Le vieillard ne pouvoit se résoudre à perdre un moment des yeux sa fille retrouvée ; il croyoit toujours qu'elle alloit lui échapper : ainsi, lorsqu'un homme a été long-temps poursuivi par un songe funeste, au moment de son réveil il voit encore l'image effrayante, et la naissante aurore ne rassure point ses esprits. Cymodocée se plaint de la fatigue qu'elle éprouve ; elle s'incline sur le second lit à l'autre extrémité de la salle, et adresse tout bas cette prière à l'Éternel :

« Dieu inconnu, qui pénètres le fond de mon
« cœur ; Dieu qui as vu mourir ton Fils unique, si
« mes desseins te sont agréables, fais descendre
« vers mon père un de ces esprits qu'on appelle tes
« anges : ferme ses yeux appesantis par les larmes,
« et souviens-toi de lui quand je l'aurai quitté
« pour toi. »

Elle dit, et sa prière, sur des ailes de flamme, s'envole au sein de l'Éternel. L'Éternel la reçoit dans sa miséricorde, et l'ange du sommeil abandonne aussitôt les voûtes éthérées. Il tient à la main son sceptre d'or qui lui sert à calmer les peines des justes. Il franchit d'abord la région des soleils et s'abaisse vers la terre, où le conduit un long cri de douleur. Descendu sur ce globe, il s'arrête un moment au plus haut sommet des montagnes de l'Arménie ; il cherche des yeux les déserts où furent les campagnes d'Éden ; il se souvient du premier sommeil de l'homme, alors que Dieu tira du côté d'Adam la belle compagne qui devoit perdre et sauver la race humaine. Bientôt il prend son

vol vers le mont Liban; il voit au-dessous de lui
les vallées profondes, les torrents blanchis, les
cèdres sublimes; il touche aux plaines innocentes
où les patriarches goûtoient ses dons sous un palmier. Il plane ensuite sur les mers de Sidon et de
Tyr, et laissant au loin l'exil de Teucer, la tombe
d'Aristomène, la Crète chérie des rois, la Sicile
aimée des pasteurs, il découvre les bords de l'Italie.
Il fend les airs sans bruit et sans agiter ses ailes;
il répand sur son passage la fraîcheur et la rosée;
il paroît : les flots s'assoupissent, les fleurs s'inclinent sur leurs tiges, la colombe cache sa tête sous
son aile, et le lion s'endort dans son antre. Les sept
collines de la ville éternelle s'offrent enfin aux
regards de l'ange consolateur. Il voit avec horreur
un million d'idolâtres troubler le calme de la nuit :
il les abandonne à leur coupable veille; il est sourd
à la voix de Galérius; mais il ferme, en passant,
les yeux des martyrs; il vole à la retraite solitaire
de Démodocus. Ce père infortuné s'agitoit, brûlant
sur sa couche; le messager divin étend son sceptre
pacifique, et touche les paupières du vieillard :
Démodocus tombe à l'instant dans un repos profond et délicieux. Il n'avoit connu jusqu'alors que
ce sommeil frère de la mort, habitant des enfers,
enfant de ces démons appelés dieux parmi les
hommes; il ignoroit ce sommeil de vie qui vient
du ciel; charme puissant composé de paix et d'innocence, qui n'amène point de songes, qui n'appesantit point l'âme, et qui semble être une douce

vapeur de la vertu. L'ange du repos n'ose approcher de Cymodocée : il s'incline avec respect devant cette vierge qui prie, et, la laissant sur la terre, il va l'attendre dans le ciel.

LIVRE VINGT-QUATRIÈME.

SOMMAIRE.

Adieux à la Muse. Maladie de Galérius. L'amphithéâtre de Vespasien. Eudore est conduit au martyre. Michel plonge Satan dans l'abime. Cymodocée s'échappe d'auprès de son père, et vient trouver Eudore à l'amphithéâtre. Galérius apprend que Constantin a été proclamé César. Martyre des deux époux. Triomphe de la religion chrétienne.

O Muse, qui daignas me soutenir dans une carrière aussi longue que périlleuse, retourne maintenant aux célestes demeures! J'aperçois les bornes de la course; je vais descendre du char, et pour chanter l'hymne des morts je n'ai plus besoin de ton secours. Quel François ignore aujourd'hui les cantiques funèbres? Qui de nous n'a mené le deuil autour d'un tombeau, n'a fait retentir le cri des funérailles? C'en est fait, ô Muse, encore un moment, et pour toujours j'abandonne tes autels! Je ne dirai plus les amours et les songes séduisants des hommes : il faut quitter la lyre avec la jeunesse. Adieu, consolatrice de mes jours, toi qui partageas mes plaisirs, et bien plus souvent mes douleurs! Puis-je me séparer de toi sans répandre des larmes! J'étois à peine sorti de l'enfance, tu montas sur mon vaisseau rapide, et tu chantas les tempêtes qui déchiroient ma voile; tu me suivis sous le toit d'écorce du Sauvage, et tu me fis trouver dans les solitudes américaines les bois du Pinde. A quel bord n'as-tu pas conduit mes rêveries ou mes malheurs? Porté sur ton aile, j'ai découvert au milieu des nuages les montagnes désolées de Morven, j'ai pénétré les forêts d'Erminsul, j'ai vu couler les flots du Tibre, j'ai salué les oliviers du Céphise et les lauriers de l'Eurotas. Tu me montras les hauts cyprès du Bosphore, et les sépulcres déserts du Simoïs. Avec toi je traversai l'Hermus rival du Pactole; avec toi j'adorai les eaux du Jourdain, et je priai sur la montagne de Sion. Memphis et Carthage nous ont vu méditer sur leurs ruines; et dans les débris des palais de Grenade, nous évoquâmes les souvenirs de l'honneur et de l'amour. Tu me disois alors:

« Sache apprécier cette gloire dont un obscur et
« foible voyageur peut parcourir le théâtre en quel-
« ques jours. »

O Muse, je n'oublierai point tes leçons! Je ne laisserai point tomber mon cœur des régions élevées où tu l'as placé. Les talents de l'esprit que tu dispenses s'affoiblissent par le cours des ans; la voix perd sa fraîcheur, les doigts se glacent sur le luth : mais les nobles sentiments que tu inspires peuvent rester quand tes autres dons ont disparu. Fidèle compagne de ma vie, en remontant dans les cieux laisse-moi l'indépendance et la vertu. Qu'elles viennent, ces vierges austères, qu'elles viennent fermer pour moi le livre de la poésie, et m'ouvrir les pages de l'histoire. J'ai consacré l'âge des illusions à la riante peinture du mensonge; j'emploierai l'âge des regrets au tableau sévère de la vérité.

Mais que dis-je! ne l'ai-je point déjà quitté le doux pays du mensonge? Ah! les maux que Galérius a fait souffrir aux chrétiens ne sont pas de vaines fictions!

Il est temps que le ciel venge sur l'oppresseur la cause de l'innocence opprimée. L'ange du sommeil n'a point voulu prêter l'oreille aux prières de Galérius : il l'a laissé en proie à l'ange exterminateur. Le vin de la colère de Dieu, en pénétrant dans les entrailles du persécuteur des fidèles, a fait éclater un mal caché, fruit de l'intempérance et de la débauche. Depuis la ceinture jusqu'à la tête, Galérius n'est plus qu'un squelette recouvert d'une peau livide, enfoncée entre des ossements; le bas de son corps est enflé comme une outre, et ses pieds n'ont plus de forme. Lorsqu'au bord d'un vivier couvert de roseaux et de glaïeuls un serpent s'est attaché aux flancs d'un taureau, l'animal se débat dans les nœuds du reptile : il frappe l'air de sa corne; mais bientôt, dompté par le venin, il tombe et se roule en mugissant : ainsi s'agite et rugit Galérius. La gangrène dévore ses intestins. Pour attirer au dehors les vers qui rongent ce maître du monde, on livre à ses plaies affamées des animaux nouvellement égorgés. On invoque Apollon, Esculape, Hygie : vaines idoles qui ne peuvent se défendre elles-mêmes des vers qui leur percent le cœur! Galérius fait trancher la tête aux médecins qui ne trouvent point de remèdes à ses souffrances.

«Prince, lui dit l'un d'entre eux, élevé secrètement dans la foi des chrétiens, cette maladie est au-dessus de notre art : il faut remonter plus haut. Souvenez-vous de ce que vous avez fait contre les serviteurs de Dieu, et vous saurez à qui vous devez avoir recours. Je suis prêt à mourir comme mes frères ; mais les médecins ne vous guériront pas. »

Cette franchise plonge Galérius dans des transports de rage. Il ne peut se résoudre à reconnoître l'impiété de ce titre d'Éternel dont il a surchargé une vie d'un moment. Sa fureur contre les chrétiens redouble : loin de vouloir suspendre leurs supplices, il confirme sa première sentence, et n'attend lui-même que le jour pour montrer à l'amphithéâtre le spectacle d'un prince mourant qui vient voir mourir ses sujets.

Son impatience ne fut pas long-temps éprouvée : déjà les flots jaunissants du Tibre, les coteaux d'Albe, les bois de Lucrétile et de Tibur, sourioient aux feux naissants de l'aurore. La rosée brilloit suspendue aux plantes comme une manne : la campagne romaine se montroit tout éclatante de la fraîcheur, et pour ainsi dire de la jeunesse de la lumière. Les monts lointains de la Sabine, qu'enveloppoit une vapeur diaphane, se peignoient de la couleur du fruit du prunier, quand sa pourpre violette est légèrement blanchie par sa fleur. On voyoit la fumée s'élever des hameaux, les brouillards fuir le long des collines, et la cime des arbres se découvrir : jamais plus beau jour n'étoit sorti de l'Orient pour contempler les crimes des hommes. O soleil, sur le trône élevé d'où tu jettes un regard ici-bas, que te font nos larmes et nos malheurs ?

Ton levant et ton coucher ne peuvent être troublés par le souffle de nos misères; tu éclaires des mêmes rayons le crime et la vertu; les générations passent, et tu poursuis ta course!

Cependant le peuple s'assembloit à l'amphithéâtre de Vespasien : Rome entière étoit accourue pour boire le sang des martyrs. Cent mille spectateurs, les uns voilés d'un pan de leur robe, les autres portant sur la tête une ombelle, étoient répandus sur les gradins. La foule, vomie par les portiques, descendoit et montoit le long des escaliers extérieurs, et prenoit son rang sur les marches revêtues de marbre. Des grilles d'or défendoient le banc des sénateurs de l'attaque des bêtes féroces. Pour rafraîchir l'air, des machines ingénieuses faisoient monter des sources de vin et d'eau safranée, qui retomboient en rosée odoriférante. Trois mille statues de bronze, une multitude infinie de tableaux, des colonnes de jaspe et de porphyre, des balustres de cristal, des vases d'un travail précieux, décoroient la scène. Dans un canal creusé autour de l'arène nageoient un hippopotame et des crocodiles; cinq cents lions, quarante éléphants, des tigres, des panthères, des taureaux, des ours accoutumés à déchirer des hommes, rugissoient dans les cavernes de l'amphithéâtre. Des gladiateurs non moins féroces essayoient çà et là leurs bras ensanglantés. Auprès des antres du trépas s'élevoient des lieux de prostitution publique : des courtisanes nues et des femmes romaines du premier rang augmentoient, comme aux jours de Néron, l'horreur du spectacle, et venoient, rivales de la mort, se disputer les faveurs d'un prince mourant. Ajoutez les derniers hurlements des Ménades couchées dans les rues, et expirant sous l'effort de leur dieu, et vous connoîtrez toutes les pompes et tout le déshonneur de l'esclavage.

Les prétoriens, chargés de conduire les confesseurs au martyre, assiégeoient déjà les portes de la prison de Saint-Pierre. Eudore, selon les ordres de Galérius, devoit être séparé de ses frères, et choisi pour combattre le premier : ainsi, dans une troupe valeureuse, on cherche à terrasser d'abord le héros qui la guide. Le gardien de la prison s'avance à la porte du cachot, et appelle le fils de Lasthénès.

« Me voici, dit Eudore; que voulez-vous ? »

— « Sors pour mourir, » s'écria le gardien.

— « Pour vivre, » répondit Eudore.

Et il se lève de la pierre où il étoit couché. Cyrille, Gervais, Protais, Rogatien et son frère, Victor, Genès, Perséus, l'ermite du Vésuve, ne peuvent retenir leurs larmes.

« Confesseurs, leur dit Eudore, nous allons bientôt nous retrouver. Un instant séparés sur la terre, nous nous rejoindrons dans le ciel. »

Eudore avoit réservé pour ce dernier moment une tunique blanche, destinée jadis à sa pompe nuptiale; il ajoute à cette tunique un manteau brodé par sa mère : il paroît plus beau qu'un chasseur d'Arcadie qui va disputer le prix des combats de l'arc ou de la lyre, dans les champs de Mantinée.

Le peuple et les prétoriens impatients appellent le fils de Lasthénès à grands cris.

« Allons ! » dit le martyr.

Et surmontant les douleurs du corps par la force de l'âme, il franchit le seuil du cachot. Cyrille s'écrie :

« Fils de la femme, on vous a donné un front de
« diamant : ne les craignez point, et n'ayez pas de
« peur devant eux. »

Les évêques entonnent le cantique des louanges, nouvellement composé à Carthage par Augustin, ami d'Eudore :

« O Dieu, nous te louons ! ô Dieu, nous te bénis-
« sons ! Les cieux, les anges, les Trônes, les Ché-
« rubins, te proclament trois fois saint, Seigneur,
« Dieu des armées ! »

Les évêques chantoient encore l'hymne de la victoire, et Eudore, sorti de la prison, jouissoit déjà de son triomphe : il étoit livré aux outrages. Le centurion de la garde le poussa rudement et lui dit :

« Tu te fais bien attendre. »

— « Compagnon, répondit Eudore en souriant, je marchois aussi vite que vous à l'ennemi ; mais aujourd'hui, vous le voyez, je suis blessé. »

On lui attacha sur la poitrine une feuille de papyrus, portant ces deux mots :

« EUDORE CHRÉTIEN. »

Le peuple le chargeoit d'opprobres.

« Où est maintenant son Dieu ? disoient-ils. Que lui a servi de préférer son culte à la vie ? Nous

8.

verrons s'il ressuscitera avec son Christ, ou si le Christ sera assez puissant pour l'arracher de nos mains. »

Et cette foule cruelle rendoit mille louanges à ses dieux, et elle se réjouissoit de la vengeance qu'elle tiroit des ennemis de leurs autels.

Le prince des ténèbres et ses anges, répandus sur la terre et dans les airs, s'enivroient d'orgueil et de joie; ils se croyoient prêts à triompher de la croix, et la croix alloit les précipiter dans l'abîme. Ils excitoient les fureurs des païens contre le nouvel apôtre : on lui lançoit des pierres, on jetoit sous ses pieds blessés des débris de vases et des cailloux; on le traitoit comme s'il eût été lui-même le Christ pour lequel ces infortunés avoient tant d'horreur. Il s'avançoit lentement du pied du Capitole à l'amphithéâtre, en suivant la Voie sacrée. Au temple de Jupiter-Stator, aux Rostres, à l'arc de Titus, partout où se présentoit quelque simulacre des dieux, les hurlements de la foule redoubloient : on vouloit contraindre le martyr à s'incliner devant les idoles.

« Est-ce au vainqueur à saluer le vaincu? disoit Eudore. Encore quelques instants, et vous jugerez de ma victoire. O Rome, j'aperçois un prince qui met son diadème aux pieds de Jésus-Christ. Le temple des esprits des ténèbres est fermé, ses portes ne s'ouvriront plus, et des verrous d'airain en défendront l'entrée aux siècles à venir ! »

— « Il nous prédit des malheurs, s'écrie le peuple : écrasons, déchirons cet impie. »

Les prétoriens peuvent à peine défendre le prophète martyr de la rage de ces idolâtres.

« Laissez-les faire, dit Eudore. C'est ainsi qu'ils ont souvent traité leurs empereurs; mais vous ne serez point obligés d'employer la pointe de vos épées pour me forcer à lever la tête. »

On avoit brisé toutes les statues triomphales d'Eudore. Une seule étoit restée, et elle se trouva sur le passage du martyr; un soldat ému de ce singulier hasard baissa son casque pour cacher l'attendrissement de son visage. Eudore l'aperçut et lui dit :

« Ami, pourquoi pleurez-vous ma gloire ? C'est aujourd'hui que je triomphe ! Méritez les mêmes honneurs ! »

Ces paroles frappèrent le soldat, et quelques jours après il embrassa la religion chrétienne.

Eudore parvient ainsi jusqu'à l'amphithéâtre, comme un noble coursier, percé d'un javelot sur le champ de bataille, s'avance encore au combat sans paroître sentir sa blessure mortelle.

Mais tous ceux qui pressoient le confesseur n'étoient pas des ennemis : un grand nombre étoient des fidèles qui cherchoient à toucher le vêtement du martyr, des vieillards qui recueilloient ses paroles, des prêtres qui lui donnoient l'absolution du milieu de la foule, des jeunes gens, des femmes qui crioient :

« Nous demandons à mourir avec lui. »

Le confesseur calmoit d'un mot, d'un geste, d'un regard, ces élans de la vertu, et ne paroissoit occupé que du péril de ses frères. L'enfer l'attendoit à la porte de l'arène pour lui livrer un dernier assaut. Les gladiateurs, selon l'usage, voulurent revêtir le chrétien d'une robe des prêtres de Saturne.

« Je ne mourrai point, s'écrie Eudore, dans le déguisement d'un lâche déserteur, et sous les couleurs de l'idolâtrie : je déchirerai plutôt de mes mains l'appareil de mes blessures. J'appartiens au peuple romain et à César : si vous les privez par ma mort du combat que je leur dois, vous en répondrez sur votre tête. »

Intimidés par cette menace, les gladiateurs ouvrirent les portes de l'amphithéâtre, et le martyr entra seul et triomphant dans l'arène.

Aussitôt un cri universel, des applaudissements furieux, prolongés depuis le faîte jusqu'à la base de l'édifice, en font mugir les échos. Les lions, et toutes les bêtes renfermées dans les cavernes, répondent dignement aux éclats de cette joie féroce : le peuple lui-même tremble d'épouvante ; le martyr seul n'est point effrayé. Tout à coup il se souvient du pressentiment qu'il eut jadis dans ce même lieu. Il rougit de ses erreurs passées ; il remercie Dieu, qui l'a reçu dans sa miséricorde, et l'a conduit, par un merveilleux conseil, à une fin si glorieuse. Il songe avec attendrissement à son père, à ses sœurs, à sa patrie ; il recommande à l'Éternel Démodocus et Cymodocée : ce fut sa dernière pensée de la terre, il tourne son esprit et son cœur uniquement vers le ciel.

L'empereur n'étoit point encore arrivé, et l'intendant des jeux n'avoit pas donné le signal. Le martyr blessé demande au peuple la permission de s'asseoir sur l'arène, afin de mieux conserver ses forces; le peuple y consent, dans l'espoir de voir un plus long combat. Le jeune homme, enveloppé de son manteau, s'incline sur le sable qui va boire son sang, comme un pasteur se couche sur la mousse au fond d'un bois solitaire.

Cependant, dans les profondeurs de l'éternité, une plus vive lumière sortoit du Saint des Saints. Les anges, les Trônes, les Dominations, prosternés, entendoient, saisis de joie, une voix qui disoit:

« Paix à l'Église! Paix aux hommes! »

L'hostie étoit acceptée : la dernière goutte du sang du juste alloit faire triompher cette religion qui devoit changer la face de la terre. La cohorte des martyrs s'ébranle : les divins guerriers s'assemblent au bruit d'une trompette sonnée par l'ange des armées du Seigneur. Là brille Étienne, le premier des confesseurs; là se montrent l'intrépide Laurent, l'éloquent Cyprien, et vous, honneur de cette pieuse et fidèle cité que le Rhône ravage et que la Saône caresse. Tous portés sur une nuée lumineuse ils descendent pour recevoir l'heureux soldat à qui la grande victoire est réservée. Les cieux s'abaissent et s'entr'ouvrent. Les chœurs des patriarches, des prophètes, des apôtres, des anges, viennent admirer le combat du juste. Les saintes femmes, les veuves, les vierges, environnent et félicitent la mère d'Eudore, qui seule détourne ses yeux de la terre, et les tient attachés sur le trône de Dieu.

Alors Michel arme sa droite de ce glaive qui marche devant le Seigneur, et qui frappe des coups inattendus ; il prend dans sa main gauche une chaîne forgée au feu des éclairs, dans les arsenaux de la colère céleste. Cent archanges en formèrent les anneaux indestructibles, sous la direction d'un ardent Chérubin ; par un travail admirable, l'airain fondu avec l'argent et l'or se façonna sous leurs marteaux pesants ; ils y mêlèrent trois rayons de la vengeance éternelle : le désespoir, la terreur, la malédiction, un carreau de la foudre, et cette matière vivante qui composoit les roues du char d'Ézéchiel. Au signal du Dieu fort, Michel s'élance des cieux comme une comète. Les astres effrayés croient toucher à la borne de leur cours. L'archange met un pied sur la mer et l'autre sur la terre. Il crie d'une voix terrible, et sept tonnerres parlent avec lui :

« Le règne du Christ est établi ; l'idolâtrie est
« passée ; la mort ne sera plus. Race perverse, dé-
« livrez le monde de votre présence ; et toi, Satan,
« rentre dans le puits de l'abîme où tu seras en-
« chaîné pour mille ans. »

A ces accents formidables, les anges rebelles sont saisis d'épouvante. Le prince des enfers veut résister encore, et combattre l'envoyé du Très-Haut : il appelle à lui Astarté et les démons de la fausse sagesse et de l'homicide ; mais déjà précipités dans l'asile des douleurs, ils sont punis par de nouveaux tourments des maux qu'ils viennent de faire aux hommes. Satan, demeuré seul, essaie en vain de résister au guerrier céleste : la force lui est subitement ôtée; il sent que son sceptre est brisé et sa puissance détruite. Précédé de ses légions éperdues, il se plonge avec un affreux rugissement dans le puits de l'abîme. Les chaînes vivantes tombent avec lui, l'embrassent et le lient sur un rocher enflammé au centre de l'enfer.

Le fils de Lasthénès entend dans les airs des concerts ineffables, et les sons lointains de mille harpes d'or, mêlés à des voix mélodieuses. Il lève la tête, et voit l'armée des martyrs renversant dans Rome les autels des faux dieux, et sapant les fondements de leurs temples parmi des tourbillons de poussière. Une échelle merveilleuse descend d'une nue jusqu'aux pieds d'Eudore. Cette échelle étoit de jaspe, d'hyacinthe, de saphirs et d'émeraudes, comme les fondements de la Jérusalem céleste. Le martyr contemple la vision de splendeur, et appelle par ses soupirs l'instant où il pourra suivre ce chemin du ciel.

Et pourtant ce n'est pas là toute la gloire que le Dieu de Jacob réserve à son peuple. Il entretient encore dans le cœur d'une foible femme les plus nobles et les plus généreux desseins. Quand l'alouette matinale attend sur des guérets nouveaux le retour de la lumière, aussitôt que le jour naissant a blanchi les bords des nuages, elle quitte la terre, et fait entendre en montant dans les airs un hymne qui charme le voyageur : ainsi la vigilante Cymodocée veille attentivement à la première clarté de l'aube, pour aller chanter dans le ciel des cantiques qui raviront Israël. Un rayon de l'aurore parvient jusqu'à la jeune chrétienne, à travers le laurier de Virgile. Aussitôt elle se lève en silence, et reprend le vêtement du martyre, qu'elle avoit eu soin de garder. Le prêtre d'Homère goûtoit encore le sommeil que l'ange avoit répandu sur ses yeux. Cymodocée s'approche doucement, et se met à genoux au bord du lit de Démodocus. Elle contemple son père en versant des larmes muettes; elle écoute la respiration paisible du vieillard; elle songe à son affreux réveil; elle peut à peine étouffer les sanglots de la piété filiale. Soudain elle rappelle son courage, ou plutôt son amour et sa foi : elle s'échappe furtivement, comme la nouvelle épouse à Sparte se déroboit aux regards de sa mère pour aller jouir des embrassements de son époux.

Dorothée n'avoit point passé la nuit dans la maison de Virgile; les chrétiens ne s'endormoient point ainsi la veille de la mort de leurs frères : accompagné de tous ses serviteurs, il s'étoit rendu à l'amphithéâtre avec Zacharie. Déguisés, au milieu de la foule, ils attendoient le combat du martyr, afin de dérober ensuite le corps glorieux, et de lui donner la sépulture : ainsi une troupe de colombes, près d'une ferme où l'on bat le blé nouveau, attend que les moissonneurs se soient retirés, pour cueillir le grain resté sur l'aire.

Cymodocée ne rencontre donc point d'obstacles à sa fuite. Qui auroit pu deviner ses desseins? Elle descend sous le péristyle, et, ouvrant la porte extérieure, elle s'élance dans cette Rome qui lui étoit inconnue.

Elle erre d'abord par des rues désertes : tout le peuple s'étoit porté vers l'amphithéâtre. Elle ne sait où tourner ses pas ; elle s'arrête et prête une oreille attentive, comme une sentinelle qui cherche à surprendre le bruit de l'ennemi. Il lui semble entendre un murmure lointain ; elle court aussitôt de ce côté : plus elle approche, plus s'accroît le murmure. Bientôt elle aperçoit une longue file de soldats, d'esclaves, de femmes, d'enfants, de vieillards qui suivoient tous le même chemin ; elle voit passer des litières, voler des chars et des cavaliers. Mille accents, mille voix s'élèvent, et dans cette rumeur confuse Cymodocée distingue ce cri répété :

« Les chrétiens aux bêtes ! »

— « Me voici ! » dit-elle avant qu'on pût l'entendre.

Et elle s'avançoit sur une hauteur qui dominoit la foule répandue autour de l'amphithéâtre. Cymodocée descendant de la colline au lever de l'aurore, parut comme cette étoile du matin que la nuit prête un moment au jour. La Grèce, à genoux, l'eût prise pour l'amante de Zéphyre ou de Céphale ; Rome reconnut à l'instant une chrétienne : sa robe d'azur, son voile blanc, son manteau noir, la trahirent encore moins que sa modestie.

« C'est une chrétienne échappée ! s'écria la foule : arrêtons-la. »

— « Oui, répondit Cymodocée en rougissant devant cette multitude, je suis chrétienne ; mais je ne suis point échappée : je ne suis qu'égarée. J'ai pu me tromper de chemin, moi qui suis jeune et née loin d'ici, sur le rivage de la Grèce, ma douce patrie. Puissants enfants de Romulus, voulez-vous me conduire à l'amphithéâtre ? »

Ce langage, qui auroit désarmé des tigres, n'attira sur Cymodocée que des railleries et des outrages. Elle étoit tombée dans un groupe d'hommes et de femmes chancelants sous les fumées du vin. Une voix voulut dire que cette Grecque n'étoit peut-être pas condamnée aux bêtes.

« Je le suis, répondit la jeune chrétienne avec timidité ; on m'attend à l'amphithéâtre. »

La troupe aussitôt l'y conduit en poussant des hurlements. Le gladiateur commis à l'introduction des martyrs n'avoit point d'ordre pour cette victime, et refusoit de l'admettre au lieu du sacrifice ; mais une des portes de l'arène, venant à s'ouvrir, laisse voir Eudore dans l'enceinte : Cymodocée s'élance comme une flèche légère, et va tomber dans les bras de son époux.

Cent mille spectateurs se lèvent sur les gradins de l'amphithéâtre, et s'agitent en tumulte. On se penche en avant, on regarde dans l'arène, on se demande quelle est cette femme qui vient de se jeter dans les bras du chrétien. Ceux-ci disoient :

« C'est son épouse, c'est une chrétienne qui va mourir : elle porte la robe des condamnés. »

Ceux-là :

« C'est l'esclave d'Hiéroclès, nous la reconnoissons ; c'est cette Grecque qui s'est déclarée ennemie des dieux lorsque nous voulions la sauver. »

Quelques voix timides :

« Elle est si jeune et si belle ! »

Mais la multitude :

« Eh bien, qu'elle soit livrée aux bêtes, avant de multiplier dans l'Empire la race des impies ! »

L'horreur, le ravissement, une affreuse douleur, une joie inouïe, ôtoient la parole au martyr : il pressoit Cymodocée sur son cœur ; il auroit voulu la repousser ; il sentoit que chaque minute écoulée amenoit la fin d'une vie pour laquelle il eût donné un million de fois la sienne. A la fin il s'écrie, en versant des torrents de pleurs :

« O Cymodocée, que venez-vous faire ici ? Dieu ! est-ce dans ce moment que je devois jamais vous voir ! Quel charme ou quel malheur vous a conduite sur ce champ de carnage ? Pourquoi venez-vous ébranler ma foi ? Comment pourrai-je vous voir mourir ? »

— « Seigneur, dit Cymodocée avec des sanglots, pardonnez à votre servante. J'ai lu dans vos livres saints : « La femme quittera son père et sa mère pour s'attacher à son époux. » J'ai quitté mon père, je me suis dérobée à son amour pendant son sommeil ; je viens demander votre grâce à Galérius, ou partager votre mort. »

Cymodocée aperçoit le visage pâle d'Eudore, ses blessures couvertes d'un vain appareil : elle jette un cri, et, dans un saint transport, elle baise les pieds du martyr, et les plaies sacrées de ses bras et de sa poitrine. Qui pourroit exprimer les sentiments d'Eudore, lorsqu'il sent ces lèvres pures presser son corps défiguré ? Qui pourroit dire l'inconcevable charme de ces premières caresses d'une femme aimée, ressenties à travers les plaies du martyre? Tout à coup le ciel inspire le conféssseur; sa tête paroît rayonnante, et son visage resplendissant de la gloire de Dieu; il tire de son doigt un anneau, et le trempant dans le sang de ses blessures:

« Je ne m'oppose plus à vos desseins, dit-il à Cymodocée : je ne puis vouloir vous ravir plus long-temps une couronne que vous recherchez avec tant de courage. Si j'en crois la voix secrète qui parle à mon cœur, votre mission sur cette terre est finie : votre père n'a plus besoin de vos secours; Dieu s'est chargé du soin de ce vieillard : il va connoître la vraie lumière, et bientôt il rejoindra ses enfants dans ces demeures où rien ne pourra plus les lui ravir. O Cymodocée, je vous l'avois prédit, nous serons unis; il faut que nous mourrions époux. C'est ici l'autel, l'église, le lit nuptial. Voyez cette pompe qui nous environne, ces parfums qui tombent sur nos têtes. Levez les yeux, et contemplez au ciel avec les regards de la foi cette pompe bien autrement belle. Rendons légitimes les embrassements éternels qui vont suivre notre martyre : prenez cet anneau, et devenez mon épouse. »

Le couple angélique tombe à genoux au milieu de l'arène; Eudore met l'anneau trempé de son sang au doigt de Cymodocée.

« Servante de Jésus-Christ, s'écrie-t-il, recevez ma foi. Vous êtes aimable comme Rachel, sage comme Rebecca, fidèle comme Sara, sans avoir eu sa longue vie. Croissons, multiplions pour l'éternité, remplissons le ciel de nos vertus. »

A l'instant le ciel, ouvert, célèbre ces noces sublimes : les anges entonnent le cantique de l'épouse; la mère d'Eudore présente à Dieu ses enfants unis, qui vont bientôt paroître au pied du trône éternel ; les vierges martyres tressent la couronne nuptiale de Cymodocée; Jésus-Christ bénit le couple bienheureux, et l'Esprit-Saint lui fait le don d'un intarissable amour.

Cependant la foule, qui voyoit les deux chrétiens à genoux, croyoit qu'ils lui demandoient la vie. Tournant aussitôt le pouce vers eux, comme dans les combats de gladiateurs, elle repoussoit leur prière par ce signe, et les condamnoit à mort ! Le peuple romain, que ses nobles priviléges avoient fait surnommer le peuple-roi, avoit depuis long-temps perdu son indépendance : il n'étoit resté le maître absolu que dans la direction de ses plaisirs; et, comme on se servoit de ces mêmes plaisirs pour l'enchaîner et le corrompre, il ne possédoit en effet que la souveraineté de son esclavage. Le gladiateur des portiques vint dans ce moment recevoir les ordres du peuple sur le sort de Cymodocée.

« Peuple libre et puissant, dit-il, cette chrétienne est entrée hors de son rang dans l'arène ; elle étoit condamnée à mourir avec le reste des impies, après le combat de leur chef; elle s'est échappée de la prison. Égarée dans Rome, son mauvais génie, ou plutôt le génie de l'Empire, l'a ramenée à l'amphithéâtre. »

Le peuple cria d'une commune voix :

« Les dieux l'ont voulu : qu'elle reste et qu'elle meure ! »

Un petit nombre, intérieurement travaillé par le Dieu des miséricordes, paroissoit touché de la jeunesse de Cymodocée : il vouloit que l'on fît grâce à cette chrétienne ; mais la foule répétoit :

« Qu'elle reste et qu'elle meure ! Plus la victime est belle, plus elle est agréable aux dieux. »

Ce n'étoient plus ces enfants de Brutus, qui maudissoient le grand Pompée pour avoir fait combattre de paisibles éléphants ; c'étoient des hommes abrutis par la servitude, aveuglés par l'idolâtrie, et chez qui toute humanité s'étoit éteinte avec le sentiment de la liberté.

Une voix s'échappe des combles de l'amphithéâtre C'en est fait : Dorothée renonce à la vie.

« Romains, s'écrie-t-il, c'est moi qui ai tout fait, c'est moi qui, cette nuit même, avois enlevé cet ange du ciel qui vient se remettre entre vos mains. Je suis chrétien, je demande le combat. Puisse l'infâme Jupiter tomber bientôt avec son temple ! Puisse-t-il écraser dans sa chute ses horribles adorateurs ! Puisse l'éternité allumer ses flammes vengeresses pour engloutir des barbares qui restent insensibles à tous les charmes du malheur, de la jeunesse et de la vertu ! »

En prononçant ces paroles, Dorothée renverse une statue de Mercure. Aussitôt l'attention et l'indignation du peuple se tournent de ce côté.

« Un chrétien dans l'amphithéâtre ! Qu'on le saisisse ; qu'on le livre aux gladiateurs. »

Dorothée est entraîné hors de l'édifice, et condamné à périr avec la foule des confesseurs.

Tout à coup retentit le bruit des armes : le pont qui conduisoit du palais de l'empereur à l'amphithéâtre s'abaisse, et Galérius ne fait qu'un pas de son lit de douleur au carnage : il avoit surmonté son mal, pour se présenter une dernière fois au peuple. Il sentoit à la fois l'Empire et la vie lui échapper : un messager arrivé des Gaules venoit de lui apprendre la mort de Constance. Constantin, proclamé César par les légions, s'étoit en même temps déclaré chrétien, et se disposoit à marcher vers Rome. Ces nouvelles, en portant le trouble dans l'âme de Galérius, avoient rendu plus cuisante la plaie hideuse de son corps; mais renfermant ses douleurs dans son sein, soit qu'il cherchât à se tromper lui-même, soit qu'il voulût tromper les hommes, ce spectre vint s'asseoir au balcon impérial, comme la mort couronnée. Quel contraste avec la beauté, la vie, la jeunesse, exposées dans l'arène à la fureur des léopards!

Lorsque l'empereur parut, les spectateurs se levèrent, et lui donnèrent le salut accoutumé. Eudore s'incline respectueusement devant César. Cymodocée s'avance sous le balcon pour demander à l'empereur la grâce d'Eudore, et s'offrir elle-même en sacrifice. La foule tira Galérius de l'embarras de se montrer miséricordieux ou cruel : depuis long-temps elle attendoit le combat; la soif du sang avoit redoublé à la vue des victimes. On crie de toutes parts :

« Les bêtes! Qu'on lâche les bêtes! Les impies aux bêtes! »

Eudore veut parler au peuple en faveur de Cymodocée; mille voix étouffent sa voix:

« Qu'on donne le signal! Les bêtes! Les chrétiens aux bêtes! »

Le son de la trompette se fait entendre: c'est l'annonce de l'apparition des bêtes féroces. Le chef des rétiaires[1] traverse l'arène, et vient ouvrir la loge d'un tigre connu par sa férocité.

Alors s'élève entre Eudore et Cymodocée une contestation à jamais mémorable: chacun des deux époux vouloit mourir le dernier.

« Eudore, disoit Cymodocée, si vous n'étiez pas blessé, je vous demanderois à combattre la première; mais à présent j'ai plus de force que vous, et je puis vous voir mourir. »

— « Cymodocée, répondit Eudore, il y a plus long-temps que vous que je suis chrétien: je pourrai mieux supporter la douleur; laissez-moi quitter la terre le dernier. »

En prononçant ces paroles, le martyr se dépouille de son manteau; il en couvre Cymodocée, afin de mieux dérober aux yeux des spectateurs les charmes de la fille d'Homère, lorsqu'elle sera traînée sur l'arène par le tigre. Eudore craignoit qu'une mort aussi chaste ne fût souillée par l'ombre d'une pensée impure, même dans les autres. Peut-être aussi étoit-ce un dernier instinct de la nature, un

---

[1] Gladiateurs qui combattoient avec un filet.

mouvement de cette jalousie qui accompagne le véritable amour jusqu'au tombeau.

La trompette sonne pour la seconde fois.

On entend gémir la porte de fer de la caverne du tigre : le gladiateur qui l'avoit ouverte s'enfuit effrayé. Eudore place Cymodocée derrière lui. On le voyoit debout, uniquement attentif à la prière, les bras étendus en forme de croix, et les yeux levés vers le ciel.

La trompette sonne pour la troisième fois.

Les chaînes du tigre tombent, et l'animal furieux s'élance en rugissant dans l'arène : un mouvement involontaire fait tressaillir les spectateurs. Cymodocée, saisie d'effroi, s'écrie :

« Ah! sauvez-moi! »

Et elle se jette dans les bras d'Eudore, qui se retourne vers elle. Il la serre contre sa poitrine, il auroit voulu la cacher dans son cœur. Le tigre arrive aux deux martyrs. Il se lève debout, et enfonçant ses ongles dans les flancs du fils de Lasthénès, il déchire avec ses dents les épaules du confesseur intrépide. Comme Cymodocée, toujours pressée dans le sein de son époux, ouvroit sur lui des yeux pleins d'amour et de frayeur, elle aperçoit la tête sanglante du tigre auprès de la tête d'Eudore. A l'instant la chaleur abandonne les membres de la vierge victorieuse; ses paupières se ferment; elle demeure suspendue aux bras de son époux, ainsi qu'un flocon de neige aux rameaux d'un pin du Ménale ou du Lycée. Les saintes martyres, Eulalie, Félicité, Perpétue, descendent pour chercher leur compagne : le tigre avoit brisé le cou d'ivoire de la fille d'Homère. L'ange de la mort coupe en souriant le fil des jours de Cymodocée. Elle exhale son dernier soupir sans effort et sans douleur; elle rend au ciel un souffle divin qui sembloit tenir à peine à ce corps formé par les Grâces; elle tombe comme une fleur que la faux du villageois vient d'abattre sur le gazon. Eudore la suit un moment après dans les éternelles demeures : on eût cru voir un de ces sacrifices de paix où les enfants d'Aaron offroient au Dieu d'Israël une colombe et un jeune taureau.

Les époux martyrs avoient à peine reçu la palme, que l'on aperçut au milieu des airs une croix de lumière, semblable à ce Labarum qui fit triompher Constantin; la foudre gronda sur le Vatican, colline alors déserte, mais souvent visitée par un esprit inconnu; l'amphithéâtre fut ébranlé jusque dans ses fondements; toutes les statues des idoles tombèrent, et l'on entendit, comme autrefois à Jérusalem, une voix qui disoit :

« LES DIEUX S'EN VONT. »

La foule éperdue quitte les jeux. Galérius, rentré dans son palais, s'abandonne aux plus noires fureurs; il ordonne qu'on livre au glaive les illustres compagnons d'Eudore. Constantin paroît aux portes de Rome. Galérius succombe aux horreurs de son mal : il expire en blasphémant l'Éternel. En vain un nouveau tyran s'empare du pouvoir suprême : Dieu tonne du haut du ciel; le signe du salut brille; Constantin frappe; Maxence est précipité dans le

Tibre. Le vainqueur entre dans la cité reine du monde : les ennemis des chrétiens se dispersent. Le prince, ami d'Eudore, s'empresse alors de recueillir les derniers soupirs de Démodocus, que la douleur enlève à la terre, et qui demande le baptême pour aller rejoindre sa fille bien-aimée. Constantin vole aux lieux où l'on avoit entassé les corps des victimes : les deux époux conservoient toute leur beauté dans la mort. Par un miracle du ciel, leurs plaies se trouvoient fermées, et l'expression de la paix et du bonheur étoit empreinte sur leur front. Une fosse est creusée pour eux dans ce cimetière où le fils de Lasthénès fut autrefois retranché du nombre des fidèles. Les légions des Gaules, jadis conduites à la victoire par Eudore, entourent le monument funèbre de leur ancien général. L'aigle guerrière de Romulus est décorée de la croix pacifique. Sur la tombe des jeunes martyrs Constantin reçoit la couronne d'Auguste, et sur cette même tombe il proclame la religion chrétienne religion de l'Empire.

REMARQUES
SUR LE DIX-NEUVIÈME LIVRE.

PREMIÈRE REMARQUE.

Page 3. La trace blanchissante, etc.

Ceux qui ont voyagé sur mer ont vu ces traces de vaisseau que les marins appellent le sillage. Dans les temps calmes, cette ligne blanche reste quelquefois marquée pendant plusieurs heures.

IIe.

Page 3. Doroit et brunissoit à la fois, etc.

Je ne suis pas le premier auteur qui ait parlé de ce double effet du soleil levant sur les mers de la Grèce. Chandler l'avait observé avant moi.

IIIe.

Page 4. Des nues sereines, etc.

Expression du grand maître, qui peint parfaitement ces petites nues que l'on aperçoit dans un beau ciel :

Unde serenas
Ventus agat nubes.   (Virg., *Georg.*, 1, 461.)

IVe.

Page 5. Et la mère d'Eudore venoit de mourir.

Petite circonstance d'où naît la peinture du purgatoire, au xxie livre.

v^e.

Page 6. Le jour s'éteint, le jour renaît, etc.

Je ne sais si c'est ce passage qui a fait dire à un critique que Démodocus étoit un vieil imbécile, ou si c'est à cause de ce même passage qu'un autre critique a bien voulu comparer la douleur de Démodocus à celle de Priam.

vi^e.

Page 7. Deux hautes chaînes de montagnes s'étendant, etc.

Ceci est tiré mot pour mot de mon *Itinéraire*; mais comme, dans un sujet si intéressant, on ne sauroit avoir trop de détails, je citerai encore un fragment de mon *Voyage*. Ce fragment commence à mon départ de Bethléem pour la mer Morte, en passant par le monastère du Saint-Saba.

«Les Arabes qui nous avoient attaqués à la porte du
«couvent de Saint-Saba appartenoient à une tribu qui pré-
«tendoit avoir seule le droit de conduire les étrangers.
«Les Bethléémites, qui désiroient avoir le prix de l'escorte,
«et qui ont une réputation de courage à soutenir, n'avoient
«pas voulu céder. Le supérieur du monastère avoit promis
«que je satisferois les Bédouins, et l'affaire s'étoit arrangée.
«Je ne voulois rien leur donner, pour les punir; mais Ali-
«Aga (le janissaire) me représenta que, si je tenois à cette
«résolution, nous ne pourrions jamais arriver au Jourdain;
«qu'ils iroient appeler les autres tribus du désert, et que
«nous serions infailliblement massacrés; que c'étoit la rai-
«son pour laquelle il n'avoit pas voulu tuer le chef des
«Arabes; car, une fois le sang versé, nous n'aurions eu
«d'autre parti à prendre que de retourner promptement à
«Jérusalem.

«Je doute que les couvents de Scété soient placés dans
«des lieux plus tristes et plus isolés que le couvent de

«Saint-Saba. Il est bâti dans la ravine même du torrent de
«Cédron, qui peut avoir trois ou quatre cents pieds de
«profondeur dans cet endroit. L'église occupe une petite
«éminence dans le fond du lit. De là les bâtiments du mo-
«nastère s'élèvent par des escaliers perpendiculaires et
«des passages creusés dans le roc, sur le flanc de la ravine,
«et parviennent ainsi jusque sur la croupe de la montagne,
«où ils se terminent par deux tours carrées. Du haut de
«ces tours on découvre les sommets stériles des montagnes
«de Judée ; au-dessous de soi, l'œil plonge dans le ravin
«desséché du torrent des Cèdres, où l'on voit des grottes
«qu'habitèrent jadis les premiers anachorètes.

«Pour toute curiosité, on montre aujourd'hui à Saint-
«Saba trois ou quatre cents têtes de morts, qui sont celles
«des religieux massacrés par les infidèles. On m'a laissé
«un quart d'heure seul avec ces saintes reliques. Il semble
«que les moines qui me donnoient l'hospitalité devinas-
«sent que j'avais le dessein de peindre la situation de
«l'âme des solitaires de la Thébaïde.

«Nous sortîmes du monastère à trois heures de l'après-
«midi, et nous arrivâmes, vers le coucher du soleil, au
«dernier rang des montagnes de Judée, qui bordent à l'oc-
«cident la mer Morte et la vallée du Jourdain. La chaîne du
«levant, qui forme l'autre bord de la vallée, s'appelle les
«montagnes de l'Arabie, et comprend l'ancien pays des
«Moabites et des Ammonites, etc. . . . .
. . . .

«Nous descendîmes de la croupe de la montagne pour
«aller passer la nuit au bord de la mer Morte, et remonter
«ensuite au Jourdain. En entrant dans la vallée, notre pe-
«tite troupe se resserra, et fit silence. Nos Bethléémites
«armèrent leurs fusils, et marchèrent en avant avec pré-
«caution. Nous nous trouvions sur le chemin des Arabes
«du désert qui vont chercher du sel au lac, et qui font
«une guerre impitoyable aux voyageurs. Nous marchâmes
«ainsi pendant deux heures le pistolet à la main, comme
«en pays ennemi, et nous arrivâmes à la nuit close au bord

«du lac. La première chose que je fis en mettant pied à
«terre fut d'entrer dans le lac jusqu'aux genoux, et de
«porter l'eau à ma bouche. Il me fut impossible de l'y re-
«tenir. La salure en est beaucoup plus forte que celle de la
«mer, et elle produit sur les lèvres l'effet d'une forte so-
«lution d'alun. Mes bottes furent à peine séchées qu'elles
«se couvrirent de sel; nos vêtements, nos chapeaux, nos
«mains, notre visage, furent, en moins de deux heures,
«imprégnés de ce minéral.

«Nous établîmes notre camp au bord de l'eau, et les
«Bethléémites allumèrent du feu pour faire du café. Telle
«est la force de l'habitude : ces Arabes avoient marché
«avec beaucoup de prudence dans la campagne, et ils ne
«craignirent point d'allumer un feu qui pouvoit bien plus
«aisément les trahir. Vers minuit, j'entendis quelque bruit
«sur le lac; les Bethléémites me dirent que c'étoit des lé-
«gions de petits poissons qui viennent sauter au rivage.
«Ceci contrediroit l'opinion généralement adoptée que la
«mer Morte ne produit aucun être vivant. Pococke, étant
«à Jérusalem, avoit entendu dire aussi qu'un missionnaire
«avoit vu des poissons dans le lac Asphaltite. Ce savant
«voyageur avoit fait analyser l'eau de ce lac : j'ai apporté
«une bouteille de cette eau, jusqu'à présent fort bien con-
«servée.

«Le 6 octobre, au lever du jour, je parcourus le rivage.
«Le lac fameux qui occupe l'emplacement de Sodome et
«de Gomorrhe est nommé mer Morte ou mer Salée dans
«l'Écriture, Asphaltite par les auteurs grecs et latins, et
«Almotanah par les Arabes (*voyez* d'Anville). Strabon rap-
«porte la tradition des villes abimées. Je ne puis être du
«sentiment de quelques voyageurs qui prétendent que la
«mer Morte n'est que le cratère d'un volcan. J'ai vu le Vé-
«suve, la Solfatare, le Monte-Nuovo dans le lac Fusin, le
«pic des Açores, le Mamelife, vis-à-vis de Carthage, les
«volcans éteints d'Auvergne, j'ai partout remarqué les
«mêmes caractères; c'est-à-dire des montagnes creusées
«en entonnoir, des laves et des cendres où l'action du feu

« ne peut se méconnoître. La mer Morte, au contraire, est
« un lac assez long, encaissé entre deux chaînes de mon-
« tagnes, qui n'ont entre elles aucune cohérence de formes,
« aucune homogénéité de sol. Elles ne se rejoignent point
« aux deux extrémités du lac; elles continuent, d'un côté,
« à border la vallée du Jourdain, en se rapprochant vers
« le nord jusqu'au lac de Tibériade; et, de l'autre, elles
« vont, en s'écartant, se perdre au midi dans les sables de
« l'Yémen. Il est vrai qu'on trouve du bitume, des eaux
« chaudes et des pierres phosphoriques dans la chaîne des
« montagnes d'Arabie, mais je n'en ai point vu dans la
« chaîne opposée. D'ailleurs la présence des eaux thermales,
« du soufre et du bitume, ne suffit point pour attester l'exis-
« tence antérieure d'un volcan. C'est dire assez que, quant
« aux villes abîmées, je m'en tiens au sens de l'Écriture,
« sans appeler la physique à mon secours. . . . .
« . . . . Quelques voyageurs pré-
« tendent que, dans les temps calmes, on aperçoit encore
« au fond de la mer Morte des débris de murailles et de
« palais. C'est peut-être ce qui a donné à Klopstock l'idée
« bizarre de faire cacher Satan dans les ruines de Go-
« morrhe, pour contempler la mort du Christ. Je ne sais
« si ces débris existent. Et comment les auroit-on décou-
« verts? De mémoire d'homme, on n'a jamais vu de ba-
« teaux sur le lac Asphaltite. Les géographes, les historiens,
« les voyageurs, ne parlent point de la navigation de ce
« lac. Il est vrai que Josèphe le fit mesurer, mais il est pro-
« bable que la mesure fut prise par terre le long du rivage;
« car on ne voit pas que les anciens connussent la manière
« de relever les distances par eau.

« Strabon parle de treize villes englouties dans le lac
« Asphaltite. La *Genèse* en place cinq *in valle silvestri*, *So-
« dome*, *Gomorrhe*, *Adam*, *Seboim* et *Bala*, ou *Segor*; mais elle ne
« marque que les deux premières détruites par le feu du
« ciel. Le *Deutéronome* en cite quatre, *Sodome*, *Gomorrhe*,
« *Adam* et *Seboim*; la *Sagesse* en compte cinq, sans les dési-
« gner. *Descendente igne in Pentapolim*.

«Jacques Cerbus ayant remarqué que sept grands cou-
«rants d'eau tombent dans la mer Morte, Reland en con-
«clut que cette mer devoit se dégager de la superfluité de
«ses eaux par des canaux souterrains. Sandry et quelques
«autres voyageurs ont énoncé la même opinion ; mais elle
«est aujourd'hui abandonnée, d'après les observations sur
«l'évaporation par le docteur Halley : observations admises
«par Shaw, qui trouve pourtant que le Jourdain roule par
«jour à la mer Morte six millions quatre-vingt-dix mille
«tonnes d'eau, sans compter les eaux de l'Hernon et de
«sept autres torrents. . . . .
«. . . . . Je voulois voir le Jourdain à l'endroit où il
«se jette dans la mer Morte ; point essentiel qui n'a pas
«encore été reconnu ; mais les Bethléémites refusèrent de
«m'y conduire, parce que le fleuve, à une lieue environ de
«son embouchure, fait un long détour sur la gauche, et se
«rapproche de la montagne d'Arabie. Il fallut donc me
«contenter de marcher vers la courbure du fleuve la plus
«rapprochée du lieu où nous nous trouvions. Nous levâmes
«le camp, et nous cheminâmes pendant deux heures avec
«une peine excessive dans des dunes de sable et des cou-
«ches de sel ; je vis tout à coup les Bethléémites s'arrêter,
«et me montrer de la main, parmi les arbrisseaux, quel-
«que chose que je n'apercevois pas : c'étoit le Jourdain.
«J'avois vu les grands fleuves de l'Amérique avec le plai-
«sir qu'inspirent la solitude et la nature ; j'avois visité le
«Tibre, et recherché avec le même intérêt l'Eurotas et le
«Céphise, mais je ne puis dire ce que j'éprouvai à la vue
«du Jourdain. Non-seulement ce fleuve me rappeloit une
«antiquité fameuse, mais ses rives m'offroient encore le
«théâtre des miracles de ma religion. La Judée est le seul
«pays de la terre qui offre à la fois au voyageur chrétien
«le souvenir des affaires humaines et des choses du ciel,
«et qui fasse naître au fond de l'âme, par ce mélange, un
«sentiment et des pensées qu'aucun autre lieu ne peut
«inspirer.»

VIIe.

Page 9. Un fruit semblable à un citron doré.

J'ai apporté ce fruit, qui a passé long-temps pour n'exister que dans l'imagination des missionnaires. Il est bien connu aujourd'hui des botanistes. On a rangé l'arbuste qui le porte dans la classe des *solanées,* sous le nom de *solanum sodomœum ;* quand j'ai dit, dans la préface des premières éditions, que ce fruit ressemble à un citron dégénéré par la malignité du sol, je n'ai eu l'intention que de parler de l'apparence et non de la réalité.

VIIIe.

Page 11. Les chameaux seuls, etc.

Je me sers ici d'une anecdote que j'ai rapportée dans l'*Itinéraire*, et dont j'ai presque été le témoin.

IXe.

Page 12. On s'assied autour d'un bûcher.

C'est une scène de mœurs arabes dans laquelle j'ai figuré moi-même, et qu'on peut voir dans le passage cité à la note précédente.

X^e.

Page 13. Des lettres pour les principaux fidèles.

Ces lettres de voyage ou de recommandation étoient données par les évêques. J'ai cru pouvoir les faire donner par saint Jérôme, prêtre et docteur de l'Église latine.

XIe.

Page 13. Reine de l'Orient.

Quelle Jérusalem nouvelle
Sort du fond du désert, brillante de clartés, etc.
(Racine, *Ath.*, III, 7.)

XII°.

Page 13. La nouvelle Jérusalem ne pleure point.

Allusion à une belle médaille de Titus : un palmier, une femme assise et enchaînée au pied de ce palmier ; pour légende : *Judæa capta*.

XIII°.

Page 14. La souveraine des anges, etc.

Ceci rend naturelles et vraisemblables les courses de Cymodocée.

XIV°.

Page 14. Je suis Pamphile de Césarée.

Pamphile le martyr, disciple de Timothée et condisciple d'Eusèbe, a été nommé parmi les grands hommes chrétiens qu'Eudore rencontre à Alexandrie.

XV°.

Page 16. Au pied du mont Aventin, etc.

On montre encore cette prison à Rome.

XVI°.

Page 17. Voit arriver tour à tour des amis, etc.

Ainsi, tous les personnages se retrouvent à Rome par un même événement : Démodocus, Cyrille, Zacharie, l'ermite du Vésuve, etc.; et, dans un moment, le ciel va amener Cymodocée au lieu du sacrifice.

XVII°.

Page 17. Ces confesseurs avoient transformé la prison en une église, etc.

Cette peinture du bonheur des prisons est fidèle. Fleury

seul donnera au lecteur curieux le moyen de vérifier tout ce que j'avance. (*Mœurs des chrétiens* et *Hist. eccl.*)

XVIIIe.

Page 18. Du fond d'une retraite ignorée, le pontife de Rome.

Dans les calamités publiques, il y a toujours des victimes qui échappent; tous les chrétiens, tous les chefs des chrétiens, n'étoient pas dans les cachots pendant les persécutions, comme tous les François n'étoient pas emprisonnés sous le règne de la terreur.

XIXe.

Page 18. La belle et brillante Aglaé.

Voilà la fin de l'histoire d'Aglaé, de Pacôme et de Boniface, dont on a vu le commencement au cinquième livre; on va voir aussi la fin de l'histoire de Genès.

XXe.

Page 20. Mon fils, répond le descendant, etc.

Ce simple récit de Zacharie est fondé sur l'histoire. Constance subjugua en effet quelques tribus des Francs, et les transporta dans les Gaules, aux environs de Cologne.

XXIe.

Page 20. L'heureuse arrivée de Constantin.

Par là le dénoûment est préparé, et le triomphe de la religion annoncé.

XXIIe.

Page 21. Valérie avoit été exilée en Asie.

Cela est conforme à la vérité. Ces deux personnages, n'étant plus nécessaires, sont mis à l'écart. On ne les a appelés ici que pour satisfaire le lecteur, qui auroit pu demander ce qu'ils étoient devenus.

XXIIIe.

Page 21. Il vouloit engager Dioclétien, etc.

On verra Eudore se reprocher ce dessein comme criminel; mais ce dessein entretient l'espérance dans l'esprit du lecteur jusqu'au dernier moment, et rappelle en même temps le trait le plus connu et le plus frappant de l'histoire de Dioclétien. Il falloit d'ailleurs, selon la règle dramatique, que le héros fût coupable d'une légère faute.

XXIVe.

Page 21. Ils s'aperçurent bientôt, etc.

En passant en Amérique avec des prêtres qui fuyoient la persécution, j'ai été témoin d'une scène à peu près pareille. Quand il survenoit un orage, les matelots se confessoient aux mêmes hommes qu'ils venoient d'insulter.

XXVe.

Page 22. Le Sauveur aperçoit le vaisseau de Cymodocée, etc.

L'intervention du merveilleux étoit absolument nécessaire ici. Sans blesser toutes les convenances, et même toutes les vraisemblances, Cymodocée ne pouvoit aller de son propre mouvement chercher Eudore en Italie; mais le ciel, qui veut le triomphe de la croix, conduit cette innocente victime au lieu du sacrifice.

XXVIe.

Page 22. Le vent, qui jusqu'alors, etc.

Je ne peins dans ce naufrage que ma propre aventure. En revenant de l'Amérique, je fus accueilli d'une tempête de l'ouest qui me conduisit en vingt et un jours de l'embouchure de la Delaware à l'île d'Origny, dans la Manche, et fit toucher le vaisseau sur un banc de sable. Dans mon dernier voyage sur mer, j'ai mis soixante-deux jours à aller d'Alexandrie à Tunis; toute cette traversée, au milieu de l'hiver, fut une espèce de continuel naufrage; nous vîmes périr trois gros vaisseaux sur Malte, et le nôtre étoit le quatrième en danger. C'est peut-être acheter un peu cher le plaisir de ne peindre que d'après nature.

XXVIIe.

Page 24. Les flots se dérouloient avec uniformité.

Il faut l'avouer; au milieu des plus furieuses tempêtes, je n'ai point remarqué ce chaos, ces montagnes d'eau, ces abîmes, ce fracas qu'on voit dans les orages des poëtes. Je ne trouve qu'Homère de vrai dans ces sortes de descriptions, et elles se bornent presque toutes à un trait, la noirceur des ondes. J'ai bien remarqué, au contraire, ce silence et cette espèce de régularité que je décris ici, et il n'y a peut-être rien de plus effrayant. Des marins à qui j'ai lu cette tempête m'ont paru frappés de la vérité des accidents. Les critiques qui pensent qu'on peut bien imiter la nature sans sortir de son cabinet sont, je crois, dans l'erreur. Que l'on copie tant qu'on voudra un portrait fidèle, on n'attrapera jamais ces nuances de la physionomie que l'original peut seul donner.

XXVIIIe.

Page 25. L'écueil voisin semble changer de place.

Il faut avoir été dans une position semblable pour bien juger de la joie et de la terreur d'un pareil moment. Je regrette de n'avoir point la lettre que j'écrivis à M. de Chateaubriand, mon frère, qui a péri avec son aïeul M. de Malesherbes. Je lui rendois compte de mon naufrage. J'aurois retrouvé dans cette lettre des circonstances qui ont sans doute échappé à ma mémoire, quoique ma mémoire m'ait bien rarement trompé.

XXIXᵉ.

Page 26. On précipite au fond de la mer des sacs remplis de pierres.

Les anciens arrêtoient ainsi leurs vaisseaux sur des fonds vaseux, lorsque l'ancre glissoit, ou, comme parlent les marins, lorsque le vaisseau filoit sur son ancre. L'ancre sacrée étoit une ancre réservée pour les naufrages. On l'appelle parmi nous l'ancre de salut. Les anciens ont fait souvent allusion à cette ancre sacrée, entre autres Plutarque, qui se sert volontiers d'images empruntées de la navigation et des vaisseaux.

REMARQUES

SUR LE VINGTIÈME LIVRE.

PREMIÈRE REMARQUE.

Page 28. On n'envoya point au-devant de Cymodocée, etc.

Il y a plusieurs exemples de ces honneurs poétiques rendus par l'antiquité à des personnages remarquables. Pour n'en citer qu'un, ce fut de cette manière que Denys reçut Platon à son second voyage de Sicile.

IIe.

Page 28. Architas.

Grand mathématicien, et célèbre philosophe pythagoricien. Il étoit de Tarente. On lui avoit élevé dans sa patrie un monument qui se voyoit de loin.

IIIe.

Page 29. C'étoit une de ces galères, etc.

(*Voyez* le livre XVIII, et la note XXIVe du même livre.)

IVe.

Page 30. Il faut que Tarente ait conservé ses dieux irrités.

On proposa à Marcellus d'enlever les statues de Tarente, infidèle à ses serments. Il répondit : « Laissons aux Tarentins leurs dieux irrités. »

Vᵉ.

Page 31. Tel le chantre d'Ilion, etc.

Pluton sort de son trône ; il pâlit, il s'écrie, etc.
(Boileau.)

VIᵉ.

Page 33. Le *Mercure* de Zénodore, etc.

J'ai choisi de préférence, pour les décrire, les chefs-d'œuvre que nous n'avons plus : j'en ai pris la liste dans Pline. Je me suis permis seulement de peindre d'après mon imagination le *Satyre mourant* de Protogène, dont l'histoire ne nous a conservé que le nom.

VIIᵉ.

Page 34. Respiroit l'*Apollon*... à l'extrémité opposée s'élevoit le groupe de *Laocoon*, etc.

Nous avons ces deux chefs-d'œuvre. Le *Laocoon* a été trouvé dans les ruines des Thermes ou du palais de Titus.

VIIIᵉ.

Page 36. Tu sais que je t'aime, etc.

Il y avoit après cette phrase : « Un amant est-il donc si « redoutable ? » J'ai fait disparoître ces tours, qui sentoient trop la manière du roman. En général, ce morceau a été fort adouci. Après le dernier mot qui termine l'alinéa, il y avoit une demi-page du même langage amoureux ; je l'ai supprimée pour la même raison. C'est un grand bonheur pour moi quand je puis être plus rigoureux que les critiques.

IXᵉ.

Page 36. Par des philtres et des enchantements.

Après ces mots, il y avoit une réponse de Cymodocée,

qui n'étoit qu'une imitation de deux vers d'Othello : je n'ai pas cru devoir la conserver, quoique louée par La Harpe, et digne certainement d'être louée.

X[e].

Page 37. La sagesse, enfant trop aimable, etc.

Cela n'est pas plus odieux que le langage du *Tartufe*. La philosophie, comme la religion, a ses monstres.

XIe.

Page 38. Il meurt, si tu n'es à moi.

Encore une fois, je n'ai point inventé cette horrible scène. Plût à Dieu que cela ne fût qu'une fiction !

XIIe.

Page 39. Il dit, et poursuit Cymodocée, etc.

Après ces mots, on lisoit sept lignes où je peignois la course d'Hiéroclès et de Cymodocée : j'ai supprimé cette peinture, quoique cela m'ait fait perdre une comparaison que je regrette.

XIIIe.

Page 40. Démodocus reconnoît sa fille.

On voit que je me suis souvenu de l'histoire de Virginius, si admirablement racontée par Tite-Live.

XIVe.

Page 40. La Reine des anges l'y retient.

L'intervention du merveilleux étoit ici absolument nécessaire ; il achève, avec les autres raisons tirées de la nature de la scène, de rendre vraisemblable la présence de Cymodocée sur la galerie.

XVe.

Page 40. Le préfet de Rome, qui favorisoit, etc.

Ceci rend naturelle cette sédition, et lui ôte ce qu'elle eût pu avoir de romanesque ou d'invraisemblable. Dieu, qui va châtier Hiéroclès, se sert, comme cela arrive souvent, des passions des hommes, et d'un incident étranger au crime qu'il punit.

XVIe.

Page 41. Ta fille est-elle chrétienne?

Terrible question, qui décide du sort de Cymodocée.

XVIIe.

Page 44. Mais comme ses trahisons ne sont pas assez prouvées, etc.

On voit ici les lâches arrangements de la conscience d'un homme qui n'a pas la force d'être tout-à-fait vertueux ni tout-à-fait criminel.

XVIIIe.

Page 46. Lorsqu'un vaisseau, etc.

Odyssée, livre XXIII.

XIXe.

Page 46. Chantez, dit-il, mes frères.

Cette annonce du martyre par Zacharie, et ensuite par le licteur, produit un genre de pathétique inconnu au polythéisme, et qui sort des entrailles mêmes de notre admirable religion.

XXe.

Page 48. Ange des saintes amours.

C'est l'ange qui a blessé Eudore par l'ordre de Dieu. Il

étoit naturel qu'on s'adressât à lui pour apprendre les sentiments d'Eudore.

XXIe.

Page 48. Eudore, serviteur de Dieu, etc.

C'est la formule des lettres des premiers chrétiens. On peut voir les Épîtres des apôtres, et surtout celles de saint Paul, dont cette formule est tirée mot à mot. Le *nous* étoit aussi d'usage dans cette communauté de frères malheureux.

XXIIe.

Page 49. Il faut qu'il coupe le fil, etc.

(*Voyez* Job, Ézéchias, J.-B. Rousseau.)

XXIIIe.

Page 49. La première année de la persécution.

La persécution de Dioclétien devint une ère par laquelle on a daté plusieurs écrits de cette époque.

XXIVe.

Page 50. Hélas! il vous perdra peut-être, et il n'est pas chrétien!

Eudore est chrétien : voilà pourquoi il est au-dessus du malheur, sans toutefois y être insensible.

XXVe.

Page 50. Voici la salutation, etc.

Formule des Épîtres apostoliques.

REMARQUES

SUR LE VINGT ET UNIÈME LIVRE.

PREMIÈRE REMARQUE.

Page 51. Les mains chargées de branches d'anet, le front ceint d'une couronne de roses et de violettes, etc.

On peut voir dans Athénée tous les détails sur les banquets et les couronnes des anciens. L'anet dont on se servoit dans les festins ressembloit assez au fenouil.

IIe.

Page 51. Aussi profonde que celle de Nestor, etc.

Πὰρ δὲ δέπας περικαλλὲς, ὃ οἴκοθεν ἦγ' ὁ γεραιὸς,
Χρυσείοις ἥλοισι πεπαρμένον, οὔατα δ' αὐτοῦ
Τέσσαρ' ἔσαν· δοιαὶ δὲ πελειάδες ἀμφὶς ἕκαστον
Χρύσειαι νεμέθοντο, δύω δ' ὑπὸ πυθμένες ἦσαν.
Ἄλλος μὲν μογέων ἀποκινήσασκε τραπέζης,
Πλεῖον ἐὸν Νέστωρ δ' ὁ γέρων ἀμογητὶ ἄειρεν.
(*Iliad.*, lib. XI, v. 631.)

IIIe.

Page 51. Comme au banquet d'Alcibiade, etc.

Le *Banquet de Platon* a été traduit par l'abbesse de Fontevrault et par Racine. Le discours d'Alcibiade manquoit; M. Geoffroy l'a donné dans son *Commentaire sur Racine*.

IVe.

Page 52. On eût dit qu'ils marchoient au martyre, etc.

On aura pu remarquer que c'est le beau tableau de Lesueur.

V^e.

Page 52. Sublime invention de la charité ! etc.

« On a vu des prélats, faute d'autel, consacrer sur les « mains des diacres ; et l'illustre martyr saint Lucien d'An-« tioche consacra sur sa poitrine, étant attaché de sorte « qu'il ne pouvoit se remuer. » (FLEURY, *Mœurs des chrétiens*.)

VIe.

Page 54. La frise en étoit ornée, etc.

On sait comment Homère, Virgile, le Tasse, ont fait usage de ces détails poétiques. Les traits que j'ai placés dans les bas-reliefs sont puisés dans l'histoire romaine. Je ne leur ai point donné un rapport direct avec la position de Démodocus. J'ai trouvé plus naturel de suivre l'exemple d'Homère, qui peint des scènes variées sur le bouclier d'Achille.

VIIe.

Page 58. Cette chrétienne timide, etc.

Le petit rôle de Blanche est peut-être dans la nature. On trouve, surtout parmi le peuple, un grand nombre de ces femmes qui ont un cœur compatissant, mais dont le caractère est foible et timide, et qui n'osent pour ainsi dire faire de bonnes actions qu'à la dérobée. Il ne faut pas croire d'ailleurs qu'à cette époque tous les chrétiens fussent des héros, et toutes les chrétiennes des héroïnes. Il y eut beaucoup de chutes pendant la persécution de Dioclétien. Comment, après cela, a-t-on pu trouver que Cymodocée, qui donne son sang avec tant de simplicité, n'est pas assez courageuse?

VIIIe.

Page 59. Festus, suivant les formes usitées, dit, etc.

J'aurois cru commettre un sacrilége si j'avois osé changer un mot à cette grande tragédie du martyre, dont les témoins du Dieu vivant furent les sublimes acteurs. J'ai conservé, et j'ai dû conserver la simplicité du dialogue, la majesté des réponses, l'atrocité des tourments. Pourquoi me serois-je montré plus délicat que la peinture? Et cependant j'ai tout adouci, tout dérobé aux yeux. J'ai écarté ce qui pouvoit révolter les sens, comme l'odeur des chairs brûlées, et mille autres détails qu'on lit dans l'histoire. J'ai, par des comparaisons riantes, par la présence des anges, par l'espèce d'impassibilité d'Eudore, diminué l'horreur des tortures. Ce sont les hommes de l'art que je désire surtout avoir ici pour juges; eux seuls peuvent connoître la difficulté du sujet. Je renvoie le lecteur aux *Actes des Martyrs*, recueillis par dom Ruinart, et traduits par Maupertuis; à l'*Histoire ecclésiastique* de Fleury, et aux *Mémoires* de Tillemont.

IXe.

Page 61. Remarquez bien mon visage, etc.

Ce mot d'Eudore étoit tiré des *Machabées*, mais un critique m'a fait l'honneur de le croire de mon invention : ce mot se retrouve dans le martyre de sainte Perpétue. N'est-il pas aussi bien étrange qu'on ait ignoré que la torture précédoit toujours la mort des chrétiens accusés? Il y a tel confesseur qui fut appliqué trois et quatre fois à la question avant d'être condamné à mort. Que penser de ceux qui, prenant contre moi la *défense de la religion*, moutrent à la fois leur ignorance et leur impiété dans de honteuses plaisanteries sur les souffrances des martyrs?

X[e].

Page 62. Eudore, dans le cours de ses actes glorieux, etc.

Là commence l'épisode du purgatoire. Je n'ai point eu d'appui pour ce travail, et il a fallu tout tirer de mon fond. Le purgatoire du Dante ne m'a pas offert un seul trait dont je pusse profiter.

XIe.

Page 65. Que les anges ont appelée Belle, etc.

Toutes ces saintes femmes sont trop connues pour qu'on ait besoin d'un commentaire.

XIIe.

Page 65. L'enfer étonné crut voir entrer l'Espérance.

Le Dante a dit :

> Lasciate ogni speranza, voi ch' entrate.

XIIIe.

Page 66. A mesure qu'on s'élève, etc.

Après cette phrase se trouvoit la description de la demeure des sages. Bien des personnes ont pensé que j'aurois pu, même théologiquement, être moins rigoureux, et conserver le morceau; mais il ne faut point discuter avec la religion.

XIVe.

Page 67. Les mondes divers, etc.

« Benedicite omnia opera Domini. » (Ps.)

XVᵉ.

Page 67. Ouvrez-vous, etc.

«Attollite portas.... Et elevamini portæ æternales.» (Ps. XXIII, 7), que Milton a si bien imité :

Open ye everlasting doors!

XVIᵉ.

Page 67. Je vous salue, Marie, etc.

«Ave, Maria, etc.»

XVIIᵉ.

Page 67. Vous qui êtes bénie entre toutes les femmes, refuge des pécheurs, etc.

«Benedicta tu in mulieribus, consolatrix afflictorum, «refugium peccatorum.»

Et toujours nos simples prières fournissent les traits les plus nobles, les plus sublimes ou les plus touchants!

REMARQUES

SUR LE VINGT-DEUXIÈME LIVRE.

PREMIÈRE REMARQUE.

Page 69. D'une main il prend une des sept coupes d'or pleines de la colère de Dieu.

On ne me contestera pas cet ange, les coupes d'or, etc., fors qu'on n'ait pris encore tout cela pour mes vaines imaginations. N'est-il pas honteux que des hommes qui se mêlent de critique ignorent pourtant la religion au point de ne pas connoître les choses les plus communes ? Qu'ils imitent Voltaire; et s'ils ne lisent pas la Bible comme chrétiens, qu'ils l'étudient du moins comme littérateurs.

«Et unum de quatuor animalibus dedit septem angelis «septem phialas aureas plenas iracundiæ Dei.» (*Apocal.*, cap. xv, v. 7.)

IIe.

Page 69. De l'autre, il saisit le glaive, etc.

«Factum est autem in noctis medio : percussit Dominus «omne primogenitum in terrâ Ægypti...

«Et ortus est clamor magnus in Ægypto.» (*Exod.*, c. XII, v. 29 et 30.)

«...Venit Angelus Domini et percussit in castris Assyrio- «rum centum octoginta quinque millia.» (*Reg.*, lib. IV., cap. xix, v. 35.)

IIIe.

Page 70. La faux qui vendange, et la faux qui moissonne.

«Et alius angelus exivit de templo, clamans voce magna

«ad sedentem super nubem : Mitte falcem tuam, et mete,
«quia venit hora ut metatur, quoniam aruit messis terræ...
 «Et alius angelus exivit de altari, et clamavit...
«Mitte falcem tuam acutam, et vindemia botros vineæ terræ...» (*Apocal.*, cap. XIV, v. 15 et 18.)

IVe.

Page 71. L'édit te permet de la livrer aux lieux infâmes...

On sait trop que l'effroyable perversité des païens les porta jusqu'à faire déshonorer des vierges chrétiennes, dont la première vertu étoit la chasteté. Cette espèce de martyre fut employée plusieurs fois, comme on le voit dans l'*Histoire ecclésiastique*. Nous avons une tragédie entière de Corneille fondée sur ce sujet. Je ne me suis servi de ce moyen que pour jeter Eudore dans la plus grande tentation et dans le plus grand malheur qu'un homme puisse éprouver.

V^e.

Page 72. Rendit compte en ces mots de son entrevue avec Dioclétien, etc.

Ce fut Maximien qui engagea Dioclétien à reprendre l'Empire, et ce fut aux députés de Maximien que Dioclétien fit la belle réponse que tout le monde connoît : «Plût «aux dieux que ceux qui vous envoient vissent les légumes «que je cultive ! etc.»

VIe.

Page 73. Le jardinier Sidonien, etc.

Abdolonyme : les beaux vers de M. Delille, connus de tout le monde, rendent tous les détails superflus.

Dans cette entrevue de Dioclétien et du messager d'Eudore, il n'y a d'historique que la réponse : « Plût aux dieux, etc.»

VIIe.

Page 74. Les évêques craignoient que vous n'eussiez réussi.

Telle est la résignation et la fidélité chrétiennes.

VIIIe.

Page 78. Le repas libre.

« Or, le soir qui précède immédiatement le jour des spectacles, la coutume est de faire, à ceux qui sont con- « damnés aux bêtes, un souper qu'on nomme le Souper « libre. Nos saints martyrs changèrent, autant qu'il leur « fut possible, ce dernier souper en un repas de charité. « La salle où ils mangeoient étoit pleine de peuple ; les mar- « tyrs lui adressoient la parole de temps en temps.... Ces « paroles... jetèrent de l'étonnement et de la frayeur dans « l'âme de la plupart... Plusieurs restèrent pour se faire in- « struire, et crurent en Jésus-Christ. » (*Act. Mart.*, in sancta Perpetua.)

IXe.

Page 80. Au milieu de cette scène touchante, on voit accourir un esclave, etc.

J'ai tâché de tracer mon tableau de manière qu'il pût être transporté sur la toile sans confusion, sans désordre, et sans changer une seule des attitudes : le peuple romain à genoux, les soldats présentent les aigles ; les vieux évêques assis, la tête couverte d'un pan de leur robe ; Eudore debout, soutenu par les centurions, et laissant tomber la coupe, au moment où il prononce ce mot : « Je suis chrétien ! » la diversité des costumes ; l'agape servie sous le vestibule de la prison, etc.; tout cela pourroit peut-être s'animer sous le pinceau d'un plus grand peintre que moi.

REMARQUES
SUR LE VINGT-TROISIÈME LIVRE.

PREMIÈRE REMARQUE.

Page 84. A ces mots, le prince des ténèbres disparoît du milieu de la foule.

Rien n'est plus commun dans les poëtes que cette machine d'une divinité qui prend la forme d'un personnage connu pour produire ou diriger un événement : je ne crois pas devoir citer.

IIe.

Page 84. Son triomphe sur les Parthes.

Crevier pense que Galérius célébra en effet son triomphe sur les Parthes. Cela souffre pourtant des difficultés en critique; mais j'ai adopté l'opinion qui me convenoit le mieux.

IIIe.

Page 85. Rétablit les fêtes de Bacchus.

L'an 568 de Rome, le sénat découvrit de telles abominations dans les fêtes de Bacchus, qu'il fit supprimer ces fêtes.

IVe.

Page 85. Des courtisanes nues, rassemblées au son de la trompette, etc.

Cette description n'est que trop historique : j'ai seulement omis les infamies les plus révoltantes. Il y eut deux Flores : la première, épouse de Zéphyre, reine des fleurs, nymphe des îles Fortunées; la seconde, courtisane romaine, qui légua sa fortune au peuple, et dont le culte criminel se confondit bientôt avec le culte innocent que l'on rendoit à la première Flore.

« Pantomimus a pueritia patitur in corpore, ut artifex
« esse possit. Ipsa etiam prostibula publicæ libidinis hos-
« tiæ in scena proferuntur; plus miseræ in præsentia femi-
« narum, quibus solis latebant, perque omnis ætatis, omnis
« dignitatis ora transducuntur, locus, stipes, elogium, etiam
« quibus opus non est prædicatur. Taceo de reliquis, etiam
« quæ in tenebris et in speluncis suis delitescere decebat,
« ne diem contaminarent. » (TERTULL., *de Spect.*, cap. XVII.)

« Celebrantur ergo illi ludi (Florales) cum omni lascivia,
« convenientes memoriæ meretricis. Nam præter verborum
« licentiam, quibus obscœnitas omnis effunditur, exuuntur
« etiam vestibus, populo flagitante, meretrices, quæ tunc
« mimorum funguntur officio, et in conspectu populi usque
« ad satietatem impudicorum luminum cum pudendis moti-
« bus detinentur. » (LACTAN., *Div. Inst.*, lib. I, cap. 20.)

Saint Augustin (*Epist.* CCII) parle encore de ces jeux pour les anathématiser. Personne n'ignore l'histoire de Caton : un jour qu'il étoit présent aux fêtes de Flore, on n'osoit, par respect pour sa vertu, commencer les orgies; il se retira, afin de ne pas interrompre les plaisirs du peuple. Quel éloge des mœurs de Caton, et en même temps quelle déplorable foiblesse de la morale païenne! Caton approuve moralement ces jeux, puisqu'il y assiste; et les mœurs de ce même Caton empêchent de commencer ces jeux! (SENEC., *Epist.* XLVII.)

V^e.

Page 85. Des outres et des amphores, etc.

J'ai suivi pour tous ces détails les dessins des vases grecs et les bas-reliefs antiques. On peut consulter Catulle, *Noces de Thétis et de Pélée*; Tacite, *sur Claude*, au sujet de Messaline; et Euripide, dans *les Bacchantes*.

VIᵉ.

Page 86. Chantons Evohé, etc.

Ce n'est point ici un chant connu : ce n'est ni l'ode d'Horace, ni l'hymne d'Homère; c'est un chant composé de diverses histoires qui ont rapport à Bacchus, et de l'éloge de l'Italie par Virgile. J'ai déjà dit que, faute d'attention un critique peu versé dans l'antiquité pourroit se méprendre à ces passages des *Martyrs*, et tomber dans des erreurs désagréables pour lui : au moyen de ces notes, on saura à qui parler. Je ne citerai point les imitations, laissant au lecteur le plaisir de les chercher dans les poëtes que j'ai indiqués, Pindare d'abord; ensuite l'*Hymne à Bacchus*, attribué à Homère; Euripide, Catulle, Horace, Ovide, et Virgile, *in Georg*.

VIIᵉ.

Page 88. Qu'il étoit touchant, dans le délire de Rome païenne, de voir les chrétiens, etc.

De bonne foi, le christianisme n'a-t-il pas ici l'avantage sur le paganisme ? Ces larmes du malheur ne sont-elles pas préférables, même poétiquement, à ces cris de la joie ? Y a-t-il quelque lecteur qui se sente plus intéressé par l'hymne à Bacchus et les fêtes de Flore que par les prières des chrétiens infortunés ?

VIIIᵉ.

Page 89. Festus avoit d'ailleurs été frappé des réponses et de la magnanimité d'Eudore.

Il y a mille exemples de juges, de geôliers, de bourreaux même convertis par les paroles et les souffrances des chrétiens qu'ils persécutoient.

IXᵉ.

Page 91. Les chrétiens, dont la charité, etc.

Ce ne sont point des vertus imaginaires : les chrétiens ont été les premiers à secourir les lépreux, qu'on abandonnoit au coin des rues ; ils bâtirent, pour cette affreuse maladie, des hôpitaux connus sous le nom de Léproseries.

Xᵉ.

Page 92. Il expire.

Cette scène terrible d'une âme qui comparoît au jugement de Dieu, retracée par les sermonnaires, n'avoit point encore, que je sache, été transportée dans l'épopée chrétienne. En faisant condamner Hiéroclès, je n'ai pas été plus loin que le Dante, qui trouve aux enfers ses contemporains, et même un prélat qui vivoit encore.

XIᵉ.

Page 93. Il est dans le ciel une puissance, etc.

Fiction en contraste avec la scène précédente, et qui forme la transition pour revenir du ciel sur la terre. On a souvent peint l'Espérance ; j'ai hasardé d'en faire un portrait nouveau.

XIIᵉ.

Page 94. C'étoit une tunique bleue, etc.

Saint Chrysostome décrit ainsi l'habit des vierges de son temps : « Une tunique bleue serrée d'une ceinture, des « souliers noirs et pointus, un voile blanc sur le front, un « manteau noir qui couvroit la tête et tout le corps. Les « peintures que l'on fait de la sainte Vierge semblent en « être venues. » (FLEURY, *Mœurs des chrétiens*, chap. 52.)

XIIIe.

Page 95. Telle Marcie, etc.

C'est un des plus beaux morceaux de Lucain :

> Sicut erat, mœsti servans lugubria cultus
> Quoque modo natos, hoc est amplexa maritum.
> Obsita funerea celatur purpura lana.
> Non soliti lusere sales, nec more sabino
> Excepit tristis convicia festa maritus.
> Pignora nulla domus, nulli coiere propinqui :
> Junguntur taciti, contentique auspice Bruto.
> (Lucan., *Phars.*, lib. II, v. 365.)

XIVe.

Page 96. Légers vaisseaux de l'Ausonie, etc.

Ce chant est peut-être le morceau que j'ai le plus soigné de tout l'ouvrage. On peut remarquer qu'il ne s'y trouve qu'un seul hiatus, encore glisse-t-il assez facilement sur l'oreille. J'aurois désiré que la chanson de mort de ma jeune Grecque fût aussi douce que sa voix, et aussi harmonieuse que la langue dans laquelle Cymodocée est censée parler. Cette espèce d'hymne funèbre est dans le goût de l'antiquité homérique. Comment Cymodocée eût-elle soupiré ses regrets sur la lyre chrétienne? Seule, plongée au fond d'un cachot, sans maître, sans instruction, sans guide, elle porte de nécessité dans ses sentiments les erreurs de sa première éducation ; mais elle s'aperçoit pourtant qu'elle pèche, et elle se reproche innocemment un langage que son ignorance excuse.

XVe.

Page 99. Je vous salue, robe sacrée, etc.

Après avoir vu la femme, on retrouve la chrétienne.

XVIe.

Page 101. Les confesseurs... ne désiroient point voir couler le sang de leurs frères.

Loin de vouloir qu'on s'exposât au martyre, l'Église condamnoit ceux qui s'y livroient inutilement, et conseilloit la fuite dans la persécution. (*Voyez* saint Cyprien.)

XVIIe.

Page 102. S'élevoit une retraite qu'avoit habitée Virgile.

On m'a montré à Rome les prétendues ruines de cette maison.

XVIIIe.

Page 102. Un laurier, etc.

J'ai mis à la porte de la maison de Virgile le laurier qui croît à Naples sur son tombeau.

XIXe.

Page 105. Abjure des autels, etc.

Voilà le plus rude assaut que Cymodocée ait eu à soutenir. On doit tout lui pardonner, puisqu'elle ne succombe pas aux prières de son père; elle est assez forte. Sainte Perpétue passe par la même épreuve.

XXe.

Page 106. Il tient à la main son sceptre d'or, etc.

Comme mon jugement particulier n'oblige personne à trouver bon ce que j'écris, je dirai que cet ange du sommeil est, de toutes les fictions des *Martyrs*, celle que je préfère, et celle que j'ai composée avec le plus de plaisir.

Je ne puis m'empêcher de croire qu'un homme, avec plus de talent que moi, pourroit tirer, de l'action des anges et des saints, un genre de beautés qui balanceroit pour le moins les créations mythologiques. Ce n'est point condamner celles-ci, c'est seulement ajouter aux richesses des poëtes.

REMARQUES
SUR LE VINGT-QUATRIÈME LIVRE.

PREMIÈRE REMARQUE.

Page 111. Depuis la ceinture jusqu'à la tête, etc.

Les détails de cette maladie de Galérius sont historiques, et je n'ai fait que traduire Lactance (*de Mort. Persecut.*). La réponse du médecin, rapportée dans mon texte un peu plus bas, est également vraie.

IIe.

Page 112. Cette franchise plonge Galérius dans des transports de rage.

Il n'en fut pas toujours ainsi : Galérius, dompté par la colère céleste, donna des édits en faveur des chrétiens ; mais il étoit trop tard, et la main de Dieu ne se retira point de dessus la tête du persécuteur.

IIIe.

Page 112. Les monts lointains de la Sabine, etc.

Cette belle couleur des montagnes de la Sabine a pu être remarquée par tous ceux qui ont fait le voyage de Rome.

IVe.

Page 113. Portant sur la tête une ombelle.

Espèce de chapeau romain pour se garantir du soleil.

V^e.

Page 113. La foule vomie par les portiques, etc.

Les ouvertures par où la foule débouchoit sur le théâtre s'appeloient vomitoires. J'ai fait cette description d'après la connoissance que j'ai du Colisée à Rome, des arènes à Nîmes, et de l'amphithéâtre à Vérone. Pour les grilles d'or, les eaux parfumées, les statues, les tableaux, les vases précieux, on peut consulter la plupart des historiens latins ; et Gibbon (*Fall of the Roman Empire*) a réuni les autorités. On fit paroître quelquefois des hippopotames et des crocodiles dans des canaux creusés autour de l'arène. Je n'aurois pas osé fixer le nombre des cinq cents lions, si je ne l'avois pas trouvé rapporté dans une description des jeux. Les cavernes où l'on renfermoit les bêtes féroces avoient deux issues ; l'une s'ouvrant en dehors, et l'autre s'ouvrant en dedans de l'édifice. Certaines voûtes (*fornix*) servoient de lieux de prostitution. (HORACE.)

VIe.

Page 113. Comme aux jours de Néron, etc.

Dans une fête donnée par Tigellin à Néron, les premières dames romaines parurent mêlées dans les loges avec les courtisanes toutes nues.

VIIe.

Page 115. On vous a donné un front de diamant, etc.

Écriture. Ce verset se lit encore aujourd'hui dans la *Fête des martyrs*.

VIIIe.

Page 115. Composé à Carthage par Augustin, ami d'Eudore.

J'ai suivi une tradition qui attribue le *Te Deum* à saint Augustin. Ainsi, des deux amis de la jeunesse d'Eudore, l'un lui envoie son épouse chrétienne pour mourir avec lui, et l'autre compose un hymne pour sa mort.

IXe.

Page 115. Eudore, chrétien.

« On lui fit faire le tour de l'amphithéâtre, ayant devant lui un écriteau où on lisoit ces paroles en latin : « Attale, chrétien. » (Martyre de saint Pothin, *Actes des Martyrs*, tome I, page 88.)

X^e.

Page 116. O Rome! j'aperçois un prince, etc.

Voilà, ce me semble, le règne de Constantin et le triomphe de la religion bien annoncés ; et cette prophétie est convenablement placée dans la bouche d'Eudore.

XIe.

Page 117. Vous ne serez point obligés, etc.

Allusion à la mort de Vitellius. Les soldats lui piquoient le menton avec la pointe de leur épée, pour le forcer à lever la tête.

XIIe.

Page 117. Une seule étoit restée.

Petite circonstance préparée depuis long-temps dans le livre IXe.

XIIIe.

Page 118. Les gladiateurs, selon l'usage, etc.

« Comme ils furent arrivés aux portes de l'amphithéâtre, « on voulut leur faire prendre des habits consacrés par les « païens à leurs cérémonies sacriléges : aux hommes, la « robe des prêtres de Saturne, etc. » (*Act. Mart.*, in sanct. Perpet.)

XIVe.

Page 118. Il se souvient du pressentiment qu'il eut jadis dans ce même lieu.

(*Voyez* le IVe livre, à la fin.)

XVe.

Page 118. L'empereur n'étoit point encore arrivé.

Ceci donne le temps de retourner à Cymodocée et de montrer l'accomplissement de la scène dans le ciel pendant qu'elle s'achève sur la terre.

XVIe.

Page 119. Et vous, honneur de cette pieuse et fidèle cité.

Saint Pothin et saint Irenée, à Lyon.

XVIIe.

Page 120. Ils y mêlèrent trois rayons de la vengeance éternelle, etc.

On voit qu'il n'y a point de beautés dans la mythologie des anciens qu'on ne puisse transporter dans le merveilleux chrétien. (*Voyez* Virgile sur les foudres de Jupiter.)

XVIIIe.

Page 120. L'archange met un pied sur la mer et l'autre sur la terre.

« Et vidi alium angelum fortem descendentem de cœlo... « Et posuit pedem suum dextrum super mare, sinistrum « autem super terram. » (*Apocal.*, cap. x, v. 1 et 2.)

XIXe.

Page 120. Rentre dans le puits de l'abîme, où tu seras enchaîné pour mille ans.

« Et vidi angelum descendentem de cœlo, habentem cla-
« vem abyssi et catenam magnam in manu sua, et appre-
« hendit draconem, serpentem antiquum, qui est diabolus
« et Satanas, et ligavit eum per annos mille. » (*Apocal.*,
cap. xx, v. 1 et 2.) Voilà l'action surnaturelle finie : Satan, Astarté, le démon de la fausse sagesse et de l'homicide, sont replongés dans l'abîme. Le lecteur connoît le sort de tous les personnages surnaturels et humains qu'il a vus figurer dans l'ouvrage.

XXe.

Page 121. Il lève la tête et voit l'armée des martyrs, etc.

L'original de ce tableau est dans Homère, lorsqu'il peint les dieux détruisant la muraille des Grecs. Virgile l'a imité dans le IIe livre de l'*Énéide*. Énée voit les dieux sapant les fondements de Troie et du palais de Priam. Le Tasse vient ensuite, et montre les milices célestes donnant le dernier assaut à Jérusalem, avec les Croisés vainqueurs. Enfin, je me suis servi de la même image pour représenter la chute des temples de l'idolâtrie.

XXIe.

Page 121. Une échelle merveilleuse.

« J'aperçus une échelle toute d'or, d'une prodigieuse
« hauteur, qui touchoit de la terre au ciel... Asture y monta
« le premier... Étant heureusement arrivé au haut de l'é-
« chelle, il se tourna vers moi, et me dit : Perpétue, je
« vous attends. » (*Act. Mart.*, in sancta Perpetua.)

XXIIe.

Page 122. Elle peut à peine étouffer les sanglots de la piété filiale.

Une jeune fille de seize ans mise à une pareille épreuve, et qui la surmonte, ne peut être accusée de foiblesse. J'avoue que je n'aurois pas une opinion bien grande du jugement ni même du courage des chrétiens qui demanderoient plus d'héroïsme; l'exagération en tout annonce la foiblesse.

Rien n'est beau que le vrai; le vrai seul est aimable.

Il nous siéroit d'ailleurs assez mal à présent d'affecter le rigorisme en matière de religion : sondons bien nos cœurs, et voyons ce que nous sommes; après cela nous ferons le procès à Cymodocée.

XXIIIe.

Page 125. J'ai lu dans vos livres saints, etc.

Si la fille d'Homère ne connoît pas bien la religion chrétienne, du moins elle en a appris ce qu'il faut pour mourir.

XXIVe.

Page 126. Il tire de son doigt un anneau, etc.

«Ensuite, tirant de son doigt une bague, il la trempa «dans son sang, et la donnant à Pudens : Recevez-la, lui «dit-il, comme un gage de notre amitié, et que le sang «dont elle est rougie vous fasse ressouvenir de celui que «je répands aujourd'hui pour Jésus-Christ.» (*Act. Martyr.*, in sancta Perpetua.)

XXVe.

Page 126. Votre père... il va connoître la vraie lumière.

Prophétie d'Eudore, qui fait voir la fin de Démodocus, et laisse le lecteur tranquille sur la destinée de ce malheureux vieillard.

XXVIe.

Page 126. O Cymodocée! je vous l'avois prédit, etc.

Dans le xve livre, lors de la séparation des deux époux à Athènes.

XXVIIe.

Page 128. Je suis chrétien, je demande le combat.

Rien n'étoit plus commun que de voir des chrétiens se dénoncer tout à coup eux-mêmes, à l'aspect des tourments qu'on faisoit souffrir à leurs frères. Dorothée meurt ici, comme Polyeucte, en renversant les idoles : l'ardeur de son zèle, ses imprécations contre les idoles et les idolâtres, forment contraste avec la patience, la résignation et la modération d'Eudore.

XXVIIIe.

Page 129. Le pont qui conduisoit du palais, etc.

On prétend que Titus se rendoit de son palais à l'amphithéâtre par un pont que l'on abaissoit. On montre à tous les voyageurs l'endroit où ce pont tomboit sur le mur du Colisée.

XXIXe.

Page 130. Eudore craignoit qu'une mort aussi chaste, etc.

Quelques personnes auroient voulu qu'Eudore ne laissât pas échapper cette espèce de dernier soupir de la foiblesse humaine : il me semble, au contraire, que l'action d'Eudore est conforme à la nature, sans blesser en rien la religion. Lorsque sainte Perpétue marcha au martyre, « elle « tenoit les yeux baissés, disent les Actes, de peur que leur « grand brillant ne fît, contre sa volonté, ces effets surpre- « nants qu'on sait que deux beaux yeux sont capables de «faire.» (*Act. Martyr.*, in sanct. Perpet., traduct. de Maupertuys, tom. I, pag. 163.) Ceci, je pense, me justifie assez sous les rapports religieux; car c'est un sentiment tout semblable qu'éprouve Eudore, lorsqu'il ne veut pas que la mort de Cymodocée *soit souillée par l'ombre d'une pensée impure, même dans les autres.* J'espère aussi que ce n'est pas l'*expression* qu'on me reproche; l'expression des Actes de sainte Perpétue est un peu plus franche et plus naïve que la mienne. Seroit-ce le dernier mouvement d'un amour chaste qui brûle dans le cœur d'un époux pour son épouse, que l'on blâmeroit dans cette action? Que penserons-nous alors de l'Olinde du Tasse, qui, attaché sur le bûcher du martyre avec Sophronie, entretient, non son *épouse*, mais son amante, de la passion qu'il sent pour elle? Il faudroit bien, quand on se mêle de critiquer, savoir au moins ce que l'on dit, connoître les autorités, et ne pas courir les risques de montrer à la fois son défaut de jugement, son ignorance ou son manque de bonne foi.

XXXe.

Page 131. On le voyoit debout, etc.

«On voyoit, dit Eusèbe, un jeune homme au-dessous de «vingt ans qui se tenoit debout sans être lié, qui avoit les «mains étendues en forme de croix, et qui prioit Dieu en «la même place pendant que des ours et des léopards, qui «ne respiroient que le sang, sautoient sur lui pour le mor-«dre.» (EUSÈBE, *Hist. eccl.*, liv. VIII, chap. VII, trad. du présid. Cousin.)

XXXIe.

Page 131. Ah! sauvez-moi!

C'est le cri de la nature. Si l'on a vu de jeunes missionnaires pousser des cris au milieu des tourments que leur faisoient endurer les Sauvages, une pauvre jeune fille de seize ans ne pourra-t-elle avoir un instant peur d'un tigre qui accourt pour la dévorer? Disons plus: il y a quelque chose de révoltant à exiger plus de fermeté dans Cymodocée. Puissions-nous en pareil cas mourir avec autant de courage! Je me défie toujours de cet héroïsme qu'il est si aisé d'avoir au coin de son feu, quand on n'a point à combattre. Souvenons-nous de cette belle parole de l'Écriture : *Nec glorietur accinctus æque ut discinctus.* (*Reg.*, lib. III, cap. xx, v. 2.)

XXXIIe.

Page 131. A l'instant la chaleur abandonne, etc.

Le rideau tombe. Il eût été aisé de développer les particularités du martyre; mais j'aurois présenté un spectacle affreux et dégoûtant. Toute la terreur, s'il y en a ici, se trouve placée avant l'apparition du tigre : le tigre une fois lâché dans l'arène, tout finit ; et l'on ne voit rien de ce qu'on s'attendoit à voir. Cette tromperie est tout-à-fait commandée par l'art, et convient à mon sujet, qui doit montrer le martyre comme un triomphe et non comme un malheur. Ajoutez que, dans les détails de la mort des deux jeunes époux, l'imagination du lecteur eût toujours été plus loin que la mienne.

XXXIIIe.

Page 132. Les dieux s'en vont!

L'ouvrage finissoit ici ; le paragraphe ajouté rend l'action plus complète.

Je ne puis dire avec quel plaisir je termine ces notes. Avoir à chaque phrase, et pour ainsi dire à chaque mot, à relever une erreur de la critique; être sans cesse obligé de citer les autorités sur des points qui n'auroient pas souffert autrefois la plus légère difficulté ; se rendre soi-même le juge de son livre, je ne crois pas qu'il y ait pour un auteur une tâche plus pénible. Quoi qu'il en soit, voilà mes ennemis à leur aise. Je n'attends d'eux aucune justice. Ils savent que je ne leur répondrai plus, qu'ils triomphent en sûreté ; qu'ils redoublent leurs outrages : j'aime mieux être la victime que l'auteur de leurs écrits.

FIN DES REMARQUES.

EXAMEN
DES MARTYRS.

C'est avec un vrai chagrin que je me vois forcé à me défendre : ce rôle a quelque chose d'embarrassant, et qui répugne surtout à mon caractère. Mais, comme dans tout ce qui me concerne, on feint de mêler les intérêts de la religion, ce grand nom m'oblige à des soins que je ne prendrois pas pour moi; mon devoir me fait une loi de repousser des traits qui peuvent tomber sur des choses saintes. Je vais donc examiner *les Martyrs*.

Cet examen se divise naturellement en trois parties.

1° Examen des objections religieuses et morales faites contre *les Martyrs*;

2° Examen des objections littéraires;

3° Changements faits aux premières éditions des *Martyrs*, et remarques ajoutées à chaque livre de l'ouvrage.

OBJECTIONS RELIGIEUSES ET MORALES.

Tout ce qu'on a dit contre *les Martyrs*, on l'a dit également, et avec plus de force, contre le *Génie du Christianisme :* « Système dangereux pour le goût; la religion compromise, moins défendue qu'outragée; ouvrage déplorable; ouvrage oublié; ouvrage mort en naissant, etc., etc. »

Remarquons encore que les personnes qui semblent les plus effrayées des dangers auxquels *les Martyrs* exposent la religion, sont du nombre de celles désignées dans la *Défense du Génie du Christianisme.* « Que les consciences timo-

« rées, disois-je, se rassurent, ou plutôt qu'elles examinent
« bien, avant de s'alarmer, si les censeurs scrupuleux qui
« accusent l'auteur de porter la main à l'encensoir, qui mon-
« trent une si grande tendresse, de si vives inquiétudes
« pour la religion, ne seroient point des hommes connus
« par leur mépris ou leur indifférence pour elle. Quelle dé-
« rision ! »

Ce soupçon tombe beaucoup mieux sur les adversaires des *Martyrs :* car, en prenant contre moi la défense de la morale, de la pudeur et de la religion, ils ont laissé échapper de telles indécences et des plaisanteries si impies, que le fond de leurs sentiments s'est montré à découvert. Ils sont allés jusqu'à provoquer contre moi la censure ecclésiastique. Faydit, dans sa critique du *Télémaque,* emploie les mêmes insinuations : « Autrefois, dit-il, on déposoit les « évêques qui s'avisoient d'écrire des romans. » Et à qui Faydit rappeloit-il noblement cet exemple? à Louis XIV, qui n'aimoit pas Fénelon, et qui croyoit voir dans le *Télémaque* la satire indirecte du gouvernement de la France. Quand la critique se sert de pareilles armes, il faut convenir qu'elle est bien forte.

Quel est le but qu'on se propose en m'attaquant ainsi sous les rapports religieux? Un but très facile à voir. On suppose que mes *prôneurs* sont des *chrétiens;* que toute ma force est là. Il faut donc me rendre suspect à ce qu'on appelle *mon parti,* faire naître des doutes sur ma sincérité, alarmer des gens simples qui sont assez modestes pour régler leur jugement sur le jugement d'un journal. Mais l'artifice étoit trop grossier pour réussir. En voulant trop prouver contre *les Martyrs,* on n'a rien prouvé : personne n'a pu croire qu'un homme qui, depuis dix ans, emploie toutes les foibles ressources de son esprit à la défense de la religion, fût tout à coup devenu l'ennemi *adroit* ou *maladroit* de cette même religion.

Je n'avance rien au hasard, et je ne demande pas, comme mes ennemis, d'en être cru sur ma parole, quoique je ne l'aie jamais donnée en vain. Les chrétiens n'ont point trouvé que *les Martyrs* exposassent la religion à des dangers; en voici la preuve:

Il y a en France une gazette appelée *Gazette ecclésiastique* ou *Journal des Curés*. Si quelque journal a le droit d'appeler une cause chrétienne à son tribunal, c'est sans doute celui-là. Il a paru dans cette feuille sept articles sur *les Martyrs*; ces sept articles sont tous en faveur de l'ouvrage: on en prend la défense contre les journalistes qui l'ont attaqué, on en conseille la lecture, on en fait l'apologie; et c'est vraisemblablement un *prêtre* qui tient ce langage, tandis que des censeurs, qui rient sans doute en eux-mêmes quand ils se font les champions de l'autel, crient de toutes parts au scandale.

J'ai commencé par examiner la compétence de mes juges; passons à leurs objections.

La première roule sur cette question tant débattue depuis l'apparition du *Génie du Christianisme*, savoir: si le merveilleux de notre religion peut être employé dans l'épopée, et s'il offre autant de ressources au poëte que le merveilleux du paganisme?

Une chose singulière se présente au premier coup d'œil. Ne diroit-on pas, à voir la surprise de quelques critiques, qu'avant moi on n'eût jamais entendu parler d'épopée chrétienne? Ne semble-t-il pas que j'aie fait une découverte prodigieuse, inouïe; que j'aie osé le premier mettre en action les anges, les saints, l'enfer et le ciel? Et nous avons le Dante, le Tasse, le Camoëns, Milton, Voltaire, Klopstock, Gessner!

Boileau condamne le merveilleux chrétien. D'accord; mais quelques vers de Boileau anéantiront-ils *la Jérusalem, le Paradis perdu, la Henriade?* Boileau ne peut-il pas être allé trop loin? Boileau a-t-il jugé sans retour le Tasse, Fénelon, Quinault? Il a paru une brochure imprimée à Lyon, où l'auteur, qui m'est inconnu, a bien voulu se déclarer en faveur des *Martyrs*. On ne peut réunir à des autorités plus graves une manière de raisonner plus saine. Je citerai souvent l'ouvrage de mon défenseur, en prenant seulement la liberté de retrancher un nom inutile ici, et d'adoucir l'expression d'une indignation vivement sentie. Cela me sera d'un grand soulagement ; car rien n'est plus pénible que de parler de soi, et plus difficile de garder toutes les convenances en plaidant sa propre cause.

Que Boileau n'a pas été suivi aveuglément dans son opinion, comme on voudroit le faire entendre, c'est ce que le critique anonyme montre par des exemples frappants.

« Je choisirai, dit-il, mes autorités parmi des hommes qu'on ne sauroit accuser d'avoir voulu *égarer* les jeunes littérateurs et corrompre le goût.

« Le véritable usage de la poésie, dit Rollin, appartient
« à la religion, qui seule rappelle à l'homme son véritable
« bien, et qui ne le lui montre que dans Dieu... Aussi n'étoit-
« elle, chez le peuple saint, consacrée qu'à la religion.....
« C'est ce qui a fait, même chez les anciens peuples, la pre-
« mière matière de leurs vers[1]. »

« Après avoir présenté les preuves de ces vérités, Rollin consacre un chapitre entier à montrer que c'est une erreur de croire qu'il faille *être païen dans la poésie ;* et traçant rapidement un plan dont il exclut la *mythologie,* il termine par ces mots remarquables : « Un poëme épique, fait dans « ce goût, *plairoit certainement,* et l'on n'y regretteroit ni « les intrigues de Vénus, ni les serpents, ni le venin d'A-« lecto[2]. »

« L'abbé Batteux, dans son *Cours de littérature,* entre dans plus de détails encore pour établir le même principe. On y trouve en quelque sorte le fond des idées qu'a développées M. de Chateaubriand dans son premier ouvrage. Ne pouvant tout citer, je me contenterai de rapporter les traits principaux :

« Malgré le respect que nous avons pour les idées de
« M. Despréaux, nous ne saurions croire que s'il venoit au
« monde un second Homère, il ne trouveroit pas dans l'his-

[1] *Traité des Études,* tom. I.
[2] *Ibid.*

«toire de la religion une matière capable d'exercer son
«génie.» Ici l'auteur présente la manière dont, en ce cas,
le merveilleux chrétien auroit pu être employé, le sujet
que le nouvel Homère auroit pu chanter, et il ajoute : «Il
«auroit démontré par l'exécution que le sublime et le sé-
«rieux de notre religion, bien loin d'être un obstacle in-
«vincible à l'épopée, y seroient la source des plus sublimes
«beautés. Quel fondement auroit servi d'appui à ce mer-
«veilleux? Le même qui a servi aux anciens, je veux dire
«la *persuasion commune* des peuples pour qui on écrit[1].»

«Il n'est par hors de propos de remarquer ici que ce
sont précisément les écrivains les plus *pieux* qui ont eu les
mêmes idées que l'auteur des *Martyrs*. Toutefois ceux de
nos littérateurs à qui l'on donne le nom de *philosophes*,
n'ont jamais avancé qu'il fallût être *païen* dans l'épopée,
et que ce fût là une règle hors de laquelle on ne pouvoit
que *s'égarer*.

«Marmontel, celui qui a le plus vanté le merveilleux de
la mythologie, et dont les écrits fourniront toujours des
articles presque tout faits aux critiques qui voudront dé-
clamer contre l'épopée moderne[2], Marmontel, dis-je, s'exprime ainsi : «Avec de l'art, du goût et du génie, nos pro-
«phètes, nos anges, nos démons et nos saints peuvent agir
«*décemment* et *dignement* dans un poëme; et à la maladresse
«de Sannazar, du Camoëns, etc., on peut opposer les exem-
«ples du Tasse, de Milton, de l'auteur d'*Athalie*, de *la Hen-
«riade*[3].»

«Voltaire, qui, pour le dire en passant, s'accorde avec
Rollin sur l'origine de la poésie, loin de vouloir assujettir
les jeunes littérateurs à la prétendue règle des nouveaux
censeurs, laisse la plus grande liberté sur ce point :

---

[1] *Principes de littérature*, tom. II.

[2] Tout ce qu'on a dit de plus fort contre le merveilleux chrétien
se trouve dans Marmontel, et souvent exprimé dans les mêmes
termes.

[3] Voyez l'*Encyclopédie*, au mot *Merveilleux*.

« La machine du merveilleux, dit-il, l'intervention d'un
« pouvoir céleste, la nature des épisodes, tout ce qui dé-
« pend de la tyrannie de la coutume, et de cet instinct qu'on
« nomme goût, voilà sur quoi il y a mille opinions, et *point*
« *de règle générale*[1]. »

« Le Quintilien françois, La Harpe, qui donna, du moins
dans un temps, la préférence au merveilleux de la mythologie, déclare formellement qu'il ne prétend pas *exclure la
religion de l'épopée*; et il ajoute :

« J'ose en cela m'écarter de l'avis de Despréaux, et l'exemple
« du Tasse, confirmé par le succès, me paroît l'emporter
« sur l'autorité du critique. »

« Il seroit absurde, dit-il ailleurs, d'exiger dans un sujet
« moderne l'intervention des dieux de l'antiquité[2]. »

Telles sont les autorités rapportées par mon défenseur.

Donc, il est clair que Rollin, Voltaire, Batteux, Marmontel et La Harpe ont pensé qu'on pouvoit employer le
merveilleux chrétien dans l'épopée. Il y a plus : Voltaire a
fait un poëme avec ce merveilleux que l'on veut proscrire,
et La Harpe a laissé plusieurs chants manuscrits d'une épopée chrétienne. Dans cette épopée, il y a un livre de l'*Enfer*,
un livre du *Ciel*; on voit agir les saints, les anges et les
prophètes; Dieu parle, Dieu prononce ses décrets; enfin,
c'est un poëme chrétien dans toute l'étendue du mot. Si ce
poëme eût paru du vivant de La Harpe, on se seroit donc
écrié que le Quintilien françois étoit le corrupteur du goût,
et qu'il avoit profané la religion? Disons la vérité : on n'a
jamais voulu m'entendre; on a toujours fait de la chose la
plus simple la question la plus embrouillée.

Voici les faits tels qu'ils sont :

J'ai dit :

1° Si l'on veut traiter un sujet épique tiré de l'histoire
moderne, il faut nécessairement employer le merveilleux
chrétien, puisque la religion chrétienne est aujourd'hui la
religion des peuples civilisés de l'Europe.

---

[1] *Essai sur la poésie épique.* [2] *Cours de littérature*, tom. I.

J'ai dit :

2° Si nous ne voulons pas faire usage de ce merveilleux, il faut ou renoncer à l'épopée, ou placer toujours l'action de cette épopée dans l'antiquité. Et pourquoi donc abandonner absolument le droit si doux de chanter la patrie ?

Que les critiques se contentent de répondre : « Nous convenons qu'on ne peut avoir une épopée moderne sans employer le merveilleux chrétien ; mais nous regrettons le merveilleux du paganisme, parce qu'il offre plus de ressources aux poëtes ; » j'entendrai ce langage.

Je répondrai à mon tour :

« En admettant votre sentiment, tout ce que j'avance se réduit à ceci : Voilà deux lyres, l'une antique, l'autre moderne. Vous prétendez que la première a de plus beaux sons que la seconde ; mais elle est brisée, cette lyre : il faut donc tirer de celle qui vous reste le meilleur parti possible. Or, je veux essayer de vous apprendre que cet instrument moderne, selon vous si borné, a des ressources que vous ne connoissez pas ; que vous pouvez y découvrir une harmonie nouvelle ; qu'il a des accents pathétiques et divins ; en un mot, qu'il peut, sous une main habile, remplacer la lyre antique, bien qu'il donne une suite d'accords d'une autre nature, et qu'il soit monté sur un mode différent. »

Je le demande : cela n'est-il pas éminemment raisonnable ? Voilà pourtant tout ce que j'ai dit. Faut-il crier si haut ? Qu'y a-t-il dans ces principes de contraire aux saines traditions, au goût même de l'antiquité ? Ai-je le droit d'avancer qu'on peut trouver de grandes beautés dans le merveilleux chrétien, quand *la Jérusalem délivrée, le Paradis perdu* et *la Henriade* existent ?

L'évidence de cette doctrine est telle, que si le critique le plus opposé à mes idées entreprenoit de faire demain une épopée sur un sujet françois, il seroit obligé d'employer le merveilleux qu'il proscrit. Si, par humeur, on s'écrie : « Eh bien ! n'ayons point d'épopée, puisqu'il faut se servir du merveilleux chrétien ; » alors je n'ai plus rien à répliquer, et je conviendrai même que c'est être conséquent dans son opinion. Mais que penseroit-on d'un homme qui, regrettant un palais tombé en ruine, refuseroit de se bâtir un nouvel édifice parce qu'il seroit forcé d'employer un autre ordre d'architecture? Un compatriote du Camoëns, du Tasse, de Milton, seroit bien surpris de me voir établir en forme une chose qui lui paroîtroit ne pas mériter la peine d'être prouvée. Nous avons quelquefois en France une horreur du bon sens très singulière.

On feint de me regarder comme un homme entêté d'un système, qui le suit partout, qui le voit partout : pas un mot de cela. Je ne veux rien changer, rien innover en littérature; j'adore les anciens; je les regarde comme nos maîtres; j'adopte entièrement les principes posés par Aristote, Horace et Boileau; *l'Iliade* me semble être le plus grand ouvrage de l'imagination des hommes, *l'Odyssée* me paroît attachante par les mœurs, *l'Énéide* inimitable par le style; mais je dis que *le Paradis perdu* est aussi une œuvre sublime, que *la Jérusalem* est un poëme enchanteur, et *la Henriade* un modèle de narration et d'élégance. Marchant de loin sur les pas des grands maîtres de l'épopée chrétienne, j'essaie de montrer que notre religion a des grâces, des accents, des tableaux, qu'on n'a peut-être point encore assez développés : voilà toutes mes prétentions; qu'on me juge.

Quant aux lecteurs véritablement pieux qui pourroient trouver que j'attache trop d'importance à prouver l'excellence du christianisme jusque dans les jeux frivoles de la poésie, je leur mettrai sous les yeux une très belle réflexion de mon défenseur anonyme :

«Si les écrivains, dit-il, qui proscrivent le merveilleux chrétien eussent sérieusement réfléchi sur l'influence et les résultats de cette doctrine littéraire, il me semble que jamais ils n'auroient eu le courage d'adopter un principe dont les conséquences sont si importantes et si graves. En effet, soutenir une telle opinion n'est-ce pas dire que le christianisme, en remplaçant les ridicules imaginations du polythéisme, a éteint pour jamais le feu sacré de la véritable poésie, et que la religion et la patrie, c'est-à-dire les deux choses les plus chères au cœur de l'homme, ne peuvent désormais être chantées par ceux auxquels est échue en partage l'espèce de talent qui donne le premier rang parmi les écrivains? N'est-ce pas condamner à l'oubli les événements les plus marqués par l'action de la Providence, les exploits des héros et des guerriers, la gloire des législateurs, des bons princes, des bienfaiteurs des nations? N'est-ce pas décider en quelque sorte que la poésie épique ne sauroit reparoître dans tout son éclat, qu'autant que, par l'abrutissement le plus déplorable, nous viendrions à retomber dans l'idolâtrie? idolâtrie qui, par un effet bizarre, donneroit un nouvel essor au génie, en même temps qu'elle anéantiroit les plus pures lumières de la raison! N'est-ce pas prétendre que, si le christianisme eût existé au temps d'Homère et de Virgile, ces poëtes immortels n'auroient pu laisser à la postérité des monuments aussi beaux que ceux qu'ils nous ont transmis? En un mot, n'est-ce pas dire que sans le paganisme il n'y eût jamais eu d'épopée, et qu'il falloit que l'univers fût ignorant et barbare pour que nous eussions un chef-d'œuvre?»

Cette dialectique est pressante, et je ne sais pas ce que l'on pourroit répliquer.

Si l'on ne peut, contre les lumières de la raison, proscrire absolument le christianisme de l'épopée moderne, on l'attaque du moins dans ses détails.

« Le Dieu des chrétiens, s'écrie-t-on, prévoyant l'avenir, et le forçant pour ainsi dire à être, parce qu'il l'a prévu; ce Dieu prononçant sans appel, sans retour, détruit l'intérêt de l'épopée: le lecteur sait tout au premier mot; il n'a plus rien à deviner. Le Jupiter d'Homère, au contraire, tantôt prenant parti pour les Troyens, tantôt pour les Grecs, est lui-même soumis au destin, etc. »

Je conviens que le dénoûment est prévu dès l'exposition des *Martyrs;* mais c'est un reproche qu'il faut faire à toutes les épopées, ainsi qu'à plusieurs tragédies, entre autres aux chefs-d'œuvre de la scène [1]. Dès les premiers vers de *l'Odyssée* on apprend qu'Ulysse, après avoir renversé les murs de Troie, erre au gré de la fortune chez tous les peuples et sur toutes les mers; un peu plus loin, Jupiter annonce le retour du héros dans sa patrie; Minerve, sous la figure de Mentor, prédit ce retour à Télémaque. Au cinquième livre, Jupiter envoie Mercure déclarer au roi d'Ithaque qu'il doit quitter l'île de Calypso; qu'il arrivera dans l'île de Schérie; qu'il y sera reçu comme un dieu; que les Phéaciens le combleront de présents, le reconduiront dans sa patrie, où il jouira du bonheur de revoir son palais et les champs de ses aïeux.

Dans *l'Iliade*, l'accomplissement de l'action est encore bien plus marqué. Jupiter dit, en toutes lettres, qu'Hector repoussera les Grecs tant que le fils de Pélée ne se montrera pas à la tête de l'armée, et que celui-ci ne prendra les armes que le jour où l'on combattra pour le corps de Patrocle auprès des vaisseaux. Homère a craint que cela ne fût pas encore assez clair : car Jupiter, répétant ailleurs la même déclaration, ajoute que Patrocle tuera Sarpédon; que ce même Patrocle sera tué par Hector; qu'Achille, à son tour, plongera sa lance dans le sein d'Hector; et qu'alors les Grecs renverseront les remparts d'Ilion. Voyez le huitième et le quinzième livre de *l'Iliade*.

Lamothe fait à ce sujet contre *l'Iliade* la même objection que l'on fait contre *les Martyrs*. Après le premier passage que j'ai cité, il prétend que tout intérêt est détruit dans *l'Iliade*. Or, ce passage se trouve au huitième livre du poëme; de sorte que les seize derniers livres seroient sans aucun agrément. Cependant, ces seize derniers livres renferment la séduction de Jupiter par le moyen de la ceinture de Vénus, la mort de Patrocle, les funérailles de ce guerrier, la description du bouclier d'Achille, le combat des dieux, la mort d'Hector, la douleur d'Andromaque, et l'entrevue de Priam et d'Achille.

[1] Il y a des tragédies dont le titre seul annonce le dénoûment, telles que *la Mort de César, la Mort de Pompée*, etc.

Dans *l'Énéide*, même inconvénient. Les sept premiers vers, en commençant le poëme par *Arma virumque cano*, apprennent aux lecteurs qu'Énée, long-temps poursuivi par la colère de Junon, abordera enfin en Italie, qu'il livrera de rudes combats pour établir ses dieux dans le Latium, et pour y fonder la cité d'où sortira le peuple latin, les rois d'Albe, et l'empire de la grande Rome. Jupiter apprend ensuite à Vénus l'histoire entière d'Énée et de ses descendants.

La première strophe de *la Jérusalem* nous annonce que Godefroi délivrera le sépulcre de Jésus-Christ; qu'en vain l'enfer s'armera contre lui, etc.

Milton déclare qu'il chante la désobéissance de l'homme et le fruit défendu qui fit entrer la mort dans le monde, etc.

Ainsi, que le Dieu des chrétiens prononce des arrêts irrévocables, que le Jupiter des païens change de passions ou de projets, il n'en est pas moins vrai que, dans toute épopée, la catastrophe est prévue d'avance. Est-ce un reproche que l'on doive faire à l'art? Je ne le crois pas. Il eût été facile aux poëtes de masquer leur but, et de laisser les lecteurs dans l'incertitude; mais je ne pense point que l'intérêt du poëme épique tienne à de petites surprises de romans, à des péripéties vulgaires. L'épopée tire cet intérêt du pathétique, de la richesse des tableaux, et surtout de la beauté du langage.

Disons quelque chose de plus : il n'est pas rigoureusement vrai que le Dieu de l'Écriture accomplisse toujours ses desseins; saint Augustin reconnaît que Dieu change quelquefois ses conseils. La justice du Tout-Puissant, par rapport à l'homme, n'est souvent que comminatoire, la miséricorde éternelle marche avec l'éternelle justice.

Ce sont là les inconcevables mystères de la grâce, les profondeurs impénétrables de la charité divine : Dieu permet que les prières des hommes ébranlent ses immuables décrets. Abraham ose entrer en contestation avec le Seigneur, sur la destruction des villes coupables :

« Seigneur, dit-il, perdrez-vous le juste avec l'impie ? Peut-

« être y a-t-il cinquante justes dans cette ville; les ferez-vous
« aussi périr ? »

« Si je trouve dans Sodome cinquante justes, dit le Sei-
« gneur, je pardonnerai à cause d'eux à toute la ville. »

La puissance éternelle, pour ainsi dire vaincue par la
voix suppliante du patriarche, se réduisit à demander dix
justes : ils n'y étoient pas! Ninive fut condamnée; Ninive
fut sauvée par la pénitence. Magnifique privilége des larmes
de l'homme, que pourroit-on vous préférer dans cette
odieuse idolâtrie, où les pleurs couloient vainement sur
des autels d'airain, où des divinités inexorables contem-
ploient avec joie les inutiles malheurs dont elles accabloient
les mortels? Ne renonçons point à nos droits sur les décrets de la Providence : ces droits sont nos pleurs. Qui de
nous est assuré de n'en jamais répandre? Qui sait si ce
Tout-Puissant, qu'on nous veut peindre inflexible, ne nous
a pas pardonné nos excès criminels, par le mérite du sang
et des larmes de quelques-unes de nos victimes?

Vient ensuite l'objection contre les fonctions des anges.
On s'est avancé jusqu'à dire que les anges présentés dans
les Martyrs ne sont point les anges honorés par les chrétiens; qu'on peut ainsi se permettre d'en rire, etc.

Il devroit me suffire de citer l'autorité des poëtes. Je ne
sache point qu'on ait demandé compte au Tasse; à Milton,
à Klopstock, à Gessner, de la manière dont ils font voya-
ger, parler, les messagers du Très-Haut; mais quand il s'a-
git de me juger, on dénature toutes les questions. Écoutons
donc encore mon défenseur; c'est lui qui parle :

« Le nom d'*ange* veut dire *envoyé, messager, ambassadeur*[1].
Si l'on eût réfléchi sur cette signification, on n'auroit pas
été surpris que des *ambassadeurs* allassent en *ambassade*.

« Si l'on eût jeté un coup d'œil sur le catéchisme, on y au-

---

[1] Voyez, dans le *Dictionnaire hébraïque*, au mot *Malach*, et dans
le *Dictionnaire grec*, au mot Ἄγγελος. Les noms propres des anges
indiquent également leur ministère. *Michaël* signifie semblable à
Dieu; *Gabriel*, force de Dieu, etc.; ce n'est qu'à cause de la nature
de leurs fonctions qu'on les représente avec des ailes:

roit remarqué que Dieu *envoie ses anges pour veiller sur nous, et être les ministres de notre salut* [1].

« Si on avoit lu la *Bible,* on y auroit vu que quand *le Dieu qui d'un mot a éclairé l'univers jusque dans ses immenses profondeurs,* veut faire connoître ses volontés aux hommes, les punir, les récompenser, annoncer la naissance des personnages célèbres, conduire ses serviteurs dans leurs voyages, leur donner des épouses vertueuses, il le fait par le ministère de ses anges [2]; on y auroit vu les maladies, les infirmités, la mort, les tempêtes, les stérilités, les guerres, les malheurs attribués aux mauvais anges [3]; on y auroit vu les anges de lumière en présence des anges de ténèbres, les bons anges luttant contre les mauvais [4]; on y auroit vu, chose qu'on n'eût pas manqué de reprocher à l'auteur des *Martyrs,* si celui-ci en eût fait usage, les anges prendre quelquefois le nom du Seigneur *Elohim,* et même le nom sacré et incommunicable de *Jehovah* [5].

« Si on eût examiné les passages des saints Pères sur ce point [6], on auroit vu saint Ambroise, saint Hilaire, saint Grégoire de Nazianze, saint Jérôme, parlant, d'après l'Écriture, des anges qui président aux actions des hommes, aux monarchies, aux empires, aux provinces, aux nations, aux lieux saints, etc.; on auroit vu dans Tertullien l'ange du

---

[1] « Voyez le *Catéchisme,* pag. 173. »

[2] « Voyez, dans la *Bible,* l'histoire d'Isaac, de Samson, de Jean-Baptiste, de Jésus-Christ; l'histoire de Tobie, l'embrasement de Sodome, la défaite de Sennachérib; l'apparition des anges à Abraham, à Agar, à Daniel, à Zacharie, etc. »

[3] « Voyez, entre autres, le 1er liv. des *Paral.,* XXII, 1; le 3e liv. des *Rois,* ch. XXII, v. 21; et le psaume LXXVII, v. 49, où on lit : *Misit in eos iram indignationis suæ, indignationem et iram et tribulationem, immissiones per angelos malos.* »

[4] « Voyez JOB, ch. I, v. 6; et ZACHARIE, ch. III, v. 1 et 2. »

[5] « Voyez la *Genèse,* chap. XVI, v. 13; et l'*Exode,* chap. III, v. 4. *Ibid.,* XXII, 20. Voyez aussi le *Dictionnaire de la Bible* et la *Dissertation* de dom CALMET sur ces passages. »

[6] « Voyez ces divers passages dans dom CALMET. »

baptême, l'ange de la prière[1]; on auroit vu dans Origène l'énumération des mauvais anges, l'ange de l'avarice, l'ange de la fornication, l'ange de l'orgueil, etc.[2]; et alors on auroit reconnu que les *petits moyens* employés par M. de Chateaubriand lui ont été fournis par le témoignage unanime de l'Écriture et de la tradition.

« Mais peut-être les Pères de l'Église que je viens de citer *ont-ils aussi diminué l'idée que nous devons avoir de notre Dieu*, et peut-être leurs *anges* ne méritent-ils pas plus de respect que ceux de M. de Chateaubriand ? En ce cas, il me reste encore une autorité à citer.

« Si on avoit lu les écrits immortels d'un homme plus grand en matière de religion que tous les hommes de son siècle, qui cependant porte encore sans réclamation le nom de grand, d'un homme qui a parlé de la Divinité d'une manière si sublime, que la postérité a dit de lui qu'il sembloit avoir assisté aux conseils du Très-Haut, on y auroit lu :

« Quand je vois dans les prophètes, dans l'*Apocalypse* et
« dans l'*Évangile* même, cet ange des Perses, cet ange des
« Grecs, cet ange des Juifs, l'ange des petits enfants qui
« en prend la défense devant Dieu contre ceux qui les scan-
« dalisent, l'ange des eaux, l'ange du feu, et *ainsi des au-*
« *tres*; et quand je vois parmi tous ces anges celui qui mit
« sur l'autel le céleste encens des prières, je reconnois dans
« ces paroles une espèce de médiation des saints anges; *je*
« *vois même le fondement qui peut avoir donné occasion aux*
« *païens de distribuer leurs divinités dans les éléments et dans*
« *les royaumes pour y présider : car toute erreur est fondée sur*
« *quelques vérités dont on abuse*. Mais à Dieu ne plaise que je
« voie rien dans toutes ces expressions de l'Écriture, qui
« blesse la médiation de Jésus-Christ, que tous les esprits
« célestes reconnoissent comme leur Seigneur, ou qui tienne
« des erreurs païennes, puisqu'*il y a une différence infinie*
« *entre reconnoître, comme les païens, un Dieu dont l'action ne*

---

[1] « Voyez TERTULL., *de Oratione*, 12; *de Baptis.*, 5, 6. »
[2] « Voyez ORIG., *hom.* XV, *in Josue.* »

« *puisse s'étendre à tout*, ou qui ait besoin d'être soulagé par
« des subalternes, à la manière des rois de la terre, dont la
« puissance est bornée, et un Dieu qui, faisant tout, et pou-
« vant tout, honore ses créatures en les associant, quand il
« lui plaît, et à la manière qu'il lui plaît, à son action. »

« L'homme qui *attribue ces petits moyens* au *suprême Ordonnateur des mondes, et qui nuit ainsi à la poésie et à la religion,* se nomme Bossuet[1]; et je prie de remarquer qu'il
n'écrivoit ce que l'on vient de lire que « pour combattre *la*
« GROSSIÈRE IMAGINATION *de ceux qui croient toujours ôter à Dieu
« tout ce qu'ils donnent à ses saints et à ses anges dans l'ac-
« complissement de ses ouvrages*[2]. »

Mon défenseur ne me laisse presque plus rien à dire.
Comment se fait-il que, dans le siècle où nous sommes, il
y ait des critiques assez peu instruits des choses dont ils
se mêlent de parler, pour s'exposer à recevoir de pareilles
leçons? Y a-t-il des chrétiens assez ignorants des vérités
de la foi pour avoir été dupes des assertions de ces théo-
logiens équivoques? Couronnons les autorités produites
ci-dessus par une autorité qui seule les vaut toutes.

Le Fils de l'Éternel va donner son sang pour racheter
les hommes.

« Jésus alla, selon sa coutume, à la montagne des Oliviers... Il se mit à genoux, et fit sa prière en disant :

« Mon père, éloignez de moi, s'il vous plaît, ce calice!
« Néanmoins, que ce ne soit pas ma volonté qui se fasse,
« mais la vôtre. »

« Alors il lui apparut un *ange* du ciel qui le *fortifia*. »

Cet ange agissoit donc en contradiction avec la volonté
directe et du Fils et du Père? Et combien cet ange doit ici
paroître à mes censeurs, petit, foible, déplacé! Car ce
n'est pas un homme qu'il vient secourir, c'est le Fils même
de l'Éternel! Que lui sert, d'ailleurs, de s'interposer entre
les personnes divines, puisqu'il ne peut arracher à la croix le
Sauveur du monde? L'Évangile vous répond : Il le *fortifioit!*

---

[1] « Voyez Bossuet, sur l'*Apocal.*, n° XXVII. » [2] *Ibid.*

Ce dernier mot nous fait voir qu'une critique irréfléchie, en se récriant contre le ministère des anges, a attaqué une des doctrines les plus belles, les plus consolantes, les plus *poétiques* du christianisme.

On a dit : « Le Dieu des chrétiens sachant tout, ordonnant tout, il est ridicule de le voir employer des anges pour exécuter sa volonté, qui s'exécute d'elle-même. C'est bien pis quand ses anges agissent comme s'ils pouvoient changer ses décrets. Les anges qui viennent inspirer Eudore dans le sénat ne jouent-ils pas un rôle absurde, puisque l'Éternel veut laisser triompher l'enfer? etc. »

La première réponse à cette objection se trouve dans l'admirable passage de Bossuet, rapporté plus haut : « Il « y a une différence infinie entre reconnoitre, comme les « païens, un Dieu dont l'action ne puisse s'étendre à tout, « ou qui ait besoin d'être soulagé par des subalternes, à la « manière des rois de la terre, dont la puissance est bor- « née, et un Dieu qui, faisant tout et pouvant tout, honore « ses créatures en les associant, *quand il lui plaît*, et à la « *manière qui lui plaît*, à son action. »

Oui, Dieu associe *de la manière qui lui plaît* ses anges à son action. Comment cela? Le voici :

Dieu a prononcé notre arrêt; mais est-ce tout? Tout est-il fini? De quelle manière cet arrêt s'accomplira-t-il? N'aurons-nous aucun délai? Le coup partira-t-il avec la sentence? Si Dieu est notre juge, n'est-il pas notre père? Il appelle ses anges.

« Allez, leur dit-il, adoucissez mes décrets; portez la « consolation dans le cœur de ceux que je vais affliger pour « leur bien; secourez-les contre ma propre colère; com- « battez l'enfer qui triomphera, parce que je le veux, mais « qui ne fera pas tout le mal qu'il pourroit faire si vous ne « vous opposiez à sa rage; recueillez les larmes que je vais « faire couler; présentez-les à mon tabernacle. Je commets « à vos soins l'empire de ma miséricorde, et je me réserve « celui de ma justice. »

Qui rejettera cette doctrine? Qui n'y trouvera une

foule de beautés touchantes? Les anges sont des amis invisibles que Dieu nous a donnés pour nous protéger, pour nous consoler ici-bas. Un homme est condamné à perdre la tête sur l'échafaud ; il n'a plus qu'un instant à passer sur la terre : ses amis l'abandonnent-ils parce que le juge a prononcé? Ils pénètrent dans les cachots, ils viennent s'associer aux douleurs d'un infortuné, et le soutenir dans ce moment d'épreuve : ces anges de la terre, comme les anges célestes, après lui avoir prodigué les derniers secours de l'amitié, lui promettent de se rejoindre à lui dans des régions plus heureuses.

Je passe à la grande accusation : « J'ai fait, disent les ennemis des *Martyrs*, un mélange profane des divinités païennes et des puissances divines honorées par les chrétiens ; j'ai confondu le merveilleux des deux religions, etc. »

Mon défenseur me fournira d'abord une partie de la réponse.

« A l'époque où M. de Chateaubriand place l'action qui fait le sujet de son livre, les chrétiens étoient entourés de païens, et vivoient au milieu d'eux. Quelquefois ils appartenoient à la même famille et habitoient sous le même toit. Liés par une origine commune, par le sang ou par l'amitié, il ne se passoit aucun jour qu'il ne fût question de la religion nouvelle, qui faisoit alors des progrès si rapides. Il seroit même absurde de supposer qu'ils ne s'en entretinssent pas habituellement, les uns pour la propager ou la défendre, les autres pour la connoître et l'embrasser, ou très souvent pour la combattre et en persécuter les sectateurs. Rien ne devoit donc être plus ordinaire que d'entendre parler, dans une même conversation, de Jésus-Christ et des divinités de l'empire, et de voir opposer Jupiter au vrai Dieu.

« Si on eût rappelé ces faits en rendant compte des *Martyrs*; si on eût dit aux lecteurs que les personnages qui figurent dans ce livre professent une religion différente, que chacun y parle conformément à sa croyance, et qu'ainsi, selon le changement d'interlocuteurs, on a tour à tour, sous les yeux le langage d'un disciple de Jésus-Christ et celui d'un adorateur des idoles, on eût indiqué, par ce moyen, de la manière la plus simple, ce qu'a fait M. de Chateaubriand. On n'eût vu en cela rien que de naturel, et l'on eût loué l'auteur d'avoir fidèlement suivi une marche qui lui étoit prescrite par le temps et le lieu de l'action, ainsi que par le caractère de ses héros.....

« On a feint constamment d'ignorer que ce n'est pas *confondre* deux objets que de les placer à côté l'un de l'autre, en les présentant avec les différences qui les *distinguent;* et parce que dans la même page une fille d'Homère parle en prêtresse des muses, et un chrétien en chrétien, il ne lui en faut pas davantage pour assurer que *Jehovah et Jupiter sont confondus,* et que l'un est *rival* de l'autre. Avec cette logique, on peut faire une imputation tout aussi grave à Corneille dans *Polyeucte,* à Voltaire dans *Zaïre,* et même à Racine dans *Esther*.....

— « Le mélange du sacré et du profane est un grand « scandale. — Dans ce poëme bizarre la religion devient une « fable. »

« Ne s'imagineroit-on pas, d'après ce langage, que M. de Chateaubriand, à l'exemple de quelques poëtes des siècles passés, faisoit revivre les divinités du paganisme pour les associer au vrai Dieu et à ses anges? Qui n'auroit cru que, mettant les uns et les autres sur la même ligne, comme Sannazar ou comme le Camoëns, il leur prêtoit indistinctement les mêmes attributs et la même autorité, mettoit Jupiter, Mars, Bacchus, avec les saints, et plaçoit Pluton, Cerbère et les Centaures à côté de Satan[1] ?

« Heureusement ces sottises et ces fables n'existent que dans l'esprit de ceux qui s'en sont rapportés aux journaux. On ne voit dans *les Martyrs* que l'action d'un Dieu unique, employant, conformément à la croyance chrétienne, le ministère des intelligences auxquelles il confie l'exécution de ses volontés. S'il y est question des faux dieux, ce n'est

---

[1] « Voyez le poëme *de Partu Virginis,* et *la Lusiade.* »

jamais que de la part de ceux qui, étant païens, croient à leur pouvoir; et loin qu'il y ait une *confusion* réelle, la *distinction* ne sauroit être mieux établie, et la supériorité plus marquée en faveur de la vraie religion. Je me refuse au plaisir de citer; mais on peut, à toutes les pages du livre, vérifier ce que j'avance. Je ne pense pas au reste qu'il en soit besoin. La force de la vérité est telle que, sans le vouloir, ses ennemis lui rendent souvent hommage au moment même où ils ne songent qu'à l'outrager. S'il est un endroit des *Martyrs* qui puisse fournir un prétexte pour accuser M. de Chateaubriand de ce prétendu mélange, c'est sans doute le deuxième livre, dans lequel Cymodocée chante les dieux et les muses, tandis qu'Eudore célèbre la grandeur du Dieu d'Israël en présence de Cyrille[1]; et cependant écoutons l'aveu involontairement échappé à un homme qui ne voit que *confusion* partout.

« L'auteur, dit-il, fait un tableau charmant d'une famille « chrétienne. La situation est piquante par *le contraste* des « deux religions. M. de Chateaubriand s'y montre avec tout « son talent, c'est-à-dire qu'il en a beaucoup. »

« Or, ce *contraste* des deux religions, qui *produit des situations piquantes,* règne d'un bout de l'ouvrage à l'autre. Nulle part on ne les trouve *mêlées* et *confondues.* »

Ainsi parle mon défenseur.

Véritablement, l'objection tirée de la prétendue confusion des cultes dans *les Martyrs* est si peu solide, qu'on s'étonne qu'elle ait jamais été faite : c'est vouloir que le quatrième siècle de notre ère ne soit pas le quatrième siècle. J'ai parlé comme l'histoire, et jamais poëte n'observa plus strictement la vérité des mœurs. Ceux qui ne peuvent lire les originaux, peuvent du moins consulter Crevier : ils y verront à chaque page les chrétiens et les païens figurer ensemble. Ici se forme un concile, là se réunit une assemblée des prêtres de Cybèle; plus loin les

---

[1] « Il est à propos de remarquer qu'en cette circonstance Cyrille ne manque pas de blâmer le sujet des chants de Cymodocée. »

chrétiens célèbrent la Pâque, et les païens courent aux temples de Flore et de Vénus ; l'autel de la Victoire est au Capitole, celui du Dieu des armées dans les Catacombes ; un édit de Dioclétien porte le sceau des divinités de l'empire, la lettre apostolique d'un évêque est souscrite du signe sacré de la croix. Ce mélange se retrouve jusque dans les Actes des martyrs : le bourreau interroge au nom de Jupiter, et la victime répond au nom de Jésus-Christ. On a dit qu'il falloit ignorer les premiers éléments de l'histoire, ou bien être de la plus insigne mauvaise foi, pour m'accuser d'avoir confondu le profane et le sacré dans *les Martyrs* : je ne vais pas si loin ; je crois à la science et à la candeur de certains critiques. A la vérité, ils ne se sont peut-être pas abaissés jusqu'à lire la *Vie des Saints;* leur génie est au-dessus d'une pareille étude : mais si mon heureuse étoile leur avoit fait jeter un moment les yeux sur ces contes déplorables, ils auroient vu que je ne suis qu'un *copiste* fidèle. On a généralement remarqué le moment où Démodocée, se jetant aux pieds de Cymodocée, la conjure de renoncer à Jésus-Christ : eh bien, le fond de cette scène est emprunté de l'entrevue de sainte Perpétue et de son père ! Il y a donc confusion de religion, mélange impie dans cette épreuve du martyre de Perpétue ? Le père de cette femme sainte étoit païen, car Perpétue observe qu'il étoit le seul de sa famille qui ne tirât aucun avantage de sa mort.

Un peu de cette bonne foi dont mes censeurs parlent tant, un peu de justice leur suffiroit pour convenir que ce qui fait l'objet de leur critique devroit être celui de leurs éloges. L'abondance, et, comme auroient dit les Latins, la félicité de mon sujet, tient précisément au choix de ce sujet, qui met à ma disposition, sans profanation et sans mélange, les beautés d'Homère et de la Bible, la peinture d'un monde vieillissant dans l'idolâtrie et d'un monde rajeuni dans le sein du christianisme. Quiconque eût pris comme moi le fond d'une épopée dans l'histoire de Constantin, eût nécessairement montré comme moi la fable auprès de la vérité. Et ne voit-on pas dans *la Jérusalem* des mahométans et des chrétiens? N'y a-t-il pas des mosquées où l'image de Marie est transportée par l'ordre d'un magicien? A-t-on jamais fait au Tasse le reproche bizarre d'avoir confondu Jésus-Christ et Mahomet? Non-seulement le Tasse a eu raison de représenter les deux religions ensemble; mais peut-être a-t-il eu tort de ne pas tirer plus de parti du Coran et des traditions de l'islamisme.

Cette objection, une fois résolue, fait disparoître une misérable chicane, suite naturelle de cette misérable objection:

« Vos personnages, dit-on, ne doivent pas s'entendre. »

Quel homme de bon sens ne voit pas que des hommes vivant sous le même empire, quoique professant différentes religions, ont de nécessité une connoissance générale de leurs cultes respectifs? Au quatrième siècle Jésus-Christ n'étoit ignoré de personne, pas même de la plus vile populace, qui crioit sans cesse : « Les chrétiens aux bêtes ! » Souvent la moitié d'une famille étoit chrétienne et l'autre païenne, comme nous l'avons déjà montré par l'exemple de sainte Perpétue. Je demande si, lorsque des païens et des chrétiens conversoient ensemble, et qu'ils venoient à nommer Jésus-Christ et Jupiter, je demande s'ils s'interrompoient les uns les autres pour se dire : Qu'est-ce que Jésus-Christ? qu'est-ce que Jupiter? Quand les premiers apologistes portent la parole à des empereurs païens, à des juges païens, à tout un peuple idolâtre, ne s'énoncent-ils pas au nom de Jésus-Christ? Il faut donc soutenir que Tertullien faisoit une chose absurde lorsqu'il discouroit sur la résurrection, sur l'incarnation et sur plusieurs autres mystères, en s'adressant aux gentils? L'*Apologie* de Minucius Félix est un dialogue à la manière de Platon, dans lequel un philosophe, un païen et un chrétien s'entretiennent du culte des faux dieux et du culte du Dieu véritable. A l'époque de l'action des *Martyrs*, le Rédempteur du monde étoit si parfaitement connu, que l'on avoit égorgé neuf fois ses serviteurs. Franchement, s'il y a une objection raisonnable à faire, c'est plutôt contre l'ignorance où paroît être Cymodocée touchant l'existence des chrétiens. Les Turcs et les Grecs habitent aujourd'hui les mêmes villes. Quand un Turc s'écrie : « Mahomet ! Allah ! » et qu'un pauvre Grec lui répond : « Christos ! » le maître et l'esclave sont-ils si fort étonnés ? Je dis plus : non-seulement des peuples soumis à la même autorité, sans servir les mêmes autels, se comprennent par une suite de l'habitude; mais la nature apprend encore aux hommes à s'entendre à demi-mot, en matière de religion.

Comme j'étois à Sparte, un chef de la loi me fit demander ce que j'étois venu faire en Grèce. L'interprète répondit par mon ordre que j'étois venu voir des ruines. Le Turc se mit à rire aux éclats : il me prit pour un fou ou pour un stupide. J'ajoutai que je ne faisois que passer, et que j'allois en pèlerinage à Jérusalem; et le Turc de s'écrier en grec : « *Kalo! kalo!* bon ! bon ! » Il ne renouvela point ses questions, et parut complétement satisfait. Cet homme ne put concevoir que j'eusse quitté mon pays pour visiter des monuments peu éloignés de la France; mais il comprit très bien que j'abandonnasse mes foyers, que je traversasse la mer, que je m'exposasse aux poignards des Arabes pour aller prier sur un tombeau, et demander à mon Dieu le soulagement de mes peines ou la continuation de mon bonheur. Les peuples, ou tout-à-fait sauvages, ou demi-barbares, chez lesquels j'ai voyagé, ne m'ont jamais paru attentifs qu'à deux choses, à mes armes et à ma religion. Si j'ôtois les pistolets de ma ceinture, ils s'en emparoient, les examinoient, les manioient, les retournoient en tous sens; si je me mettois en prière, ils faisoient silence, paroissoient eux-mêmes se recueillir, et me regardoient avec une sorte de curiosité respectueuse. La religion est la défense de l'âme, comme les armes sont la défense du corps; et l'homme, lorsqu'il est encore près de la nature, a le sentiment vif et répété de ces deux besoins.

Passons à un autre reproche. En affectant de louer mon talent, fort peu digne de louanges, on prétend tourner contre moi mes propres armes. On dit :

« Vous prouvez précisément le contraire de ce que vous voulez prouver ; vos tableaux empruntés de l'idolâtrie sont supérieurs à ceux que vous tirez de la vraie religion ; on est païen en vous lisant. »

S'il en étoit ainsi, je répondrois : « Accusez le peintre et non le sujet du tableau. » Mais je soupçonne que les personnes qui m'attaquent de cette manière n'ont pas considéré la question sous son véritable point de vue.

Il ne s'agit pas de comparer dans *les Martyrs*, scène à scène, et page à page : il s'agit de prononcer sur le résultat général. Il est évident que les deux cultes ont des beautés d'un genre très différent : l'un est riant, l'autre est sévère ; l'un est gracieux et léger, l'autre est grave et dramatique. Les souvenirs de la mythologie, quelques phrases homériques, l'harmonie des noms, le prestige des lieux, peuvent, dans certains livres des *Martyrs*, faire une impression agréable sur l'esprit du lecteur ; encore faudroit-il remarquer, pour être juste, que la peinture des mœurs de la famille chrétienne, le portrait de Marie dans le ciel, la cérémonie des fiançailles, la description du baptême de Cymodocée, ont paru, sous les rapports riants, n'avoir rien à craindre des tableaux opposés de l'idolâtrie. Mais, je le demande : en marchant vers la fin de l'ouvrage, l'avantage ne demeure-t-il pas tout entier au christianisme ? Qu'est-ce que Jupiter quand on est dans l'infortune ? Toutes les fois que l'homme souffre, il faut appeler Jésus-Christ. Est-ce le paganisme qui auroit pu m'offrir les scènes des prisons ? Ces vieux évêques abattus aux pieds d'un jeune homme désigné martyr, le banquet funèbre, la tentation, le mariage de Cymodocée et d'Eudore au milieu de l'amphithéâtre, appartiennent-ils à la religion de Mercure et de Vénus ? Démodocus pleure, souille ses cheveux de cendres, déchire ses vêtements, maudit les hommes et les dieux ; Eudore, qui perd aussi Cymodocée, une grande renommée, la fortune, la beauté, la jeunesse, l'espoir d'être un jour le premier homme de l'empire par la faveur d'un prince héritier des Césars, Eudore expire dans les tourments, pardonnant à ses ennemis, et bénissant la main qui le frappe; il meurt avec le courage d'un héros, ou plutôt d'un martyr. Quelle différence entre deux hommes! Disons plutôt : quelle différence entre deux religions!

Ainsi le paganisme peut, si l'on veut, s'associer au plaisir, mais il est inutile à la douleur; le christianisme, également ami d'une joie modeste et favorable à la sérénité de l'âme, est surtout un baume pour les plaies du cœur : le premier est une religion d'enfants; le second est une religion d'hommes. Ne méconnoissons pas les beautés de la dernière, parce qu'elle semble mieux convenir au deuil qu'aux fêtes : les larmes ont aussi leur éloquence, et les yeux pleurent plus souvent que la bouche ne sourit.

Comparez donc ce que le christianisme a de consolant, de tendre, de sublime, de pathétique dans les peines, à ce que le paganisme a de brillant dans la prospérité : prononcez alors, et voyez si, dans *les Martyrs*, le nombre des images riantes produites par les dieux du mensonge l'emporte sur le nombre des tableaux graves offerts par le Dieu de la vérité. Je ne le crois pas; il me semble même, pour m'appuyer d'un exemple, que les chants de Bacchus au XXIIIe livre (imité cependant des plus grands poëtes) sont petits au milieu de cette espèce de haute poésie qui naît de la raison, de la vertu et de la douleur chrétiennes.

Un critique, qui m'a traité d'ailleurs avec une rare politesse, prétend que les François ne s'accoutumeront jamais à l'emploi du merveilleux chrétien, parce que notre école n'a pas pris cette direction dans le siècle de Louis XIV. «Si Racine (c'est le raisonnement du critique), comme le Tasse en Italie, comme Milton en Angleterre, avoit écrit une épopée chrétienne, nous aurions été dès notre enfance accoutumés à voir agir les saints et les anges dans la poésie : cela nous paroîtroit aussi naturel qu'aux Anglois et aux Italiens.» Cet aperçu est très délicat, très ingénieux; mais qu'un nouveau Racine paroisse, et j'ose assurer qu'il n'est pas trop tard pour avoir une épopée chrétienne : *Po-*

lyeucte, Esther, Athalie et *la Henriade* même ne permettent pas d'en douter.

Ceux qui sont encore sous le joug des plaisanteries de Voltaire préféreront sans doute, dans mon ouvrage, le merveilleux païen au merveilleux du christianisme ; mais je m'adresse aux gens raisonnables : le merveilleux proprement dit est-il inférieur, dans *les Martyrs,* aux autres parties de l'ouvrage ? Je puis me tromper, et, dans ce cas, ce ne sera qu'amour-propre d'auteur sans conséquence. Il me semble que la description du Purgatoire (aux erreurs près) a été reçue avec indulgence, comme un morceau pour lequel je n'ai eu aucun secours. Mes plus grands ennemis ont cité avec éloge plusieurs passages du livre de l'Enfer ; le livre du Ciel a essuyé des critiques ; mais certainement, si j'ai jamais écrit quelques pages dignes d'être lues, il faut les chercher dans ce livre. Les discours des puissances incréées n'ont pas paru répondre à la majesté divine. Milton avant moi avoit-il mieux réussi ? Je m'étois contenté de faire de ces discours un morceau d'art, d'y placer l'exposition de l'action, le motif du récit, l'élection des personnages vertueux, comme on voit dans l'*Enfer* le choix des personnages criminels : c'étoit sous ces rapports qu'il falloit juger ces discours ; c'étoit ainsi que l'avoient fait les hommes de goût que j'avois pris soin de consulter. Ils avoient examiné la *machine* du poëte, ils n'avoient pas demandé une éloquence qu'on ne pourra jamais rendre digne de Dieu. Quoi qu'il en soit, j'ai retranché ces discours. Si j'avais, comme le Tasse, mis le Mouvement, le Temps, l'Espace aux pieds de l'Éternel ; si j'avois, comme le Dante, imaginé un grand cône renversé, où les damnés et les démons sont retenus dans des cercles de douleur, on n'auroit point eu assez de risées pour mes folles imaginations, assez d'insultes pour mon défaut de goût et de convenance : ce que l'on eût trouvé, dans *les Martyrs,* trivial, extravagant, impie, on le trouve excellent dans l'*Enfer* du poëte florentin, et peut-être dans le *Saint-Louis* du père Lemoine.

Je touche à une accusation à laquelle je n'ai rien à répondre. Il est certain qu'en faisant la peinture du Purgatoire j'étois tombé dans de graves erreurs ; une entre autres sembloit rappeler un peu celle qui fit le succès du *Bélisaire.* J'avouerai à ma honte que j'ai peu lu le *Bélisaire ;* je m'en souviens à peine, et très certainement je ne l'ai pas imité. Le duelliste, le prêtre foible, les sages selon la terre, ne pouvoient entrer dans un lieu d'expiation chrétienne. Tout cela est effacé. J'ai porté un œil sévère sur le reste de l'ouvrage ; et ne me fiant plus à mes lumières, j'ai soumis mon nouveau travail à de pieux et savants ecclésiastiques : il ne reste pas désormais dans *les Martyrs* le moindre mot dont la foi puisse s'alarmer.

Je viens à l'épisode de Velléda.

Il semble que, dans la querelle excitée au sujet des *Martyrs,* tout dût avoir un côté dégoûtant et risible. Si les personnes qui se formalisent de l'épisode de Velléda étoient non des prêtres austères, non de rigides solitaires de Port-Royal, mais des auteurs connus par des ouvrages d'une morale peu sévère, que faudroit-il penser de leur bonne foi ?

Depuis l'apparition des *Martyrs,* on a rappelé plusieurs fois dans les journaux la brochure que Faydit publia jadis contre le *Télémaque*[1], et dont j'avois cité des fragments dans la *Défense du Génie du christianisme ;* je vais rassembler ici les jugements singuliers de Faydit sur l'épisode de Calypso, et sur le *Télémaque* en général. Les lecteurs y verront une conformité incroyable entre les reproches que l'on me fait et ceux que l'on fit à l'archevêque de Cambrai ; ce qui prouve qu'une critique sans bonne foi est bien peu capable de mesure et de décence, puisque les beaux talents de Fénelon n'ont pu le sauver des outrages auxquels la foiblesse des miens m'a naturellement exposé.

La Télémacomanie est un volume in-12 de quatre cent soixante-dix-sept pages, imprimé en 1700 à *Éleutérople,* chez Pierre *Philalethe.* Mes censeurs, qui savent le grec,

[1] A la honte de la France, cette brochure a eu trois éditions.

entendront d'abord la bonne plaisanterie renfermée dans ces deux noms. Je saute les épigraphes charmantes du livre, et je passe à l'Avis au lecteur. Il commence ainsi :

« Le profond respect et la haute estime que j'ai toujours
« eus pour le grand homme que la voix publique fait au-
« teur de l'*Histoire des aventures de Télémaque*, m'avoient
« fait prendre une ferme résolution de supprimer et de jeter
« au feu les critiques que j'avois faites de ce livre. » (*Télémacomanie*, pag. 1.)

Faydit déduit les raisons qui l'ont déterminé à publier son libelle, et il ajoute :

« Je l'ai intitulé *Télémacomanie*, pour marquer l'injustice
« de la passion et de la fureur avec laquelle on court à la
« lecture du roman de *Télémaque*, comme à quelque chose
« de fort beau, au lieu que je prétends qu'il est plein de
« défauts et indigne de l'auteur. » (Pag. 8.)

Après l'Avis au lecteur, on passe à la critique. Faydit démontre que la vogue d'un livre ne signifie rien pour le mérite réel de ce livre.

Le procès aux éditions étant fait, Faydit, homme fort grave, fort scrupuleux, excellent chrétien, s'élève avec force contre les tableaux voluptueux du *Télémaque*.

« Je n'ai presque vu autre chose, dans les premiers
« tomes du *Télémaque* de M. de Cambrai, que des pein-
« tures vives et naturelles de la beauté des nymphes et des
« naïades..., de leurs intrigues à se faire aimer, et de la
« bonne grâce avec laquelle elles nagent toutes nues aux
« yeux d'un jeune homme pour l'enflammer..... La descrip-
« tion de l'île de Chypre et des plaisirs de toutes les sortes
« qui sont permis en ce charmant pays, aussi bien que les
« fréquents exemples de toute la jeunesse qui, sous l'auto-
« rité des lois et sans le moindre sentiment de pudeur, s'y
« livre impunément à toutes sortes de voluptés et de disso-
« lutions, occupe une bonne partie du premier et du second
« tome du roman de votre prélat. » (Pag. 5.)

« Je voudrois bien savoir à quoi peuvent servir de pa-
« reilles peintures, qu'à corrompre l'esprit des jeunes gens

« qui les font, et qu'à exciter en eux des images que la reli-
« gion nous oblige au contraire d'écarter et d'étouffer. » (P. 6.)

La colère de Faydit va plus loin : il déclare nettement
que ce *roman inspire les images du vice et du libertinage*
(pag. 7); et il ajoute « que M. de Cambrai a fait plus de tort
« à la religion par son *Télémaque* que par son livre des
« *Maximes des Saints*, et que le premier est plus pernicieux
« que le second. » (Pag. 16.)

Voilà, si je ne me trompe, tout le raisonnement sur
Velléda.

Après avoir reproché à Fénelon les longs voyages de Télémaque, Faydit passe à la seconde partie de sa critique.
C'est là qu'il étale son érudition, et qu'il montre très per-
tinemment que Fénelon ne savoit ni l'histoire, ni la fable,
ni la géographie. Anachronisme pour Pygmalion, anachronisme pour Sésostris, anachronisme pour Aceste, etc., etc.
(Pag. 75 et suiv.) Quant à Bocchoris, il y a non-seulement
anachronisme, mais faute grossière contre l'histoire; car
Fénelon nous le représente comme un insensé, et l'histoire
en fait un sage. (Pag. 313.)

Faydit ne veut pas qu'on emprunte un nom dans l'histoire pour le donner à un personnage d'invention; et il
faut absolument que le Bocchoris du *Télémaque* soit le Bocchoris de Diodore de Sicile, comme la Velléda des *Martyrs*
est de toute nécessité la Velléda de Tacite.

Ailleurs, Faydit trouve en trois mots *trois insignes bévues*.
(Pag. 272.) « C'est le reproche qu'on a à faire à M. de Cam-
« brai, de n'avoir su ni la fable ni l'histoire, et d'avoir fait
« presque autant de fausses histoires qu'il a parlé de choses.
« Fondation de villes, invention des arts, portraits des
« grands hommes, éloges des bons, satires contre les pré-
« tendus méchants, descriptions des pays, mœurs des
« peuples, tout est faux. » (Pag. 142.)

« Ce grand homme, qui se mêle de parler de tout, de la
« théologie, de l'histoire et de la fable, et même de faire
« des romans, ne sait pas les premiers éléments de la *roma-
« nographie.* » (Pag. 173.)

C'est la cause de la religion, des bonnes mœurs et du bon goût, qui met à Faydit la plume à la main. On ne sait pourtant comment il arrive que certain article inspire au censeur une étrange gaîté : Faydit rencontre sur son chemin les flagellations des prêtres égyptiens, et tout à coup sa verve s'allume. Puis vient l'article de la circoncision :

« Il faut nécessairement que puisque Télémaque eut
« l'honneur de converser, et même de se familiariser avec
« un prêtre égyptien du temple d'Apollon, nommé Termo-
« siris, qu'il se soit fait circoncire. Que dis-je? circoncire...,
« il faut... (voyez le texte). A l'égard de Télémaque, il faut
« que ni Calypso, ni la jeune Eucharis, ni la charmante
« Antiope, fille du roi Idoménée, ni aucune des belles
« nymphes de l'île d'Amour et de Chypre, ni Vénus même,
« n'aient point eu le vent de son infirmité secrète ; car as-
« surément elles n'auroient point été si empressées de l'a-
« voir pour époux ou pour galant, et n'auroient pas été si
« affolées de lui que le roman les représente. » (Pag. 369-70-71.)

Enfin, dans une troisième partie, dont Faydit ne donne cependant qu'une *idée* (et quelle idée!), il attaque le *Télémaque* sous les rapports littéraires.

« Je voulois donc, dit-il, relever en dernier lieu les ab-
« surdités, les fatuités et pauvretés d'esprit et fautes de
« jugement qui sont répandues dans cet ouvrage, et surtout
« dans les épisodes, dans les dénoûments des intrigues,
« dans les portraits de personnes vivantes, dans les instruc-
« tions et les leçons de sagesse et de philosophie que Men-
« tor donne à son élève. » (Pag. 452.)

Suit la critique de la scène admirable où Mentor précipite Télémaque dans la mer. Ensuite viennent des plaisanteries sur le naufrage. Mentor et Télémaque sont à *califourchon* sur un mât, « comme font les enfants qui mettent un « bâton entre leurs jambes, et le tournent comme ils veu-« lent deçà et delà, et l'appellent leur petit dada. » (P. 456.) Mais comment Mentor et Télémaque ne glissoient-ils point sur ce mât? « Apparemment qu'ils avoient mis chacun un

« clou derrière eux, qui les empêchoit de couler. » (P. 356.)

Plus loin, vous lisez que, « dans le roman de *Télémaque*, « tout est hors de sa place et de travers. » (P. 464.) « Dans « le roman de *Télémaque* tout est guindé, singulier, extraor-« dinaire, l'historien est toujours monté sur des échasses ; « les moindres bergères y parlent toujours phébus et poé-« tiquement. » (*Ibid.*) « Les prouesses de don Quichotte et de « Gusman d'Alfarache, ni celle des Amadis et de Roland-« le-Furieux, n'ont rien de semblable. » (Pag. 476.)

Enfin, sur quelques expressions employées par Fénelon pour peindre la beauté d'Antiope, Faydit s'écrie :

« A quoi peuvent servir, après cela, toutes les belles ins-« tructions de morale et de vertu chrétienne et évangélique « que M. de Cambrai fait donner par Mentor à Télémaque ? « N'est-ce pas mêler Dieu avec le démon, Jésus-Christ avec « Bélial, la lumière avec les ténèbres, comme dit saint Paul, « faire un mélange ridicule et monstrueux de la religion « chrétienne avec la païenne, et des idoles avec la Divinité ?... « Bien loin que la vérité, débitée par ces sortes de prê-« cheurs, fasse impression et porte à la dévotion, elle ne « peut tout au plus porter les lecteurs qu'à la leur rendre « suspecte, et même méprisable. » (Pag. 462.)

Ces derniers passages de la *Télémacomanie* tombent si juste sur *les Martyrs*, c'est là si parfaitement les reproches que l'on a faits au style, au sujet et à l'effet du livre (galimatias, phébus, caractères ridicules, péril pour les mœurs et la religion, profanation, scandale), que mes censeurs semblent avoir copié les pensées, les plaisanteries et les phrases même de Faydit.

J'étois destiné à éprouver un genre de critique tout particulier. Il a fallu, pour m'attaquer, changer de poids et de mesures, et reprocher aux *Martyrs* ce qu'on approuve partout ailleurs : car ce n'est pas la manière, mais le fond qu'on censure dans l'épisode de Velléda ; et pourtant Velléda est-elle autre chose que Circé, Didon, Armide, Eucharis, Gabrielle ? Je n'ai fait que suivre les traces de mes devanciers, en ajoutant à ma peinture un correctif qu'au-

'cun auteur n'a mis à la sienne. Renaud ne se repent point de ses erreurs comme amant, il rougit seulement de sa mollesse comme guerrier. Il retrouve Armide, il la console, il s'en va de nouveau avec elle : et quel tableau que celui de Renaud couché sur le sein d'Armide, et puisant tous les feux de l'amour dans les regards de l'enchanteresse! Si j'avois retracé de pareils images, que n'eût-on point dit, que n'eût-on point fait? Et remarquez toutefois que l'écrivain de ces scènes voluptueuses alloit être couronné de la main d'un pape au Capitole, lorsqu'il mourut la veille de sa gloire. Eudore se repent, Eudore combat sa foiblesse; après sa chute, il la déplore, il se soumet à une pénitence publique, il retourne à la religion; et son repentir est si grand, si sincère, qu'il le conduit au martyre. Les saints eux-mêmes, et les plus grands, ont donné de pareils exemples de faute et d'expiation. Saint Augustin ne nous a-t-il pas peint ses désordres? Son fils Adéodat ne fut-il pas le fruit d'un amour criminel? Soit qu'on examine l'épisode de Velléda dans ses conséquences pour Eudore, soit qu'on le considère sous d'autres rapports, cet épisode n'a aucun danger; l'effet même de la passion de la druidesse en amortit l'effet pour le lecteur. L'espèce de folie dont Velléda est atteinte, le malheur de cette femme, l'indifférence d'Eudore, ses remords après sa chute, ne laissent que de la tristesse au fond de l'âme. Observons de plus que Velléda ne détruit point l'intérêt pour Cymodocée, comme Didon pour Lavinie. C'est peut-être la première fois que la passion a moins intéressé que le devoir, et l'amante moins que l'épouse : espèce de tour de force dans ce genre, qui rend l'épisode très moral. Cette observation n'est pas de moi; elle est d'un homme supérieur, sur l'autorité duquel j'aime à m'appuyer.

Il faut dire pourtant que j'ai remarqué dans le dixième livre des tours un peu trop vifs, des expressions qui pouvoient être adoucies sans rien perdre de leur chaleur. J'ai retranché les blasphèmes et les imprécations d'Eudore au moment de sa chute; j'ai épaissi les voiles; en un mot, tel que cet épisode reparoît aujourd'hui, il seroit impossible au chrétien le plus scrupuleux de s'en plaindre; à plus forte raison à des critiques qui visiblement ne sont pas fort chrétiens.

Si j'examine ensuite le caractère de l'autre héroïne des *Martyrs*, je vois que Cymodocée a trouvé grâce aux yeux de la plupart des critiques; mais on s'écrie : « Cymodocée ne « meurt pas chrétienne; elle meurt pour son époux. »

Je ne m'attendois pas à ce reproche. Si je croyois mériter quelque louange, c'étoit précisément par ce côté. Des hommes faits pour avoir une opinion en littérature en avoient jugé ainsi. Quoi! on voudroit que Cymodocée, à peine âgée de seize ans, élevée toute sa vie dans le paganisme, ayant à peine reçu au milieu des persécutions quelques instructions chrétiennes; on voudroit qu'elle fût tout à coup aussi ferme dans la foi qu'une sainte Félicité ou qu'une sainte Eulalie! On a vu, dit-on, de pareils miracles. D'accord; mais en poésie il faut suivre la règle :

Le vrai peut quelquefois n'être pas vraisemblable.

Ce mélange de timidité et de fermeté, d'ignorance et de lumières; ces hésitations d'une femme demi-païenne, demi-chrétienne, qui confond dans son amour et sa religion nouvelle et son nouvel époux, sont des traits qu'il m'étoit impossible d'omettre, si je voulois conserver la vraisemblance du caractère. Cymodocée subitement inspirée, renversant les idoles, demandant le martyre, bravant les bourreaux, maudissant la religion de son père, eût été le comble de l'absurdité en fait d'art et de mœurs. Outre que la violence ne plaît point dans les femmes, et qu'en général on aime peu les héroïnes, Cymodocée eût encore offert le grand inconvénient d'une ressemblance parfaite avec Eudore. Que fût-il resté à celui-ci, si la fille d'Homère eût lutté avec lui de courage et de zèle ? Cymodocée meurt, c'est assez. Dieu accepte le sacrifice de cette colombe : son ingénuité et son innocence seront comptées pour ce qui manque à la perfection de sa foi. Tous les saints ne vont pas au ciel par la même vertu : les uns brillent par la charité, les autres éclatent par la simplicité du cœur. Il ne faut pas croire aussi que tous les martyrs apportent au combat la même ardeur et la même force : on a vu dans les forêts du Canada de jeunes missionnaires pousser des cris dans l'excès des tourments que leur faisoient souffrir les Sauvages, tandis qu'auprès d'eux un vieil apôtre expiroit sans faire entendre d'autres soupirs que ceux de l'amour divin [1]. Faites de Cymodocée une chrétienne emportée et farouche, il faudra jeter le livre au feu.

Cependant, on doit toujours reconnoître ce qu'il peut y avoir de fondé en raison, même dans la critique la moins raisonnable. Pour éviter tout reproche, j'ai fait un changement considérable dans cette édition. Cymodocée n'est plus demandée *directement* par le ciel, comme victime expiatoire, mais *indirectement*, comme une victime dont le sacrifice doit augmenter le sacrifice d'Eudore, et rendre plus efficace l'holocauste du martyr. La foi de Cymodocée n'exige plus, dans ce plan, la même force, et la religion et l'art sont satisfaits.

Telles sont à peu près les objections morales et religieuses que l'on a faites aux *Martyrs*. Veut-on savoir la vérité? Si j'avois originairement retranché une douzaine de lignes de la préface, et si j'avois donné un autre titre à l'ouvrage, je ne sais pas sur quoi on se seroit disputé. On s'est jeté sur le passage où je parlois du merveilleux chrétien, et l'on s'est battu contre ce qu'on appelle mon système : il ne s'agissoit point d'un système; il n'étoit question que de juger un livre, d'en considérer le style et le plan, d'en examiner les transitions; de voir si j'avois heureusement rajeuni des comparaisons antiques, trouvé des comparaisons nouvelles, de prononcer sur la vérité des tableaux; de dire en quoi je

---

[1] Voyez l'histoire du père Brébeuf et de son jeune compagnon, citée dans le *Génie du Christianisme*, d'après l'*Histoire de la Nouvelle-France*, par CHARLEVOIX.

différois de mes prédécesseurs, en quoi je leur ressemblois; de montrer les écueils que j'avois évités, ceux où j'avois fait naufrage : on n'a point songé à tout cela. Qu'importent à la critique la bonne foi et la justice quand elle veut aveuglément condamner? On saisit quelques phrases au hasard, on ferraille avec l'auteur, et l'examen se réduit à une amplification injurieuse, où l'on tâche de faire briller par-ci par-là un peu d'esprit.

Il est certain aussi que le titre du livre, connu d'avance, avoit préparé l'esprit du public chrétien à un ouvrage d'un tout autre genre. On s'attendoit à trouver une espèce de martyrologe, une narration historique des persécutions de l'Église, depuis Néron jusqu'à Robespierre. La surprise a été grande lorsque, frappées de cette idée, des personnes simples se sont trouvées, en ouvrant le livre, au milieu de la famille d'Homère. Des gens un peu moins simples se sont vite aperçus de cette surprise, et ils en ont profité pour augmenter l'humeur qui s'empare involontairement de notre esprit lorsque nous sommes trompés en quelque chose. Si j'avois intitulé mon livre, *les Aventures d'Eudore,* on n'y auroit cherché que ce qui s'y trouve. Il est trop tard pour revenir à ce titre, et d'ailleurs le véritable titre de l'ouvrage est certainement celui qu'il porte. La surprise passera; elle est déjà passée; et l'ouvrage ne tardera pas à être considéré sous son véritable jour.

Si le *Génie du Christianisme* a été de quelque utilité à la religion, *les Martyrs,* je l'espère, partageront avec lui cet inestimable honneur. L'homme est plus sensible aux exemples qu'aux préceptes. La peinture des souffrances de tant de martyrs (car, après tout, cette peinture n'est pas une fiction) ne sera point sans effet sur les lecteurs. Heureux si j'ai prouvé que notre religion peut lutter sans crainte avec les plus grandes beautés d'Homère, et qu'elle donne, dans l'infortune, un courage au-dessus de la rage des persécuteurs et de la cruauté des bourreaux!

OBJECTIONS LITTÉRAIRES.

Un homme de beaucoup d'esprit, de goût et de mesure, et qui de plus est poëte, et poëte d'un vrai talent, ce qui ne gâte rien à la présente discussion, n'a fait que trois objections contre *les Martyrs,* après lesquelles il semble tout approuver :

1° Le héros n'est pas historique ;

2° Le triomphe de la religion, ou le but de l'ouvrage, n'est pas assez annoncé ;

3° Le récit n'est point assez lié à l'action.

Il y a en littérature des principes immuables, et d'autres qui n'ont pas la même certitude. La règle des trois unités, par exemple, est de tout temps, de tout pays, parce qu'elle est fondée sur la nature, et qu'elle produit la plus grande perfection possible. Je crois qu'il n'en est pas ainsi de la règle du personnage historique, parce qu'il est prouvé qu'on peut intéresser aussi vivement pour un personnage d'invention que pour un personnage réel. Aussi voyons-nous qu'Aristote et Horace laissent à ce sujet plus de liberté à l'auteur.

On convient que la plupart des préceptes d'Aristote pour la tragédie s'appliquent également à l'épopée. Dacier, dont j'emprunterai la traduction, s'explique ainsi en commentant le vingt-quatrième chapitre de la *Poétique :*

«Aristote a dit, dans le cinquième chapitre, que l'épopée «a cela de commun avec la tragédie, qu'elle est une imi-«tation des actions des plus grands personnages, et il a eu «soin de nous avertir que toutes les parties de ce poëme «héroïque se trouvent dans la tragédie. Ainsi, ayant expli-«qué parfaitement et en détail tout ce qui regarde la com-«position du poëme dramatique, il n'a presque plus rien «à dire de l'épopée. Voilà pourquoi il est si court dans le «traité ; il n'y emploie que deux chapitres, qui ne sont, à «proprement parler, qu'une récapitulation sommaire, et «une *application qu'il fait à l'épopée des règles qu'il a données* «*à la tragédie.*» (*Poétiq.* d'Arist., p. 371.)

Ce point établi, nous trouvons qu'Aristote dit :

« Il arrive fort souvent que dans les tragédies on se
« contente d'un ou de deux noms connus, et que tous les
« autres sont inventés. Il y a même des pièces où pas un
« mot n'est connu, comme dans la tragédie d'Agathon, qu'il a
« appelée *La Fleur ;* car, dans cette pièce, tous les noms sont
« feints comme les choses, et elle ne laisse pas de plaire.

« C'est pourquoi il n'est pas nécessaire de s'attacher
« scrupuleusement à suivre toujours les fables reçues d'où
« l'on tire ordinairement les sujets de tragédie. *Cela seroit*
« *ridicule ; car ce qui est connu l'est ordinairement de peu de*
« *personnes, et cependant il divertit tout le monde également.*

« Il est donc évident par-là, que le poëte doit être *l'au-*
« *teur de son sujet,* encore plus que de ses vers. » (*Poétiq.*
d'ARIST., chap. IX, p. 126 et 127.)

En examinant ce passage, où brille l'excellent jugement
d'Aristote, le savant traducteur observe « qu'Horace étoit
« du même sentiment ; mais qu'il s'est cru obligé d'avertir
« les Romains, que ces sujets, entièrement inventés, *étoient*
« *plus difficiles* à traiter que les autres, et de leur conseiller
« de s'attacher plutôt à des sujets connus :

> Difficile est proprie communia dicere, tuque
> Rectius Iliacum carmen deducis in actus,
> Quam si proferres ignota indictaque primus. »

Ainsi, d'après le premier législateur du Parnasse, j'ai pu
inventer mon sujet et mes personnages, et d'après le second
cela m'a jeté seulement dans une route *plus difficile.* Aristote cite Agathon, qui réussit en inventant ses héros ; et
parmi nous on peut s'autoriser de l'exemple de Voltaire,
dans *Zaïre, Alzire* et *Tancrède,* et même de celui de Racine, dans *Bajazet.*

Appliquons cette règle à l'épopée, et attachons-nous à
ces mots remarquables du Stagyrite : « Ce qui est connu
« l'est ordinairement de peu de personnes, et cependant il
« divertit tout le monde également. »

En effet, tous ces grands personnages de l'épopée, que

nous regardons aujourd'hui comme historiques, le sont-ils bien réellement? Seroient-ils connus comme Alexandre et César, s'ils n'avoient été chantés par les poëtes? Prenons le premier de tous, Achille : je doute fort que, sans Homère son nom fût venu jusqu'à nous. Allons plus loin : connoissions-nous beaucoup Télémaque avant que Fénelon nous eût donné son épopée? Cependant Télémaque, nommé deux fois dans *l'Iliade*, est encore un des acteurs de *l'Odyssée*. Si l'on veut juger cette question, que l'on considère combien peu de gens savent qu'il existe dans les poëmes d'Homère un personnage appelé Eumée. Ce personnage joue toutefois dans *l'Odyssée* un rôle aussi important que celui de Télémaque; et, quoique pasteur de troupeaux, Eumée est le descendant d'un roi. Si quelque poëte chantoit aujourd'hui le fidèle serviteur d'Ulysse, pourroit-on dire que ce poëte n'auroit pas créé son héros? Et ce même Eumée, historique par l'autorité d'Homère, n'est-il point, dans l'origine, un personnage d'invention? On rencontre dans l'histoire de l'enfance des peuples une foule de noms que la mémoire laisse échapper. L'auteur qui s'en empare pour les placer sur la scène épique, et qui les fait passer de l'oubli à la gloire, en doit être regardé comme le véritable créateur. Si le pieux Énée ne se trouvoit pas dans *l'Iliade*, et surtout dans *l'Énéide*, beaucoup de lecteurs se souviendroient-ils de l'avoir entrevu dans Tite-Live et dans Denys d'Halicarnasse?

On convient que des noms trop éclatants, trop historiquement connus, ne sont pas favorables à l'épopée. Que gagne-t-on alors à ne pas inventer ses héros?

Addison et Louis Racine ont fort bien démontré, au sujet du *Paradis perdu*, que c'est l'action et non pas le héros qui fait l'épopée. Homère chante la *colère* d'Achille; il ne chante pas Achille : cela est vrai, que si vous ôtiez de *l'Iliade* le nom d'Achille, et que vous donniez à la colère d'un autre Grec l'influence que celle du fils de Pélée a sur les événements du siége de Troie, le poëme existe encore avec tout son intérêt et toutes ses beautés. Le héros est donc en soi-même peu de chose dans l'épopée, pourvu que l'action soit grande et intéressante. Et de quelle complaisance Aristote n'use-t-il pas alors envers les poëtes, puisqu'il leur permet d'inventer même leur action !

Je soumets ces doutes à l'excellent critique dont j'ose me permettre de combattre l'opinion. Je me suis appuyé, 1° de l'autorité d'Aristote, qui permet d'inventer les personnages et le sujet; j'ai fait voir, 2° que les personnages épiques doivent être regardés presque tous comme des créations du poëte; je vais ajouter l'autorité d'un grand exemple : le Renaud du Tasse est un personnage d'invention.

On trouve dans les historiens des croisades, six Godefridi, neuf Gaudefridi, quatorze Baudouin, un Tancrède, vingt-deux Roger, sept Raimond, une foule de Robert, de Gautier, de Richard et de Guillaume; cinq Renaud écrits Rainaldi, un écrit Reinoldus, un autre Rainoldus, et trois écrits Reinauldi.

Ces chevaliers et comtes du nom de Renaud sont répandus dans les historiens des croisades, l'Anonyme donné par Campden, Robert Moine, Baldric, Raimond d'Agiles, Fulcher, Gautier, Guibert et Guillaume de Tyr. De tous les Renaud qui se montrent à diverses époques, dans les différentes croisades, aucun ne paroît avoir été de la maison d'Est. Il faudroit surtout chercher le Renaud du Tasse au temps de l'entreprise de Pierre l'Ermite. Or, on ne rencontre dans l'Anonyme de Campden, Robert Moine et Baldric, historiens de cette première croisade, qu'un seul Renaud : ce Renaud trahit les croisés, se fit mahométan, et ne semble pas avoir porté un grand nom. Besoldo, dans son histoire *de Regibus Hierosolymorum,* garde le même silence. Quand en fouillant les vieilles chroniques, et les titres des grandes maisons d'Italie, on découvriroit qu'un Renaud de la maison d'Est accompagna Godefroi de Bouillon à Jérusalem, de bonne foi seroit-ce un personnage historique ? Dans ce cas, il y a tel gentilhomme breton ou périgourdin qui pourroit figurer dans l'épopée. Le nom du comte de Saint-Gilles est certainement beau-

coup plus connu dans la première croisade que la plupart
des noms que j'ai cités, parce qu'il se lit à la fois dans
Anne Comnène et dans les chroniqueurs latins; et pourtant combien y a-t-il de lecteurs qui aient entendu parler
du comte de Saint-Gilles?

Ainsi ce fameux Renaud d'Est est sorti tout entier du
cerveau du poëte, puisque son nom n'est pas même dans
les récits du temps. Quant à Soliman, son rival de gloire,
on trouve un Soliman, fils d'un soudan de Nicée, qui battit
le renégat Renaud; mais c'est tout, et le reste du caractère est formé d'après celui de Saladin. Et Argant, Clorinde, Herminie, sont-ils des noms historiques? Et Armide,
qu'en dirons-nous? Ce n'est point un personnage épisodique; car, si on le retranche du poëme, le poëme n'existe
plus. Armide cause l'absence de Renaud, et l'absence de
Renaud établit l'action de *la Jérusalem*, comme le repos
d'Achille donne naissance à *l'Iliade*. Ainsi, le premier
héros du Tasse est d'invention[1]; la plupart des caractères
inférieurs sont d'invention; et Armide, sur qui roule la
machine poétique, doit également sa naissance aux muses.
Observons que le roi de Jérusalem, Aladin, est encore un
enfant du poëte. Le père Maimbourg avoit remarqué avant
moi les *imaginations* du Tasse : « Le fameux bois enchanté,
dit-il, Ismen, Clorinde, *Renaud*, Armide, et cent autres
pareilles choses de l'*invention* du Tasse, ne sont que d'agréables visions d'un poëte qui prend plaisir, pour en
donner aux autres, à faire de *nouvelles créatures qui ne furent
jamais.*» (*Hist. des Crois.*, liv. III.)

Muratori et Gibbon conviennent aussi que le Tasse a
inventé son héros.

Si je passe de ces autorités à mon sujet, on va voir que

---

[1] Le critique à qui je m'adresse ici a trop de candeur pour
m'objecter que c'est Godefroi qui est le premier héros de *la Jérusalem*. Je sais bien que le Tasse chante *il gran Capitano*; mais c'est
à Renaud que le sort de Jérusalem est attaché comme celui de
Troie au fils de Pélée.

tout me faisoit une loi d'inventer mon principal personnage.

Le caractère grave, froid et tranquille de Constantin, est précisément l'opposé du caractère épique. Qui pourroit se représenter le père temporel du concile de Nicée, livré à ces aventures de guerre et d'amour, qu'amène le développement d'une épopée? La vie de ce prince est d'ailleurs trop connue, et malheureusement un crime pèse sur elle. Le poëme héroïque exige des passions, mais il rejette les crimes : noble dédain des muses, qui n'accordent leur plus beau chant qu'à la vertu.

Je voulois en outre peindre les mœurs homériques, et les scènes tranquilles de *l'Odyssée*, au milieu des scènes sanglantes d'une persécution. Comment, sans absurdité, conduire Constantin sous le toit de Démodocus? Comment produire des rivalités, des jalousies? Aurois-je jeté tout cela dans les épisodes? Dans ce cas, l'unité d'action étoit détruite. J'avois pour but de retracer la persécution des fidèles sous Dioclétien. Où l'aurois-je placée, cette persécution? Constantin, trop jeune alors, n'y joua aucun rôle. Si l'on dit que j'aurois pu mettre le massacre des chrétiens sur l'avant-scène, en le comprenant dans le récit, mon sujet n'auroit donc pas été la dernière persécution de l'Église? Et c'est pourtant le sujet que je me proposois de traiter. On pouvoit trouver autre chose dans la vie de Constantin. Sans doute il y a mille plans, qui tous peuvent être meilleurs que le mien; mais enfin c'est sur le mien qu'il faut me juger. Combien de fois n'a-t-on pas refait *l'Énéide* et *la Henriade*!

Il demeure à peu près certain que Constantin, pour des raisons tirées de son caractère et de la nature du sujet, ne pouvoit pas être mon héros. Qui donc aurois-je choisi à cette époque? Un martyr connu? C'est ici que les jeux de l'imagination sont impérieusement interdits; c'est ici qu'on auroit crié avec raison au sacrilége. Un confesseur de la foi, devenu l'objet d'un culte sacré, a ses traditions immuables, dont on ne peut s'écarter sans impiété; les actes de son martyre sont là : les éloquents témoins de Dieu s'élèveroient contre la muse qui oseroit changer un seul mot à l'histoire de la religion et du malheur.

D'après ces considératious, je n'avois plus qu'une ressource : celle d'inventer mes principaux personnages ; il nous reste à voir si, dans ce cas, j'ai usé de tous les moyens de l'art.

Afin d'ennoblir Eudore, et de le rendre, pour ainsi dire, historique, je le fais descendre d'une famille de héros, et surtout du dernier des Grecs, Philopœmen. Racine emploie le même artifice pour rehausser l'importance de Monime. Ainsi c'est dans Eudore que l'Évangile va faire la conquête du sang de ces grands hommes dont Plutarque nous a transmis l'histoire. Inventée sur le même modèle, Cymodocée est la fille d'Homère ; et c'est en elle que le christianisme doit triompher des grâces, des beaux-arts et des divinités de la Grèce. Le critique a déjà trouvé cette réponse assez ingénieuse ; il semble même, en ce cas, approuver mes personnages d'invention : mais il auroit voulu que j'eusse insisté davantage sur mon idée, et qu'elle eût été mise d'une manière plus frappante sous les yeux du lecteur. Il a raison ; et c'est ce que j'ai fait dans cette édition nouvelle [1].

Si l'art trouve ces explications suffisantes, on doit remarquer que la religion, et c'est la chose importante, est pleinement satisfaite par l'invention de mon héros.

Dieu choisit souvent dans les conditions les plus humbles l'homme dont les épreuves attirent la bénédiction du ciel sur les nations.

« Dieu a choisi ce qu'il y a d'insensé, selon le monde,
« pour confondre les sages, et ce qui est foible, selon le
« monde, pour confondre ce qu'il y a de fort.

« Et il a choisi ce qu'il y a de vil et de méprisable, selon
« le monde, et ce qui n'est rien, pour détruire ce qui est
« grand [2]. »

---

[1] *Voyez* le livre du *Ciel.*
[2] S. Paul., *Epist. ad Corinth.* I, cap. I.

Cette première vérité reconnue, on voit ensuite que la hiérarchie des vertus, et conséquemment l'efficacité plus ou moins grande des sacrifices, est admise par tous les Pères d'après l'histoire de Caïn et d'Abel.

Je puis donc supposer, dans toutes les analogies de la foi, qu'au temps de la persécution, un martyr dont les actes se sont perdus, s'offrit en holocauste volontaire, et que cet holocauste, par un mérite intérieur connu de Dieu seul, parut plus agréable au Très-Haut que toutes les autres victimes. Combien, en effet, de confesseurs obscurs moururent sous Dioclétien, pour la conversion du monde! Outre les fameux athlètes qui brillent dans l'histoire, et qui révélèrent leurs cendres à l'Église par des miracles, «Que de saintes reliques, s'écrie Prudence, la terre dérobe «à nos hommages! O Italie, qui dira les tombes sans hon- «neurs dont tes champs sont couverts[1]!» Eudore sera donc le représentant des héros des deux religions; les uns ignorés du monde, mais couronnés de gloire dans le ciel, les autres, illustres sur la terre, mais privés de la gloire divine. J'aurai célébré dans sa personne ces pauvres que Galérius faisoit jeter dans la mer, ces milliers de chrétiens attachés à des gibets, brisés par des roues, déchirés par des ongles de fer : sublimes victimes, qui, ne prononçant à la mort que le nom de Jésus-Christ, ont laissé leurs propres noms inconnus aux hommes : *Stat nominis umbra!*

Je passe à l'objection touchant le but de l'ouvrage.

Dans aucune épopée le résultat de l'action n'est plus souvent indiqué que dans *les Martyrs*. *L'Énéide* est la fondation de l'empire romain. Virgile en dit un mot au commencement de son poëme; ensuite Jupiter explique à Vénus la suite des destins d'Énée; mais, après le premier livre, il est à peine question de ces destins. Si vous retrouvez les Romains sur le bouclier d'Énée et dans les Champs-Élysées, ce ne sont que de beaux épisodes; ce n'est point une marche directe vers le but que le poëte a d'abord

---

[1] *Lib. Coron.*

marqué. A chaque pas, au contraire, le triomphe de la religion est rappelé dans *les Martyrs :* il est annoncé dans l'exposition ; il est prédit dans le ciel : je répète en vingt endroits que Constantin règnera sur les nations devenues chrétiennes; que l'ambition de ce prince est l'espoir du monde; j'avertis sans cesse que l'enfer sera confondu. Dans le dernier livre, Michel, en précipitant les démons dans l'abîme, déclare que leur empire est passé, que le règne du Christ est établi. Eudore, en allant au supplice, prophétise le règne de Constantin; et Galérius, en se rendant à l'amphithéâtre, apprend que Constantin, proclamé César, marche à Rome, et s'est déclaré chrétien. Jamais rien fut-il plus clair, plus précis? Toutefois, j'ai cru devoir céder encore à la critique : après ces mots, *les dieux s'en vont,* j'ai ajouté quelques lignes qui justifient mieux le second titre de l'ouvrage : Galérius meurt; Constantin arrive à Rome, il venge les martyrs; il reçoit la dignité d'Auguste sur la tombe d'Eudore, et la religion chrétienne est proclamée religion du monde romain.

Cette nouvelle conclusion satisfera surtout ceux qui, daignant applaudir aux *Martyrs,* ne leur reprochoient qu'une seule chose: c'étoit d'intéresser le lecteur aux scènes d'une action *privée,* plutôt qu'au développement d'une action *publique.* Mais en contentant sur ce point quelques esprits éclairés, je dois dire toutefois que l'action *publique* n'est point une règle de l'épopée; il seroit même aisé de prouver la vérité contraire. Toute action, fondement de l'épopée, du moins de l'épopée telle qu'elle existe dans *l'Iliade, l'Odyssée, l'Énéide* et le *Télémaque,* tient à une action publique; mais cette action en elle-même est une action privée. Ainsi la colère d'Achille n'est point la journée fatale d'Ilion; et l'arrivée d'Énée en Italie n'est point la fondation de Rome, qui n'eut lieu que long-temps après. Dans *l'Odyssée* et dans le *Télémaque,* l'action est encore bien plus particulière, bien plus domestique : c'est un fils qui cherche son père; c'est un mari qui retrouve sa femme dans une petite île obscure; et tout cela sans qu'il en résulte aucun événement dans l'avenir. L'action d'Eudore est absolument de la même nature que celle d'Achille et d'Énée : elle tient à une action publique, mais elle est privée ; elle produit ensuite le règne de Constantin et le triomphe de la religion, comme la colère du fils de Pélée et l'exil du fils de Vénus amènent la chute de Troie et l'établissement de l'empire romain. Si *la Pharsale* et *la Jérusalem* ont pour sujet une action historique achevée dans le cours de ces deux poëmes, l'autorité de Lucain et du Tasse ne peut balancer celle d'Homère et de Virgile. C'est encore une erreur de croire que le héros d'une épopée doit être nécessairement roi ou fils de roi. Renaud et Godefroi même ne sont que de simples chevaliers, ou de très petits souverains, et leur naissance n'a pas plus d'éclat que celle du descendant de Phocion et de Philopœmen. Les personnes qui ont pris quelque plaisir à la lecture des *Martyrs* peuvent être tranquilles : elles se sont *amusées dans les règles*. Jamais ouvrage ne fut plus conforme à la doctrine poétique, plus orthodoxe au Parnasse. Je dirai plus : la conclusion que j'ai ajoutée est, je crois, mieux appropriée au goût du temps où j'écris, mais elle n'eût point été demandée dans le siècle de Louis XIV. Elle n'est point nécessaire selon les lois du genre épique. Homère ne s'est pas donné la peine de faire un seul vers après les funérailles d'Hector, pour annoncer la chute de Troie ; et Virgile, après la mort de Turnus, n'a point songé à marier le pieux Énée. Pourquoi cela ? Parce que c'est au lecteur à tirer une conclusion trop manifeste, et que le poëte n'est pas obligé de tout achever et de tout dire, comme l'historien et le romancier. Ma complaisance à cet égard a donc été extrême, et je pouvois, sans scrupule, laisser les choses comme elles étoient.

Venons au récit.

J'ose dire encore que dans aucune épopée le récit n'est rattaché aussi fortement à l'action qu'il l'est dans *les Martyrs*.

Le récit de *l'Odyssée* n'a point de rapport à la catastrophe ; celui de *l'Énéide* est court et admirable : mais revoit-on, dans la suite du poëme, les principaux acteurs qu'Énée fait agir dans sa narration, et la scène en Italie se lie-t-elle à la scène de Troie? L'épisode de Didon, qui n'est ni de l'action ni du récit, tient-il au fond du sujet, comme l'histoire de Velléda tient au fond des *Martyrs*?

Le récit du *Télémaque* est magnifique; mais les personnages de ce récit, excepté Narbal, qu'on revoit un moment, disparoissent sans retour.

Dans le récit des *Martyrs*, vous trouvez d'abord la peinture des caractères qu'il sera essentiel de connoître dans le développement de l'action; vous y trouvez le tableau du christianisme dans *toute* la terre, au moment d'une persécution qui va frapper *tous* les chrétiens; vous y trouvez l'excommunication d'Eudore, qui fait prendre à l'action le tour qu'elle doit prendre; vous y trouvez la grande faute qui sert à ramener le héros dans le sein de l'Église : faute qui, répandant sur le fils de Lasthénès l'éclat de la pénitence, attire sur lui le regard des chrétiens, et le fait choisir pour défenseur de l'Église; vous y trouvez le commencement de la rivalité d'Eudore et d'Hiéroclès; l'annonce des victoires de Galérius sur les Parthes : ces victoires achèvent de rendre ce prince maître absolu de l'esprit de Dioclétien, et préparent ainsi l'abdication qui amène la persécution; enfin vous y trouvez, par la vision de saint Paul Ermite, la prédiction du martyre d'Eudore, et du triomphe complet de la religion. Pour comble de précautions, ce récit est motivé dans le ciel : Dieu déclare qu'il a conduit Eudore par la main, afin d'éprouver sa foi et de préparer sa victoire. Ajoutons que ce récit a de plus l'avantage de faire naître l'amour de Cymodocée, d'inspirer à cette jeune païenne les premières pensées du christianisme, et de concourir ainsi par un double moyen au but de l'action. Il ne vient donc pas là sans raison, pour satisfaire la curiosité d'un personnage, comme la plupart des récits épiques.

Quant à sa longueur, il n'est pas plus long, proportion gardée, que le récit de *l'Odyssée* et que celui du *Télémaque;* je dis proportion gardée, parce que je crois que *les Martyrs* ont un peu plus d'étendue que ces deux ouvrages. Il me semble, si je ne me trompe, que je suis assez fort sur ce point : une critique généreuse reconnoîtra sans peine que la raison est de mon côté.

Restent quelques difficultés présentées par divers journaux. J'ai répondu à ces chicanes de détails dans les remarques; quant aux caractères de mes personnages, je ne sais trop à quoi m'en tenir. Démodocus est traité, par un censeur, comme un vieillard imbécile et ennuyeux; un autre censeur, très peu favorable aux *Martyrs,* compare la douleur de Démodocus à celle de Priam, c'est-à-dire au plus beau morceau qui nous soit resté de l'antiquité : comment ferai-je ?

Le même critique qui met Démodocus à côté de Priam veut que *les Martyrs* soient une espèce de parc anglois, de vastes campagnes, où l'on trouve des lieux déserts, des lieux parés, des montagnes, des précipices. Il faut bien que je me console : Pope a représenté les poëmes d'Homère sous l'image d'un grand jardin, et Addison se sert de la même comparaison pour le *Paradis perdu.*

Le même critique a dit encore que *les Martyrs* étoient un voyage, et toujours un voyage. Mais *l'Odyssée* est-elle autre chose qu'un voyage ? Ulysse touche à tous les rivages connus de son temps. On disoit dans l'antiquité : *les Erreurs d'Ulysse. L'Énéide* n'est qu'un voyage; *la Lusiade* du Camoëns n'est qu'un voyage : que de voyages dans *la Jérusalem!* Le *Télémaque* est non-seulement un voyage depuis la première ligne jusqu'à la dernière; mais le but de l'ouvrage en lui-même, ou l'action proprement dite, est un voyage. Le critique s'écrie : « L'auteur est allé là, une description ; l'auteur est allé ici, son héros y passera. » J'ai une chose bien simple à répondre : *les Martyrs* étoient achevés en grande partie, principalement le récit d'Eudore, lorsque je suis parti pour l'Orient ; c'est un fait que beaucoup de témoins pourroient affirmer. Ainsi ce n'est point Eudore qui voyage en Égypte, en Syrie, en Grèce, parce que j'ai voyagé dans ces contrées célèbres, mais c'est moi qui suis allé voir les bords que mon héros a parcourus. Je ne sache pas qu'on ait jamais reproché à Homère d'avoir visité les lieux dont il nous a laissé d'admirables tableaux. Je n'ai point au reste l'intention de choquer le censeur en répondant à ses objections : je reconnois qu'en attaquant *les Martyrs* il m'a traité avec décence, indulgence même, et avec ces égards qu'un honnête homme doit à un honnête homme. Sa critique est celle d'un écrivain de talent; et, bien qu'elle m'ait semblé rigoureuse, elle m'a paru très digne d'être méditée.

Les imitations ont été un autre objet de controverse. Je ne puis mieux faire que de citer à ce sujet mon défenseur.

« La plus ancienne épopée que nous ayons après celle d'Homère, dit-il, c'est *l'Énéide*. Virgile ne se contenta pas d'imiter *l'Odyssée* et *l'Iliade,* il traduisit et abrégea la plupart des batailles du poëte grec; il copia pour ainsi dire, selon Macrobe, un autre poëte nommé Pisandre, pour en former le deuxième livre. Il prit de nombreux fragments non-seulement dans les écrivains de sa nation qui l'avoient précédé, mais encore dans quelques-uns de ses plus illustres contemporains, tels que Lucrèce, Catulle, Varius, etc.; en sorte que l'on peut dire que cette épopée fut la première véritable *mosaïque* [1].

[1] Mon défenseur ne va pas assez loin. *Les Argonautes* d'Apollonius de Rhodes, *Médée* d'Euripide, *la Guerre de Troie* de Quintus de Smyrne (c'est l'opinion de Lacerda), ont été mis à contribution par Virgile. Croira-t-on qu'on reprochoit à *l'Énéide* d'être écrite d'un style commun, et de tenir le milieu entre l'enflure et la sécheresse? Périlius Faustinus avoit fait un livre pour rassembler tous les vols de Virgile; Octavius Avitus composa plusieurs volumes des seuls vers pillés et des passages des divers auteurs imités par ce grand poëte. On sait généralement que Virgile a traduit Homère; mais on ne sait pas jusqu'à quel point cela est porté. Si on entreprenoit de vérifier les imitations, la plume à la main, je ne sais pas s'il resterait vingt vers de suite, je ne dis pas seulement à *l'Énéide*, mais encore aux *Bucoliques* et aux *Géorgiques.* Qu'est-ce que tout cela prouve contre Virgile? Rien du tout.

«Le Tasse, le plus célèbre poëte épique des temps modernes, enleva à son tour des fragments aux Grecs et aux Latins. Ses héros furent, autant que son sujet le lui permettoit, une copie de ceux d'Homère. Il fit passer dans sa *Jérusalem* des tableaux, des comparaisons, des descriptions, tellement imités de Virgile, qu'on reconnoît la construction et l'expression même du poëte latin jusque dans le nouvel idiome dans lequel elles ont été transportées. La *Bible* lui fournit aussi des fragments, et c'est ainsi qu'il légua à M. de Chateaubriand l'exemple d'une seconde véritable *mosaïque*.

«Milton vint ensuite, et prit dans le quatrième livre du Tasse le sujet de son *Paradis perdu*. Il copia le fameux discours de Satan, qui commence par ces mots : *Tartarei Numi;* il emprunta d'un comique italien quelques pensées qu'il jugea dignes de son sujet; il ne craignit pas de s'approprier ce qu'il trouva de bon dans la tragédie de Grotius, intitulée *Adam exilé*. La *Sarcotée*, mauvais poëme d'un jésuite allemand nommé Masenius, lui fournit quelques centaines de vers; il puisa dans la *Bible* plus que tout autre, et son poëme fut la troisième véritable *mosaïque*.

«Il me seroit aisé de pousser cet examen jusqu'au *Télémaque* de Fénelon, et même à *la Henriade* de Voltaire: mais je crois en avoir assez dit. Lorsqu'un écrivain traite un sujet sur lequel d'autres se sont déjà exercés, il y a certaines idées principales qui doivent nécessairement se présenter, qui par-là même sont à tout le monde. Les poëtes ne diffèrent entre eux sur ce point que par les couleurs dont ils ornent leurs tableaux. Personne d'ailleurs, avant les censeurs des *Martyrs,* ne leur a contesté le privilége de transporter dans leurs ouvrages les beautés de ceux qui les ont précédés, pourvu qu'ils sachent se les rendre propres par la manière dont ils les emploient.

«On sait, dit M. de La Harpe, que faire passer ainsi dans «sa langue les beautés d'une langue étrangère, a toujours «été regardé comme une des conquêtes du génie; et pour «juger si cette conquête est aisée, il n'y a qu'à se rappeler

« ce que disoit Virgile, qu'il étoit moins difficile de prendre
« à Hercule sa massue que de dérober un vers à Homère. »

« Longin, dans son *Traité du Sublime,* va plus loin encore
que M. de La Harpe : parmi les Grecs, il cite Hérodote,
Stésichore et Archiloque ; puis il ajoute : « Platon est celui
« de tous qui a le plus imité Homère ; car il a puisé dans
« ce poëte comme dans une vive source *dont il a détourné*
« *un nombre infini de ruisseaux...* Au reste, on ne doit point
« regarder cela comme un larcin, mais comme une belle
« idée qu'il a eue, et qu'il s'est formée sur les mœurs, l'in-
« vention et les ouvrages d'autrui [1]. »

Le choix des autorités citées par mon défenseur est excellent, et me justifie assez sur un point qui ne méritoit
guère la peine qu'on s'y arrêtât.

Quelques lecteurs ont cru que j'avois transporté trop
littéralement dans mon ouvrage des morceaux choisis de
poésie antique ; c'est une erreur que les notes dissiperont :
ces lecteurs ont été trompés par un ou deux vers placés
dans les strophes ou dans les chœurs des hymnes à Diane,
à Bacchus, à Vénus. Pour en donner un exemple, le *Pervigilium Veneris,* chanté dans l'île de Chypre, n'est point le
Pervigilium faussement attribué à Catulle ; je n'ai emprunté
de lui que le *Cras amet* et un demi-couplet. La première
strophe est imitée en grande partie de Lucrèce, et la seconde entière est de moi.

J'ai peu puisé chez les anciens pour les comparaisons :
celles des *Martyrs* m'appartiennent presque toutes. Les
personnes dont le jugement fait ma loi pensent que c'est
peut-être, avec les transitions, la partie la plus soignée de
l'ouvrage. On paroît surtout avoir remarqué la comparaison
du lion dans la bataille des Francs ; celle de la voile repliée
autour du mât pendant la tempête, celle du chant du coq
sur un vaisseau, celle de l'homme qui remonte les bords
d'un torrent dans la montagne, et qui arrive à la région
du silence et de la sérénité ; mais enfin j'ai dérobé quel-

[1] *Traité du Sublime,* chap. XI.

ques comparaisons à la *Bible*, à Homère, à Virgile; et la critique, qui prend tout cela pour imitation littérale, ne s'aperçoit pas que ces comparaisons sont totalement changées.

La comparaison de l'Égypte à une génisse est de l'Écriture. Ayant à peindre l'Égypte après l'inondation, j'ai ajouté : « L'Égypte, toute brillante d'une inondation nou-« velle, ressemble à une génisse féconde qui *vient de se baigner dans les flots du Nil.* » Ai-je eu tort d'imiter ainsi, et ne pourrois-je pas revendiquer la comparaison entière ?

On connoît la description du chêne dans *les Géorgiques*; description qui, pour le dire en passant, est tirée d'une comparaison de *l'Iliade*. Comme Homère, j'ai mis cette description en comparaison; et voulant peindre la fortune décroissante d'Hiéroclès, j'ai dit : « Le pâtre qui contemple « le roi des forêts du haut de la colline, le voit élever au-« dessus de ses rameaux verdoyants une couronne desse-« chée. » Ce trait ne me rend-il pas propre le passage imité ?

On a blâmé ma comparaison d'Homère avec un serpent qui fascine par ses regards une colombe, et la fait tomber du haut des airs. La colombe est Cymodocée. Cette critique, si je ne m'abuse, est peu raisonnable. Le serpent, chez les poëtes, est un animal fort noble. Hector, dans *l'Iliade*, est comparé à un serpent. Le serpent étoit mêlé à toutes les choses sacrées : un serpent sort du tombeau d'Anchise, en Sicile, et vient goûter aux gâteaux des sacrifices. Le serpent étoit l'emblème du génie : cela convient-il à Homère ? Le serpent étoit consacré à Apollon : Apollon n'a-t-il aucune analogie avec Homère ? Au temple de Delphes, l'oracle, dans les premiers âges, étoit rendu par un serpent : ce serpent ne peut-il être l'emblème du plus grand des poëtes, inspiré par le souffle du dieu des vers ? Le serpent étoit l'image de l'univers et de l'éternité : cela convient-il mal à un poëte dont les ouvrages dureront autant que le monde ? Enfin, dans l'Écriture, le serpent, animé par le *père des mensonges,* séduit la belle compagne de l'homme : Homère, *père des fables,* qui charme l'esprit de

Cymodocée, n'offre-t-il pas ainsi tous les rapports nécessaires à la comparaison qu'on attaque?

Si d'une part on a cru que j'imitois, quand je n'imitois pas, de l'autre on a mis sur mon compte des choses qui appartenoient à l'antiquité. Eudore, au milieu de son épreuve, dit à Festus : « Regardez bien mon visage, afin de « me reconnoître au jugement de Dieu. » Je ne sais pas ce que cela peut avoir de risible; mais je sais que, quand on se mêle de critiquer, il ne faut pas pousser le défaut de mémoire jusqu'à méconnoître un passage de l'Écriture; passage qui se retrouve mot à mot dans le *Martyre de sainte Perpétue*[1]. J'aurois ici un beau sujet de triomphe : je ne triompherai point cependant, car le plus habile homme se trompe quelquefois, quoique la méprise soit un peu forte; il n'y a qu'un certain ton qu'un habile homme ne prend jamais.

Au reste, mes remarques épargneront à Homère, à Moïse, aux prophètes, mille petites tracasseries qu'on leur a faites sous mon nom : ils ont bien de quoi se défendre par eux-mêmes; et vraiment je suis trop sujet à faillir pour me charger encore des sottises de *l'Iliade* et des erreurs de la *Bible*. On saura donc, en consultant la note, s'il y a sûreté, et si l'on peut me traiter comme je le mérite. Toutefois, je m'accuserai d'un peu de malice : je n'ai pas tout cité dans les remarques; et je ne serois pas surpris que tel malheureux fragment que j'aurois négligé de dénoncer à la critique n'attirât aux anciens une nouvelle avanie. Dans ce cas, je promets le silence : je recevrai avec humilité les réprimandes adressées à Platon, Sophocle, Euripide; je serai même charmé qu'on apprenne à vivre à tous ces Grecs imprudents fourvoyés dans *les Martyrs*.

Il me reste à dire quelques mots du style des *Martyrs* : on l'a beaucoup moins attaqué que celui de mes premiers

[1] Notate tamen nobis facies nostras diligenter, ut recognoscatis nos in die illo judicii. (*Act. Martyr. Passio Sanct. Perpet. et Felicit.*, cap. XVII, pag. 94.)

ouvrages. Autrefois on me battoit avec mes propres armes ; on citoit des phrases, des pages même du *Génie du Christianisme* véritablement répréhensibles. Mais quant aux *Martyrs*, il semble qu'on ait évité avec soin d'en mettre de longs morceaux sous les yeux des lecteurs. Il paroît qu'on s'est généralement accordé, amis et ennemis, à remarquer dans ma manière des progrès du côté du goût et de l'art. Si je m'en tiens au jugement des censeurs opposés aux *Martyrs*, le second livre, presque tout le récit, le combat des Francs surtout, une partie de l'*Enfer* et du *Purgatoire*, le livre des harangues, le caractère de Cymodocée et de Démodocus, sont les meilleures choses qui soient échappées à ma plume; il n'y a pas assez d'expressions pour les louer. Comment donc croire qu'un livre qui, d'après ses plus violents détracteurs, renferme un personnage comparable à Priam, et un combat qui n'est point effacé par les plus beaux combats d'Homère, comment croire que ce livre est oublié, mort, enseveli pour jamais? On va tous les jours à la postérité avec moins de titres; et, grâce à l'imprimerie, l'avenir ne pourra se sauver de nous.

Selon les partisans des *Martyrs*, c'est le second volume qui l'emporte : le livre d'Athènes, celui de Jérusalem, les quatre derniers livres, et particulièrement le dernier, sont ce qu'il y a de préférable dans l'ouvrage. Voilà certes des jugements bien divers, et d'après lesquels il me seroit difficile de me corriger. Les opinions semblent d'accord sur quelque partie du travail, par exemple, sur la prophétie de saint Paul, sur la tentation d'Eudore au repas funèbre, et sur les adieux à la muse. Ces adieux n'ont cependant d'autre mérite que d'exprimer un sentiment vrai, et de montrer en moi ce qu'on voit dans tous les hommes, la fuite du temps, le changement des idées, et l'approche rapide de ce moment où tout finit. Si ce n'est pas sans quelques regrets, c'est du moins sans remords que j'ai jeté un regard sur les premiers jours de ma vie; et si j'en vois beaucoup d'inutiles, je n'en compte pas un dont je doive rougir.

Je ne sais si je dois revenir sur la question de l'épopée en prose. Les littérateurs de toutes les opinions semblent l'avoir abandonnée, comme une inutile dispute de mots. Car il est certain que d'un côté (ainsi qu'on le prouve judicieusement) la prose n'est pas des vers, et que de l'autre on ne peut anéantir l'autorité d'Aristote et l'exemple du *Télémaque*. Je renvoie le lecteur à la préface des premières éditions. Je rapporterai seulement la réflexion d'un critique : «Si la versification fait l'épopée, a-t-il dit, il en résulte que *l'Iliade*, *l'Odyssée*, *l'Énéide*, *la Jérusalem*, sont des romans dans nos traductions en prose, et des poëmes en grec, en latin et en italien.» L'éloge le plus délicat qu'on ait peut-être fait du *Télémaque*, est celui que j'ai lu dans je ne sais quel journal[1]. Le censeur, pour mettre tous les partis d'accord, suppose que les aventures du fils d'Ulysse sont un beau poëme traduit du grec par Fénelon. On s'est donné la peine de citer Anacréon, pour prouver que les compatriotes d'Homère pouvoient avoir une épopée en prose, mais que nous autres François, nous ne sommes pas si heureux. On a eu tort d'aller si loin. Les hellénistes se taisent, mais ils rient. Je ne relèverai point des erreurs trop affligeantes. En tout, je veux donner à mes censeurs l'exemple de la modération. S'ils n'ont pas craint de blesser mon amour-propre, je me fais un devoir d'épargner leur vanité. Ils attachent sans doute à leurs ouvrages beaucoup plus d'importance que je n'en attache aux miens : puisqu'ils ont mis leur bonheur dans leurs succès littéraires, à Dieu ne plaise que je prétende le troubler. Ces censeurs ont quelquefois écrit des choses agréables et spirituelles ; ce n'est qu'en parlant de moi qu'ils semblent parler de leur talent : je conçois qu'ils doivent me haïr. D'ailleurs, si j'ai sur eux l'avantage de quelques lectures, je n'ai que ce que je dois avoir, puisque je me mêle de faire des livres.

Tout ceci soit dit sans ôter à qui que ce soit le droit de

---

[1] Dans le *Mercure*, peut-être : l'article, à ce qu'il me semble, étoit de M. Auger.

courir sus aux *Martyrs*, comme épopée. Veut-on que ce soit un *roman*? je le veux bien; un *drame*? j'y consens; un *mélodrame*? de tout mon cœur; une *mosaïque*? j'y donne les mains. Je ne suis point poëte, je ne me proclame point poëte, pas même littérateur, comme on me fait l'honneur de me nommer; je n'ai jamais dit que j'avois fait un poëme; j'ai protesté et je proteste encore de mon respect pour les muses. Rien ne m'enchante comme les vers. Et n'ai-je pas passé une grande partie de ma jeunesse à ranger deux à deux des milliers de rimes qui n'étoient guère plus mauvaises que celles de mes voisins? Dans la suite, j'ai préféré un langage inférieur sans doute à la poésie, mais qui me permettoit d'exprimer avec moins d'entraves l'enthousiasme que m'inspirent les sentiments des grands cœurs, les caractères élevés, les actions magnanimes, et le mépris souverain que j'ai voué aux bassesses de l'âme, aux petites intrigues de l'envie, et à ces affectations effrontées de courage et de noblesse, que dément à chaque pas une conduite servile.

CHANGEMENTS FAITS A CETTE ÉDITION, ET REMARQUES AJOUTÉES A LA FIN DE CHAQUE LIVRE.

Dans le troisième livre, les discours des puissances divines sont retranchés : comme ces discours contiennent l'exposition complète du sujet, et le mot du récit, j'ai été obligé d'en conserver la substance. M. de La Harpe, dans son chant du *Ciel*, avoit commis la même faute que moi, et faisoit parler Dieu, à l'exemple du Tasse et de Milton, d'après l'autorité de l'Écriture. On lui fit remarquer que ces discours étoient trop longs, et qu'on ne sauroit jamais prêter à Dieu un langage digne de lui. Il changea son plan, et, par une heureuse idée, il mit ce qu'il vouloit dire dans la bouche du prophète Isaïe. Debout au milieu des saints et des anges, le fils d'Amos lit dans le *Livre de Vie* les destins de la terre. Je n'ai pu m'approprier cette belle fiction : j'ai eu recours à un autre moyen que l'on jugera.

Dans ce même livre du *Ciel*, Cymodocée n'est plus demandée comme une victime immédiate, mais elle est annoncée comme une victime secondaire, qui doit augmenter le mérite du sacrifice d'Eudore. Les passages de l'*Apocalypse* qui avoient servi de prétexte aux plaisanteries bonnes ou mauvaises d'un journal ont disparu : tout ce qui pouvoit blesser la doctrine ou le dogme, dans le *Purgatoire*, l'*Enfer* et le *Ciel*, a été scrupuleusement effacé. Je ne m'en suis pas rapporté là-dessus à mes lumières, je me suis soumis à la censure de quelques savants ecclésiastiques.

J'ai insisté davantage sur la naissance d'Eudore et de Cymodocée, et sur ce qu'ils sont, l'un et l'autre, les représentants des grands hommes et des beaux-arts de la Grèce.

Dans le livre de l'esclavage d'Eudore chez les Francs, j'ai rétabli un morceau que j'avois supprimé sur l'épreuve, et que plusieurs personnes regrettoient.

Dans le livre de Velléda, on ne trouvera plus les imprécations d'Eudore; les couleurs trop vives sont adoucies.

J'ai abrégé la scène de l'entrevue de Cymodocée et d'Hiéroclès : elle sentoit trop le roman.

J'ai annoncé plus fortement et plus clairement le triomphe de la religion.

J'avois quelquefois parlé moi-même comme poëte (qu'on me passe le mot) le langage de la mythologie : j'ai fait disparoître ces légères inadvertances ; j'ai retranché plusieurs comparaisons, abrégé quelques détails de mœurs, et corrigé quelques fautes contre l'histoire et la géographie.

Enfin, j'ai ajouté des remarques à chaque livre.

Ces remarques contiennent les imitations d'Homère, de Virgile, etc., etc. Les autorités historiques se trouveront aussi dans ces notes. On y verra enfin d'assez longs morceaux de mon *Itinéraire de Paris à Jérusalem, en passant par la Grèce, etc.* Ces morceaux serviront de commentaires aux descriptions de la Grèce, de la Syrie et de l'Égypte. Je n'ai passé en Orient que pour visiter les lieux où j'ai placé la scène des *Martyrs;* il est donc tout simple que le voyage justifie les tableaux du voyageur.

J'ai écrit ces notes avec une grande répugnance, et seulement pour obéir au conseil de mes amis. Ils m'ont représenté que beaucoup de lecteurs, étrangers au langage de l'antiquité, avoient besoin d'une espèce d'explication pour lire *les Martyrs;* que c'étoit l'unique moyen de faire tomber une foule de critiques. J'ai cédé à ces raisons; mais j'aurois mieux aimé que l'avenir, s'il y a un avenir pour moi, se fût chargé du commentaire. J'ai développé mon plan dans ces remarques, et montré la suite de mes idées et de ma composition. Je l'ai fait avec sincérité, et comme j'en aurois agi pour l'ouvrage d'un autre. Ces remarques apprendront du moins quelque chose à quelques lecteurs, et elles seront un monument de ma bonne foi.

Tout ceci prouve, j'espère, ce qui est déjà prouvé, mon obéissance à la critique. Elle est telle, que souvent mes amis n'osent me faire des objections, dans la crainte de me voir changer et bouleverser tout au moindre mot. Je n'ai point cet orgueil qui se complaît dans une erreur. Si quelque chose me rendoit indocile à la leçon, c'est la manière dont elle est donnée. Je ne reçois point un conseil sous la forme d'un outrage; autant je pourrois craindre la séduction de la bienveillance, de l'estime, des prévenances, des égards, autant je repousse le ton impérieux et les airs de maître.

Il faut parler à présent de certains reproches qui me sont beaucoup plus sensibles que tous les autres, parce qu'ils semblent tomber sur mes amis.

On a voulu faire entendre que des hommes distingués, dont le jugement est une autorité puissante, après s'être prononcés pour *les Martyrs,* se sont ensuite *prudemment retirés,* lorsqu'ils ont vu déchirer l'ouvrage.

Qu'on sache que les amis qui me restent, tout petit que soit le nombre, ne sont pas de ceux qui se retirent au jour du combat : ils ont un jugement formé, et ils n'attendent point l'approbation ou l'animadversion d'un bureau d'esprit pour savoir à quel rang ils doivent placer un ouvrage : ils regardent *les Martyrs* comme le meilleur, ou, si l'on veut, comme le moins foible de mes très foibles écrits. Est-ce un homme dont le beau talent, comme écrivain, surpasse encore la pureté du goût comme critique, que l'on a voulu désigner par cette étrange assertion? Mon illustre ami a dit et redit cent fois, à quiconque a voulu l'entendre, ce qu'il pense de mes derniers travaux littéraires; ses sentiments à cet égard sont bien loin d'être changés : le temps et les satires publiées contre mon livre n'ont fait que l'affermir dans l'opinion qu'il a des *Martyrs*, et aucune opinion sur tous les points et sous tous les rapports, ne leur est plus complétement favorable.

Si l'on trouve mauvais que je me vante ici des suffrages que j'ai obtenus; si je sors des bornes d'une modestie que la foiblesse de mes talents me prescrit, et que je n'ai jamais franchies jusqu'à présent, qu'on s'en prenne à l'indigne manière dont on m'a traité. Il est aisé de comprendre pourquoi on avoit hasardé une accusation qui jetoit de la défaveur sur mon ouvrage, en même temps qu'elle flétrissoit le caractère de mes amis. On savoit que les dignités dont le premier d'entre eux est revêtu lui interdisoient toute espèce de lutte dans les journaux; on n'a pas craint alors de l'appeler dans une arène où il ne pouvoit descendre. Si l'indignation que cause l'injustice l'avoit engagé malgré moi dans ce combat, eh bien! on avoit encore tout à gagner : on eût fait du bruit en s'attachant à un nom célèbre.

Enfin, s'il faut en croire les adversaires des *Martyrs*, ce sont les coteries, les cabales, les partis, qui agissent en ma faveur.

Depuis mon entrée dans la carrière des lettres, tous mes pas ont été marqués par des orages. J'ai été accablé d'injures, de pamphlets, de parodies, de critiques, de plaisanteries en prose et en vers; mes phrases traînent dans toutes les saletés des boulevarts; mon nom se rencontre dans toutes les satires. Qu'ai-je opposé à cela? Une seule défense, où, en répondant d'une voix ferme, je n'ai point rendu l'insulte pour l'insulte[1]. Me rencontre-t-on dans ces salons et sur ces théâtres où se forge la renommée? Suis-je de quelque assemblée littéraire? Vais-je lisant mes ouvrages à quiconque veut les écouter? Je vis seul; je n'ai point d'école, point de jeunes gens qui viennent recueillir les paroles du maître. Si j'en crois pourtant la faveur publique, il ne tiendroit qu'à moi de m'entourer de nombreux disciples. Avant la révolution, étant encore dans ma plus grande jeunesse, un heureux hasard me jeta dans la société de M. de La Harpe, et j'eus le bonheur de recevoir les leçons de cet excellent maître. Il a daigné me rappeler dans son testament, et je déplore tous les jours la perte d'un homme si utile aux lettres. Quel défenseur n'ai-je pas perdu! Tout le monde sait l'amitié qui me lie au digne successeur de l'Aristarque françois; amitié qui compte déjà bien des années, puisqu'elle remonte à l'époque où j'ai connu M. de La Harpe. D'autres littérateurs distingués, que je fréquentois à cette même époque, ont suivi des routes différentes de la mienne : ils se sont déclarés mes ennemis, sans que je les aie provoqués; ils m'ont attaqué dans leurs écrits avec violence. Je ne me suis pas plaint de leur infidélité au souvenir d'une ancienne liaison; j'ai lu les critiques qu'ils ont faites de mes premiers ouvrages, j'y ai remarqué du goût, de l'esprit, du talent, du savoir. S'ils m'ont paru quelquefois aller trop loin, j'ai pensé ou que mon amour-propre me trompoit, ou qu'ils étoient emportés malgré eux au-delà des bornes, par cette chaleur d'opinion dont on a tant de peine à se défendre. Je me plais même à reconnoître que les rudes leçons d'une amitié changée m'ont été utiles, et que si *les Martyrs* ont moins de taches que mes précédents écrits, je le dois à ces jugements, peut-être un peu rigoureux. Je ne pense nullement comme ces hommes de lettres en matière de reli-

---

[1] *Défense du Génie du Christianisme.*

gion; mais cela ne me rend point leur ennemi, et je ne le dis point par une hypocrisie superbe [1].

Ce ton n'est guère, il me semble, celui d'un chef de *parti,* d'un homme de *coterie.* Aujourd'hui que l'on a passé envers moi toutes les bornes; aujourd'hui que l'on a tenu, en parlant des *Martyrs,* un langage que l'on ne m'avoit jamais adressé dans la plus grande chaleur de la controverse sur *Atala,* qu'ai-je opposé à cette attaque? Pendant huit mois, un profond silence; maintenant cet *Examen,* où je n'ai pas même employé les réponses personnelles que je trouvois dans la brochure d'un défenseur inconnu.

Ne pourrois-je point, à mon tour, avec plus de justice, accuser mes adversaires de cabale et d'esprit de parti? Je demanderois si des gens pleins de bonne foi et de droiture ne se sont point assemblés pour délibérer sur le sort qu'on feroit aux *Martyrs?* Je demanderois si, dans l'incroyable chaleur de la haine, on n'est point allé jusqu'à proposer d'insulter ma personne autant que mon ouvrage? Ceux qui connoissent à fond l'odieuse intrigue montée contre *les Martyrs,* verront bien que je ne dis pas tout. Et quel moment a-t-on choisi pour m'attaquer! moment où la moindre noblesse de caractère eût suffi pour interdire toute critique injurieuse! Mais on n'a respecté ni ma douleur ni mes regrets.

J'entends d'ici mes adversaires me répondre :

« Vos études, vos voyages, vos sacrifices, vos douleurs, vos regrets ne font rien à l'affaire; le public n'entre point dans toutes ces raisons. *Les Martyrs* sont-ils une bonne ou une méchante épopée? Voilà la question. Il n'y a point d'auteur censuré qui ne crie à l'injustice, à la persécution; qui n'en appelle à la postérité; qui ne se compare à Racine outragé, quoiqu'il n'ait rien de commun avec Ra-

---

[1] Tandis que j'écrivois ceci, les littérateurs distingués dont je parle avec cette modération remplissoient les almanachs de vers injurieux contre *les Martyrs.* La meilleure réponse que je puisse faire à ces littérateurs, c'est de laisser subsister tel qu'il est le paragraphe qui a donné lieu à cette note.

cine. Les droits de la critique sont de dire nettement et clairement son avis, de juger impitoyablement un livre, sans considérations aucunes, sans ménagements, sans égards aux réclamations de l'auteur.»

Non, ce ne sont point là les droits de la critique; et puisqu'elle ignore ses véritables droits, je vais tâcher de les lui faire connoître.

Un homme prend tout à coup le titre d'auteur, il se présente au public sans nom, sans talent, sans bonnes études ; tout annonce en lui une incapacité absolue pour l'art du poëte, de l'orateur, de l'historien : c'est alors que la critique a le droit incontestable de repousser cet homme, sans égards, sans ménagements, sans considérations aucunes. Elle peut employer contre lui toutes sortes d'armes, hors celles qu'interdit l'honneur. Raisonnements, plaisanteries, vérités dures et tranchantes, tout est bon, parce qu'elle fait alors une œuvre charitable : elle arrête un malheureux au commencement d'une carrière où l'attendent les humiliations et le ridicule s'il est riche, le mépris et la misère si la fortune lui a refusé ses dons. Les lettres, sans le talent propre à les rendre utiles ou agréables, ne servent qu'à corrompre le cœur, qu'à nous gonfler de haine et d'envie, qu'à nous arracher aux devoirs de la société, et à nourrir en nous un amour-propre féroce aux dépens de tous les sentiments généreux.

Mais quand la critique croit avoir le droit d'user de la même rigueur dans toute occasion et avec toute espèce d'hommes, dès qu'un ouvrage lui déplaît, elle est dans une grossière erreur. Il résulterait de là que Boileau pourrait être traité comme Chapelain, si le *Lutrin* ou *l'Art poétique* encouroient la disgrâce d'un censeur, et que le premier barbouilleur de jugements littéraires pourroit manquer impunément au génie de Corneille.

Il y a donc nécessairement une règle qu'il n'est permis à personne de violer. Or, cette règle, la voici :

Ce qui décide du ton et des égards que l'on doit employer dans l'examen d'un ouvrage, c'est le plus ou moins de renommée, le plus ou moins d'estime qui s'attache au nom de l'écrivain, et, jusqu'à un certain degré, le plus ou moins de temps, de veilles, d'études, de travaux, que cet écrivain a consacrés aux lettres.

Qu'un auteur ait donc obtenu un succès incontestable, puisque c'est un fait; que ce succès se soutienne après dix ans révolus; que des éditions sans cesse renouvelées, des traductions dans toutes les langues, aient fait, à tort ou à raison, connoître le nom de cet auteur dans toute l'Europe; que cet auteur jouisse d'ailleurs de la réputation d'un honnête homme, la critique qui ne lui oppose qu'une parodie burlesque passe les bornes de son pouvoir : elle doit se souvenir que ce n'est plus un écolier qu'elle corrige; mais qu'elle est appelée à juger un homme vieilli dans l'art, et dont elle ne peut relever les erreurs qu'avec défiance, mesure et politesse; elle sera d'autant plus tenue à ces égards, que l'auteur aura mieux connu le prix de l'estime publique, et que, respectant cette estime, il n'aura point broché son nouvel ouvrage, mais aura fait tous les sacrifices pour rendre cet ouvrage digne du succès qu'ont obtenu ses premiers écrits. Ajoutons que, dans ce cas, l'auteur a le droit de demander que son juge ait au moins cette compétence qui tient à la gravité des études et du caractère, et d'exiger que le peintre en grotesque ne soit pas admis à prononcer sur les tableaux du peintre d'histoire.

Si cette opinion sur les devoirs des juges littéraires n'étoit que la mienne, elle ne mériteroit pas sans doute la peine qu'on s'y arrêtât; mais c'est aussi celle du maître de tous les critiques, d'un homme qui se connoissoit en bons et en mauvais ouvrages, et qui se fit un jeu toute sa vie de tourmenter les Cassagne et les Cotin. «Traiter de haut «en bas, dit Boileau, un auteur approuvé du public, c'est «traiter de haut en bas le public même[1].»

Tels sont les devoirs que la raison, l'équité, la modéra-

---

[1] *Lettres à Brossette,* tom. 1, pag. 61.

tion, l'honneur, prescrivent à la critique. Ont-ils été remplis envers moi, ces devoirs, et dois-je être placé ou dans la classe de l'homme nouveau qui cède imprudemment à la dangereuse tentation d'écrire, ou dans celle de l'homme connu qui a fait des lettres l'occupation principale de sa vie? Ce n'est pas à moi à répondre à cette question.

Disons plutôt, afin de quitter ce triste sujet, et pour faire voir que ce n'est point ma vanité blessée qui se lamente; disons que, si j'ai le droit d'être choqué de certaines leçons, cela ne me rend point injuste. Je sais que je suis amplement dédommagé d'une persécution passagère, par le suffrage des hommes supérieurs, par les critiques décentes de la plupart des journaux, par le jugement favorable de cette société polie que recherchoient surtout Boileau, Racine et Voltaire, enfin, par les applaudissements de la grande majorité du public. Je n'ai jamais espéré d'ailleurs que *les Martyrs* obtinssent dans le premier moment, un succès aussi populaire que celui du *Génie du Christianisme*. Les temps sont changés : l'ouvrage n'est pas du même genre; il convient à beaucoup moins de lecteurs. Jamais un livre de cette nature ne fut reçu d'abord avec enthousiasme, le *Télémaque* excepté; et l'on sait que sa prompte renommée tint à des causes indépendantes de son mérite réel. S'il paroissoit aujourd'hui, il est hors de doute que le vulgaire des lecteurs et des critiques le trouveroit froid, traînant, ennuyeux, et même écrit avec une négligence impardonnable; et cependant, quel chef-d'œuvre de goût, de style et de simplicité!

Malgré l'opposition de mes ennemis, malgré les préjugés de toute espèce qu'on a voulu faire naître contre *les Martyrs*, j'ai encore réussi beaucoup au-delà de mon attente : il s'est plus écoulé d'exemplaires de mon dernier ouvrage en quelques mois, qu'il ne s'est vendu d'exemplaires du *Génie du Christianisme* en plusieurs années. Sans parler des juges qui se sont déclarés pour moi, ceux qui ont condamné *les Martyrs* m'ont donné, pour ces mêmes *Martyrs*, des éloges que je n'ai jamais obtenus pour mes autres écrits ; éloges tels qu'ils sembloient devoir exclure ensuite le ton qu'on a pris avec moi. Mon amour-propre, comme auteur, a donc de quoi se consoler ; mais je ne puis m'empêcher de gémir sur le misérable esprit qui règne dans notre littérature. Quelle idée doivent prendre de nous les étrangers, en lisant ces critiques, moitié furibondes, moitié bouffonnes, d'où la décence, l'urbanité, la bonne foi sont bannies ; ces jugements où l'on n'aperçoit que la haine, l'envie, l'esprit de parti, et mille petites passions honteuses ? En Italie, en Angleterre, ce n'est pas ainsi qu'on accueille un ouvrage : on l'examine avec soin, même avec rigueur, mais toujours avec gravité. S'il renferme quelque talent, on s'en fait un titre d'honneur pour la patrie. En France, on diroit qu'un succès littéraire est une calamité pour tous ceux qui se mêlent d'écrire. Je l'avouerai : quand je vois traîner dans la fange les lambeaux de mes ouvrages, je regrette quelquefois cette carrière où personne n'avoit le droit de prononcer mon nom publiquement sans mon aveu, et où je disposois seul d'une noble obscurité.

Enfin on a parlé, à mon sujet, de philosophe et de philosophie, et cela d'un ton qui n'a fait tort qu'à celui qui l'a pris. Expliquons-nous :

S'il faut, pour être philosophe, applaudir aux progrès des lumières, honorer les sciences, aimer les lettres et les arts, désirer le bonheur des hommes, idolâtrer la patrie, je suis philosophe.

Si, pour mériter ce titre, il faut mépriser la sagesse et la gloire de nos ancêtres, blasphémer une religion qui a civilisé, éclairé et consolé la terre, substituer à l'éternelle parole et aux commandements immuables de Dieu le vain langage et la raison changeante de l'homme ; s'il faut vanter l'indépendance avec un cœur d'esclave, n'avoir pour soi que les crimes et jamais les vertus d'une opinion, je n'ai point été, je ne suis point, et je ne serai jamais philosophe.

C'est ici mon dernier combat : il est temps de mettre un terme à ces vaines agitations. J'ai passé l'âge des chimères, et je sais à quoi m'en tenir sur la plupart des choses de la vie. Quelle que soit désormais la justice ou l'injustice de la critique, je lui abandonne mes ouvrages : on pourra les ensevelir, les exhumer, les ensevelir de nouveau, je ne réclamerai plus. Je suis las de recevoir des insultes pour remercîments des plus pénibles travaux. Dans aucun temps, dans aucun pays, un homme qui auroit consacré huit années de sa vie à un long ouvrage; qui, pour le rendre moins imparfait, eût entrepris des voyages lointains, dissipé le fruit de ses premières études, quitté sa famille, exposé sa vie; dans aucun temps, dis-je, dans aucun pays, cet homme n'eût été jugé avec une légèreté si déplorable. Je n'ai jamais senti le besoin de la fortune qu'aujourd'hui. Avec quelle satisfaction je laisserois le champ de bataille à ceux qui s'y distinguent par tant de hauts faits, pour l'honneur des muses et l'encouragement des talents! Non que je renonçasse aux lettres, seule consolation de la vie; mais personne ne seroit plus appelé, de mon vivant, à me citer à son tribunal pour un ouvrage nouveau.

JUGEMENTS

PORTÉS

SUR LES MARTYRS.

PREMIER EXTRAIT.

Quelques personnes, dont l'opinion mérite d'être comptée, ont paru s'étonner que dans un journal particulièrement consacré aux lettres[1] on n'eût point encore parlé d'un ouvrage qui divise la littérature, et qui n'a cédé qu'à la victoire l'honneur d'occuper toutes les voix de la renommée. Je prends la liberté de rappeler à ces lecteurs impatients, qu'apprécier en quelques heures le travail de plusieurs années, le louer sans le sentir, et le critiquer sans le comprendre, sont des choses également faciles et communes : il faut un peu plus de temps pour se rendre compte à soi-même de l'admiration que l'on éprouve, pour s'assurer des objections que l'esprit, le goût, la connoissance de l'art, peuvent opposer au sentiment; et si des défauts singuliers, se mêlant partout à des beautés du premier ordre, paroissent tenir à un faux principe plutôt qu'à la négligence ou à la foiblesse humaine, il faut au moins chercher, dans la conception première de l'ouvrage, l'erreur qui a séduit le talent.

Au milieu de ces recherches, plus lentes et plus difficiles qu'on ne veut le croire, une réflexion pé-

[1] *Mercure de France* (mai et juin 1809.)

nible arrête souvent le critique de bonne foi; c'est que de tout temps, et surtout de nos jours, les productions d'un écrivain supérieur, avant de trouver des juges, ne rencontrent d'abord que des partisans fanatiques et des détracteurs passionnés. Et Dieu sait comment la modération et la vérité sont accueillies dans le premier choc des opinions et des partis! On est effrayé du courage qu'il faut pour être juste, quand on lit les injures atroces prodiguées à tel homme, qui n'est connu de ses calomniateurs que pour avoir dit avec ménagement ce qu'il pensoit d'une tragédie médiocre, d'un plat discours, ou d'un roman ennuyeux:

> Qui méprise Cotin n'estime point son roi,
> Et n'a, selon Cotin, ni dieu, ni foi, ni loi.
>
> BOILEAU.

Tel est, dans tous les temps, la logique des Cotin et de leurs amis. Et qu'on ne dise point que ce stupide raisonnement de l'amour-propre humilié ne trompe personne: sans doute un petit nombre d'hommes éclairés repousse avec mépris les mensonges de la haine; mais une foule d'honnêtes gens, assez heureux pour ne pas s'occuper des scandales de la littérature, pour ne connoître ni ses intrigues, ni ses fureurs, ni ses basses jalousies, ne peut se persuader que les plus odieuses imputations, répandues avec autant de perfidie que de persévérance, n'aient pour fondements que de légères indiscrétions sur la nullité de certains ouvrages et l'orgueilleuse sottise de leurs auteurs. La Harpe en a fait l'expérience et l'observation : il n'est pas d'infamie absurde qu'on ne parvienne aisément à faire croire aux oisifs d'une grande ville, quand on attaque des hommes qui ont irrité l'orgueil par des critiques mesurées, ou réveillé l'envie par quelque succès : et les choses ont été poussées si loin en ce genre, que les épithètes les plus injurieuses, les qualifications les plus outrageantes, ne prouvent plus rien, absolument rien, si ce n'est l'impudente bassesse et l'audacieuse lâcheté de ceux qui les emploient, sans preuves, dans leurs écrits et dans leurs discours.

Je sais qu'on doit s'attendre à des procédés différents de la part de ceux qui défendent dans *les Martyrs* l'ouvrage d'un noble caractère et d'un rare talent. Oserai-je pourtant le dire ? je ne crois pas que le moment soit encore venu de juger sans passions, et d'apprécier avec une entière indépendance cette nouvelle production de M. de Chateaubriand. Elle s'annonce avec tous les signes d'un succès durable ; critiques piquantes, éloges magnifiques, éditions rapidement épuisées. Des livres immortels ont eu moins de bonheur : je ne puis me défendre de songer à l'accueil que reçut le *Timocrate* de Thomas Corneille, et à celui qu'on fit à l'*Athalie* de Racine ; et si la différence des genres ne permet pas de rappeler ces fameux écarts de l'opinion, si l'on observe avec raison que l'illusion du théâtre et les caprices du parterre ajoutent beaucoup à l'incertitude des jugements publics, je dirai du moins que le poëme de l'Homère anglois resta presque ignoré dans sa patrie pendant un demi-siècle, tandis que des ouvrages, protégés d'abord par la faveur la plus éclatante, n'ont pas même attendu, pour disparoître, le jugement irrévocable de la postérité. Je dirai aussi que le *Télémaque*, à sa naissance, fut assailli par des satires, semblables à ce qu'on a publié de plus ingénieux contre les *Martyrs*; et ce doit être une assez douce consolation pour M. de Chateaubriand de lire aujourd'hui les arguments et les plaisanteries *in-octavo*, dont un abbé Faydit et un sieur de Gueudeville firent trois éditions consécutives contre l'archevêque de Cambray.

Essayons toutefois d'affranchir notre opinion sur *les Martyrs* de l'influence des passions contemporaines, et commençons par mettre sous les yeux du lecteur une analyse fidèle et rapide de cet ouvrage singulier : elle appartient presque tout entière à l'un des critiques qui en ont parlé avec le plus de jugement et de goût.

La belle et douce Cymodocée, fille de Démodocus, dernier rejeton et dernier prêtre d'Homère, traverse les bois du Taygète, en revenant de la fête de Diane-Limnatide. Consacrée aux Muses dès son enfance, l'imagination remplie d'images et de souvenirs poétiques, la jeune prêtresse s'égare à l'entrée de la nuit, et, dans son trouble, appelle à son secours tous les dieux des forêts. Ses cris se perdoient en vain dans les airs lorsqu'elle aperçut un jeune homme qui dormoit appuyé contre un rocher; sa tête, inclinée sur sa poitrine et penchée sur son épaule gauche, étoit un peu soutenue par le bois d'une lance; sa main, jetée négligemment sur cette lance, tenoit à peine la laisse d'un chien qui sembloit prêter l'oreille à quelque bruit : c'étoit le sommeil d'Endymion. Toute tremblante, et craignant d'avoir profané les mystères, Cymodocée tombe à genoux et conjure la colère de Diane.

A ses cris, le chien aboie, le chasseur se réveille... Ce n'est point l'amant de la déesse des bois, c'est un guerrier, l'ami du prince Constantin, le tribun de la légion britannique, Eudore, noble descendant de Philopœmen, qui, rendu à la pureté des mœurs champêtres, a renoncé depuis quelques mois au tumulte des camps et à la pompe des cours. Il ramène la fille de Démodocus auprès de sa demeure, la remet entre les bras de sa nourrice et s'éloigne. Mais quoi! un étranger a rendu Cymodocée à son père, et la fille d'Homère, la prêtresse des Muses, n'a pas exercé envers lui les devoirs de l'hospitalité! Cette pensée seule troubleroit le bonheur de Démodocus. Déjà le char est prêt; il vole, il arrive dans l'Achaïe et franchit l'Alphée. Un vieillard se charge de conduire les voyageurs au champ de Lasthénès, le père d'Eudore. C'est Lasthénès lui-même.

Dans le festin hospitalier qui termine les travaux et la journée, Démodocus, qui avoit offert à ses hôtes la coupe antique d'Homère, comme un gage de sa reconnoissance, voulut faire une libation aux pénates de Lasthénès. « Arrêtez, lui dit avec douceur un vieillard vénérable assis à côté de lui, notre religion nous défend ces signes d'idolâtrie. »

En effet, le prêtre d'Homère étoit assis auprès de Cyrille, évêque de Lacédémone. O prodige! la harpe sacrée répond aux profanes accords de l'Hélicon! les Homérides sont avec des chrétiens!

Tels sont les tableaux que présentent les deux premiers livres des *Martyrs*. A la couleur du style, à la peinture des mœurs, à la richesse, à l'abondance des souvenirs poétiques, on croit lire les belles pages de l'*Odyssée*.

Dès le commencement du troisième livre, un spectacle nouveau, plus imposant, plus sublime, frappe tout à coup les yeux étonnés. Le ciel des chrétiens est ouvert : ses mystères les plus impénétrables sont révélés à la foiblesse humaine; les destins d'Eudore et de Cymodocée sont fixés dans le conseil céleste : tous deux scelleront de leur sang leur attachement à la religion du Christ.

Cependant le gazouillement des hirondelles vient annoncer à Lasthénès le lever du jour; il se hâte de quitter sa couche : la famille chrétienne et les descendants d'Homère se réunissent dans une île, au confluent du Ladon et de l'Alphée, et le fils de Lasthénès commence le récit de ses aventures : il dit ses combats, ses victoires, ses fautes et son repentir; l'amour coule avec ses paroles, et s'insinue dans le cœur de Cymodocée, déjà touchée, déjà prévenue en faveur de la religion d'Eudore. Satan le voit, il triomphe, et se flatte de profiter de cet amour pour jeter le trouble dans l'Église. Il confie son plan détestable aux complices de sa révolte, devenus les compagnons de son supplice. Le plan est adopté, et les démons se répandent sur la terre pour l'exécuter.

Tandis que les anges et les saints tiennent leurs regards arrêtés sur Eudore et Cymodocée, dont l'enfer a conjuré la ruine, la prêtresse des Muses déclare à son père qu'elle veut être chrétienne, pour devenir l'épouse d'Eudore. Le vieillard se trouble, s'afflige, combat un moment la résolution de sa fille, et cède enfin à ses vœux. Les deux familles se disposent à partir pour Lacédémone.

Mais déjà le sophiste Hiéroclès, l'ami, le ministre de Galérius, à qui Dioclétien va bientôt céder l'Empire, a donné le signal de la persécution contre l'Église de Jésus-Christ. Hiéroclès est depuis longtemps l'ennemi, le rival d'Eudore, l'indigne amant de Cymodocée. Il arrive dans l'Achaïe, et ordonne le dénombrement des chrétiens. Le démon de la jalousie s'empare de cette âme féroce ; c'est bien moins Eudore qu'Hiéroclès veut punir, que l'époux désigné de Cymodocée qu'il brûle d'immoler. Furieux de n'avoir pu la lui arracher au pied des autels, il la poursuit jusque dans les bras d'Hélène, de la mère de Constantin, retirée à Jérusalem. Bientôt, malgré l'éloignement des lieux et tous les efforts de la prudence humaine, les décrets du ciel ramènent Cymodocée en Italie ; et les satellites d'Hiéroclès la livrent à son persécuteur : elle n'échappe à son infâme brutalité que par une insurrection du peuple de Rome et pour être plongée dans les prisons en qualité de chrétienne.

Cependant son intrépide époux, Eudore a confessé la croix au milieu des supplices; il demande et obtient la gloire du martyre. Cymodocée l'apprend. Une main amie avoit brisé ses fers. Rendue à la tendresse de son père, elle peut braver, dans un asile sûr, les orages de la persécution : mais elle se dérobe à tous les yeux; elle vole à l'amphithéâtre et se précipite dans le sein de son époux. Sa jeunesse, ses charmes, son dévouement, rien n'attendrit le peuple féroce qui l'environne; il est altéré du sang des martyrs. Cymodocée est chrétienne; elle doit partager le sort d'Eudore : un anneau trempé dans le sang de son époux devient le gage et le signe terrestre de cette union qui va s'accomplir dans le ciel. La trompette a sonné, la porte de la caverne a mugi sur ses gonds, le tigre s'élance... et le martyre est consommé.

« Soudain l'on aperçut au milieu des airs une
« croix de lumière semblable à ce Labarum qui
« fit triompher Constantin; la foudre gronde sur
« le Vatican, colline alors déserte, mais souvent
« visitée par un esprit inconnu. L'amphithéâtre
« fut ébranlé jusque dans ses fondements; toutes
« les statues des idoles tombèrent; et l'on entendit,
« comme autrefois à Jérusalem, une voix qui di-
« soit :

« Les dieux s'en vont! »

Tel est, dans son ensemble, le plan et la marche du nouvel ouvrage de M. de Chateaubriand. Il me paroît impossible de n'y pas reconnoître d'un coup

d'œil le dessein et la forme d'un véritable poëme.
Or, si, comme je n'en doute pas, l'auteur a voulu
composer une épopée en prose, sans m'arrêter à
de vaines discussions sur l'infériorité du langage
qu'il a choisi, et sur la prééminence incontestable
de la poésie, j'examinerai si les héros de ce poëme
sont, en effet, des personnages épiques, si l'importance de l'action répond à la grandeur du sujet, et
si le résultat est digne des moyens. Je passerai ensuite aux détails, qui souvent rachètent par des
beautés sublimes le défaut que je crois apercevoir
dans la première conception de l'ouvrage.

De tous les poëmes épiques, consacrés par l'épreuve du temps et l'admiration des hommes, je
n'en connois aucun dont le héros soit un personnage d'invention. Achille, Ulysse, Agamemnon,
n'étoient pas, pour les Grecs comme pour nous,
des demi-dieux dont le berceau, la vie et la mort
sont environnés de fables. Homère avoit renfermé
dans l'*Iliade* et dans l'*Odyssée* l'histoire de la religion
de sa patrie. Les Romains reconnoissoient dans
l'*Énéide* les héros fondateurs de leur empire, et
l'origine antique de la maison des Césars. Chez les
nations modernes qui se glorifient d'avoir agrandi
le domaine de l'épopée, les plus hardis génies ne
se sont point écartés de l'exemple des anciens. Le
Tasse, dont l'imagination féconde créoit si facilement des personnages pleins de noblesse et de
grâce, leur a donné pour chef un guerrier dont la
mémoire étoit chère à tous les peuples chrétiens.
L'Arioste lui-même, toujours environné des pres-

tiges de la féerie, toujours égaré dans un dédale de fables comiques et d'aventures romanesques ; l'Arioste qui s'est placé, pour ainsi dire, dans un monde imaginaire, n'a point osé permettre à l'épopée d'y choisir des héros inconnus : il a pris pour les siens Roland et Charlemagne. Vasco de Gama, dans la *Lusiade ;* Henri IV, dans le poëme des François, appartiennent encore plus à l'histoire ; et Satan ou le premier homme (car on s'est demandé plusieurs fois lequel des deux est le héros de Milton) sont liés l'un et l'autre aux premières idées, aux premières connoissances religieuses de tous les chrétiens. Aussi tous ces personnages arrivent avec majesté sur la scène de l'épopée : armés de gloire et de puissance, dès qu'ils paroissent, ils s'emparent de l'imagination et la préparent à des prodiges. On est disposé à croire qu'un pouvoir surnaturel préside à la destinée de ces êtres, qui sont à nos yeux d'une nature privilégiée. Tous leurs intérêts, toutes leurs entreprises nous semblent dignes d'une intervention céleste : on se rappelle involontairement le précepte d'Horace :

Nec deus intersit nisi dignus vindice nodus.

Et le nom seul du héros fonde le merveilleux du poëme : il n'en est pas ainsi d'Eudore et de Cymodocée [1].

---

[1] L'auteur a répondu à cette objection dans l'*Examen*, en reconnoissant toutefois que la critique étoit d'un homme de goût et plein d'urbanité.

(*Note de l'Éditeur.*)

Je trouve des autorités en faveur de cette opinion jusque dans ces ouvrages équivoques où Calliope ne dédaigne pas de raconter en prose les actions des sages et des guerriers. *Télémaque*, le premier de tous, monument immortel qui suffiroit seul pour autoriser ce genre, confirme le principe au lieu de l'affoiblir. En effet, quel étoit le but de Fénelon ? Il vouloit peindre la sagesse corrigeant les défauts d'un caractère ardent, irascible, impétueux, et la prudence dérobant la jeunesse aux piéges de l'amour et de la volupté. Le génie pouvoit présenter ce tableau sous mille formes différentes, et sembloit devoir préférer de mettre en action des personnages inventés. Mais dès qu'il s'arrête à l'idée d'une narration épique, il choisit un héros, environné de toutes les traditions et de tous les souvenirs de l'épopée ; c'est le fils d'Ulysse, que Minerve, sous la figure de Mentor, conduit elle-même dans les orages de la vie, et qu'elle éloigne, malgré lui, des îles perfides de Vénus et de Calypso. Remarquons, en passant, que cette allégorie transparente est le seul merveilleux employé dans l'ouvrage ; économie admirable que le talent le plus fécond crut devoir s'imposer, comme s'il avoit craint, en écrivant en prose, d'abuser des priviléges de la poésie.

Après avoir cité Fénelon, je me garderai bien de proposer à M. de Chateaubriand, comme des modèles, des écrivains qu'il a souvent laissés fort loin derrière lui. Plusieurs étoient cependant des littérateurs d'un mérite peu commun ; et Marmontel,

Bitaubé, Florian, le premier dans *Bélisaire* et dans *les Incas*, le second dans *Joseph* et dans *les Bataves*, le dernier dans *Numa Pompilius* et dans *Gonzalve de Cordoue*, ont également senti que le choix d'un héros connu pouvoit seul donner de l'intérêt et de la dignité à l'action. Cette marche constante du génie et du talent, dans tous les ouvrages qui, par le genre, se rapprochent des *Martyrs,* mérite, je crois, d'être toujours suivie : on s'en est écarté dans *Télèphe* et dans *Sétos* ; mais qui voudroit justifier M. de Chateaubriand par l'exemple de Péchméja ou de l'abbé Terrasson ?

Je sais qu'on le défend avec plus d'avantage, et par un raisonnement très ingénieux. Eudore, dit-on, descend de Phocion et de Philopœmen ; Cymodocée est le dernier rejeton d'Homère : l'un représente toute la gloire de la Grèce antique; l'autre tout le génie du paganisme. Eudore et Cymodocée sont les vertus, l'héroïsme, la morale et la poésie de la religion païenne, subjuguée par les vertus, l'héroïsme, la morale et la poésie de la religion des chrétiens.

C'est ainsi que l'auteur des *Martyrs* a voulu mettre sa poétique en action, et prouver la vérité des principes qu'il a établis dans son *Génie du christianisme*. Mais cette idée féconde n'est point développée : l'origine des héros du poëme n'influe point assez sur le caractère et sur les événements. L'action se passe à la fin du règne de Dioclétien ; et l'on voit trop qu'à cette époque une foule de générations obscures s'étoit écoulée entre Homère, Phocion,

Philopœmen, et leurs derniers descendants. Eudore et Cymodocée peuvent dire comme la belle et modeste Monime :

> Quelque rang où jadis soient montés mes aïeux,
> Leur gloire, de si loin, n'éblouit point mes yeux.
>
> RACINE.

Elle n'éblouit pas davantage le lecteur : elle ne l'intéresse point assez vivement en faveur d'Eudore et de Cymodocée. Je persiste à croire que ces deux personnages, très bien placés, excellents dans un épisode, ne doivent pas être les héros d'un poëme, et ne peuvent point supporter le fardeau majestueux de l'épopée [1].

De la foiblesse des personnages résulte, ce me semble, la foiblesse de l'action, comparée à la grandeur du sujet. N'oublions point qu'il s'agit de montrer *le Triomphe de la Religion chrétienne* : par quels événements le poëte va-t-il y parvenir ? Une jeune vierge, égarée par un accident très commun, rencontre dans les bois du Taygète un jeune homme qui la ramène chez son père : elle n'ose le retenir et lui offrir les soins de l'hospitalité. Pour réparer cette faute de l'innocence et de la pudeur, Démodocus et Cymodocée vont offrir des présents à la famille d'Eudore. Ils y entendent le récit de ses aventures. Ce récit, plein de beautés variées, souvent neuves, quelquefois sublimes, occupe plus d'un tiers de l'ouvrage, et l'on a lu la moitié du

---

[1] Voyez encore l'*Examen*.

(*Note de l'Éditeur.*)

poëme avant que l'action ait commencé sur la terre. Je dis, sur la terre, car les mystères du ciel et les complots de l'enfer sont révélés dans le troisième et le huitième livre, et j'examinerai bientôt l'emploi de ce merveilleux : en attendant, suivons la marche de l'action. Elle commence à la fin du douzième livre par les amours d'Eudore et de Cymodocée. Bientôt l'arrivée d'Hiéroclès en Achaïe force les deux amants à chercher un asile contre ses fureurs. Cymodocée se réfugie à Jérusalem ; Eudore se rend à Rome et plaide devant le sénat la cause des chrétiens. Son éloquence ne peut empêcher l'édit de persécution ; il est lui-même plongé dans les cachots, et n'en sort que pour aller au martyre. Cymodocée, de son côté, poursuivie jusque dans les lieux saints par les satellites d'Hiéroclès, rencontre saint Jérôme dans la grotte de Bethléem, reçoit le baptême dans les eaux du Jourdain, et s'embarque pour la Grèce. Une tempête la pousse en Italie ; arrachée des bras d'Hiéroclès par une émeute populaire, elle est emprisonnée comme chrétienne, et vient mourir dans l'amphithéâtre à côté de son époux. Ainsi les deux martyrs ont triomphé de leurs persécuteurs par le courage que la religion leur inspire : mais peut-on dire que le christianisme ait triomphé des faux dieux ? Leurs temples sont encore debout ; le paganisme est sur le trône ; à peine entrevoit-on dans l'éloignement l'élévation future de Constantin. Cette action foible et languissante, où le héros ne fait rien que prier et souffrir, est-elle digne de l'épopée ? est-elle digne de la grandeur du sujet? et les résultats répondent-ils aux moyens?

C'est ici qu'il faut parler de ce merveilleux, auguste, sublime, vraiment épique, peut-être même trop au-dessus de l'intelligence, de la pensée et de la voix de l'homme, dans l'emploi duquel M. de Chateaubriand n'a pas craint de lutter contre le Dante et contre Milton. Son talent justifie son audace, et j'ose dire que le langage de la prose ne s'est peut-être jamais élevé plus haut. Mais tant de grandeur et de majesté, tant de force et de puissance, ne font-elles pas ressortir davantage la nullité de l'action et la foiblesse des héros? Le ciel et l'enfer sont en mouvement pour deux personnages presque immobiles et presque inconnus! Et quels sont les résultats produits par ces moyens terribles, par cette volonté immuable, irrésistible, éternelle, qui, d'un signe, crée ou détruit les mondes et les générations? Une vierge timide, un jeune guerrier, tombent sous la dent d'un tigre, et une voix crie : « *Les dieux s'en vont!* » Mais, je le répète, les dieux ne s'en vont pas; les autels des idoles seront encore souillés du sang des chrétiens : Eudore et Cymodocée ne sont pas les dernières victimes de la persécution; Galérius règne, et le triomphe de la croix est encore éloigné. Si Galérius avoit expié par une mort honteuse et cruelle ses vices et sa barbarie; si Maxence et Licinius avoient fui devant Constantin; si je voyois le Labarum briller au-dessus des aigles romaines, je dirois aussi : « Les dieux s'en vont, » et les temples du paganisme ont été purifiés par le sang des martyrs[1]. Alors seroit consommé *le triomphe de la religion chrétienne*, et ce grand résultat, cet événement qui changea la face du monde, amené par une action forte, héroïque, attachante, telle que la belle imagination de M. de Chateaubriand pouvoit l'inventer, eût été digne de la grandeur du sujet et de l'immensité des moyens. Je ne prétends point pour cela que Constantin soit un personnage qui convienne à l'épopée : je sais que l'histoire l'accuse d'un grand crime, et les crimes de l'ambition de Constantin ne sont pas de ceux que le sentiment peut pardonner au héros d'un poëme épique. C'est au génie qu'il appartient de mesurer cet obstacle et de le vaincre. Je ne fais qu'indiquer ici ce qui, selon moi, devoit former le dénoûment d'un ouvrage intitulé : *le Triomphe de la Religion chrétienne*. Sans doute ce triomphe est également admirable dans la foi, la résignation, la constance pieuse des martyrs, et l'idée d'en faire, sous ce rapport, le sujet d'un poëme, est bien dans l'esprit d'une religion qui se réjouit de ses malheurs et se glorifie de ses souffrances : mais cette idée est, je crois, beaucoup moins analogue au génie de l'épopée.

Je viens d'exposer sans détour la seule critique générale dont l'ouvrage de M. de Chateaubriand m'eût paru susceptible. Quoique persuadé qu'elle est juste, je ne la présente qu'avec méfiance, et

---

[1] L'auteur a cédé à cette observation du critique en ajoutant un long paragraphe à son poëme dans les éditions qui ont suivi la première.

(*Note de l'Éditeur.*)

c'est à M. de Chateaubriand lui-même que je la soumets. Personne n'est plus capable que lui de prouver que je me trompe ou de réparer l'erreur qui a séduit son magnifique talent. Car cet ouvrage, dont la conception première me semble défectueuse, n'en est pas moins rempli de ces beautés éclatantes qui caractérisent un génie éminemment poétique, un génie destiné à revêtir des charmes de l'expression ce que la pensée de l'homme a de plus profond, ce que le sentiment a de plus doux, ce que la gloire a de plus imposant, *os magna sonaturum*. L'examen détaillé de quelques parties de son poëme me fournira l'occasion de répéter cet éloge dans un second article sur les *Martyrs* : et pour me livrer au double plaisir d'admirer et de justifier mon admiration, je vais relire tout le récit d'Eudore, le combat des Francs, l'épisode de Velléda, et ce touchant adieu que le poëte adresse à sa muse au commencement de son dernier chant [1].

[1] Cet extrait, ainsi que le suivant, est de M. Esménard, auteur du poëme de *la Navigation*, et dont les lettres ont eu à déplorer trop tôt la perte.

(*Note de l'Éditeur.*)

SECOND EXTRAIT.

Le récit d'Eudore est sans contredit l'épisode le plus important des *Martyrs*, et la partie de l'ouvrage où le talent se montre avec le plus de vigueur et de flexibilité. Il règne une admirable vivacité de tons dans la peinture des champs paisibles de la Grèce, et dans celle de la capitale de l'univers. A Rome, Eudore passe tour à tour du palais des empereurs au cimetière des chrétiens : c'est là qu'un solitaire, ignoré des maîtres du monde, élève au ciel, pour eux et pour leurs peuples, des mains pures et des vœux innocents, tandis que les fidèles viennent des extrémités de la terre entendre et reconnaître en lui l'organe du Dieu qu'ils adorent, et le chef de l'Église universelle. Quel contraste que celui d'un évêque chrétien, exerçant dans le silence et la pauvreté cette puissance inexplicable, irrésistible, immense, avec ces farouches Césars, toujours chancelants sur le trône, et forcés enfin, pour s'y maintenir, de fléchir le genou devant les autels d'une religion persécutée qui, du fond des prisons et du haut des échafauds, renversait les statues de la Victoire et mettait en fuite les dieux du peuple-roi ! On chercheroit en vain dans l'histoire des hommes un second spectacle aussi imposant, aussi prodigieux; et sans doute il appartenoit à l'auteur du *Génie du Christianisme* de l'offrir aux méditations d'un siècle qui se pique de tout approfondir et de tout expliquer. Suivons Eudore chez l'un de ces pasteurs de l'Église naissante, si héroïque dans ses souffrances, si puissante dans son obscurité. (Voyez le livre IV.)

. . . .

Cependant Eudore, qui n'avoit point encore cette sagesse, cette modération, cette inaltérable fermeté d'âme qu'il puisa bientôt dans le sein de la religion, et qu'il montra dans le reste du poëme, dédaignant les avis de Marcellin, les devoirs d'un chrétien et les anathèmes de l'Église, suit à Baïes la cour des Césars. Lié d'une amitié tendre avec Jérôme et Augustin, il découvre, il peint, dans le premier, ce génie à la fois barbare et sublime qui le destinoit à devenir l'exemple des plus grands désordres et le modèle des plus austères vertus. Il aime, il admire dans le second la noble douceur de son caractère, la tendresse de son âme, l'éclat et la fécondité de son imagination qui en ont fait le plus bel ornement de l'Église latine et le Platon des chrétiens. Les trois amis, errant un jour dans les environs de Baïes, se trouvent auprès de Literne, devant le tombeau de Scipion l'Africain. Frappés de cette émotion profonde que les cœurs généreux éprouvent devant l'image d'un grand homme qui supporta l'injustice de ses contemporains, ils se rappellent cet ouvrage philosophique où Cicéron a peint le vainqueur d'Annibal, montrant dans un songe à Scipion-Émilien, qu'il existe une autre vie où la vertu reçoit sa récompense. Leur conversation est interrompue par l'arrivée d'un nouveau personnage qui sort du tombeau. C'est un descendant de Thraséas, qui, désabusé de toutes les grandeurs et consolé de toutes les infortunes humaines, a embrassé la religion chrétienne, et vit dans une cellule d'ermite, sur le sommet du Vésuve. Son histoire, que je voudrois pouvoir transcrire, fait une vive impression sur l'esprit des trois jeunes gens. Bientôt après, des circonstances particulières les séparent. Vaincu par les larmes de sa mère, Augustin retourne à Carthage : Jérôme va visiter les Espagnes, les Gaules, la Pannonie, les déserts habités par les solitaires chrétiens; Eudore, dénoncé par Hiéroclès, dont il a déjà mérité la haine, reçoit l'ordre de se rendre à l'armée de Constance, campée sur les bords du Rhin.

C'est ici que M. de Chateaubriand a désarmé les critiques les plus sévères dans la description d'une bataille livrée par les Francs aux Romains et aux Gaulois réunis. Pour trouver quelque chose de supérieur ou d'égal à ce morceau, il faut chercher dans l'*Iliade* les combats les plus admirés, ou, dans le *Roland furieux*, l'attaque des portes de Paris par le roi d'Alger. Les plus grands tableaux de l'épopée antique et moderne sont ici les seuls objets de comparaison, et c'est, je crois, le plus beau triomphe que la prose puisse ambitionner. Mais aussi, malgré l'infériorité de son langage, il est impossible de ne pas reconnoître un poëte à l'harmonie savante et variée de ses phrases, à la multitude de ces comparaisons brillantes, d'images sublimes, d'expressions créées ou pittoresques dont ce récit est rempli. Eudore, à la fin du combat, séparé des légions romaines, accablé par le nombre, tomba percé de coups au milieu de ses compagnons morts à ses côtés, et fut reconnu par un vieillard chrétien, esclave chez les Francs. Devenu le compagnon de sa captivité, chez Pharamond, roi des Sicambres, il observe les commencements du christianisme parmi les Barbares ; décrit leurs mœurs, leurs chasses, leurs plaisirs féroces, leurs courses vagabondes, des rivages de l'océan Germanique jusqu'à ceux du Pont-Euxin. Là, Eudore découvre le tombeau d'Ovide et sauve la vie à Mérovée. De retour au camp de Pharamond, il est témoin de la délibération des Francs sur la paix ou sur la guerre avec les Romains ; et, rendu à la liberté par la reconnoissance de Mérovée, il est chargé d'aller proposer la paix à Constance, et reconduit jusque sur la frontière des Gaules par Zacharie son libérateur, devenu l'apôtre des Francs.

Eudore raconte ensuite les événements de la cour de Constance et de Dioclétien pendant son séjour dans la Germanie ; il passe dans l'île des Bretons, combat Carrausius et obtient les honneurs du triomphe : à son retour dans les Gaules, il est nommé commandant de l'Armorique, et va prendre possession de son gouvernement. Ici commence l'épisode de Velléda. Nous avons déjà vu la simplicité majestueuse du christianisme naissant, opposée dans des tableaux poétiques, à la pompe ingénieuse, aux fables riantes du paganisme. Eudore nous a montré cette religion nouvelle, au fond de la forêt d'Hercynie, triomphant des prestiges barbares qu'enfantoit la mythologie du Nord et des fêtes sauvages consacrées aux divinités d'Edda. Voici maintenant le jeune chrétien aux prises avec la fille des druides, indigné des sacrifices sanglants promis à Teutatès, mais foiblement défendu contre les charmes de sa prêtresse, par les principes sévères d'une religion qu'il a trop négligée. Velléda paroîtra nouvelle, même après la Clémentine de Richardson et la Juliette de Sterne, quoiqu'elle intéresse par des moyens semblables. La différence des couleurs, et l'intention du tableau suiffisent pour éloigner une ressemblance trop marquée. D'ailleurs, cet épisode, qui contraste singulièrement avec le reste de l'ouvrage, est un des morceaux les plus dramatiques et les plus attachants.

Après avoir avoué ses fautes et son repentir, Eudore raconte sa pénitence publique; désormais sans crainte et sans ambition, il abandonne la carrière des armes, et passe en Égypte pour demander sa retraite à Dioclétien. Nouvelle description de la côte d'Afrique, des monuments d'Alexandrie, des rives du Nil, des déserts de la Thébaïde; nouvelles preuves que, dans ce genre, il est peu de talents comparables à celui de l'auteur pour l'abondance, l'éclat et la variété. Enfin, après avoir assisté aux derniers moments de l'anachorète Paul, le fondateur du christianisme dans les sables du désert; après avoir visité Jérusalem, et les sept Églises instruites par le prophète de Patmos; après avoir embrassé Constantin à Byzance, sur le théâtre de sa grandeur future, Eudore, après dix ans d'absence et de malheurs, retrouve enfin les vallons d'Arcadie, et rentre sous le toit paternel.

J'ai remarqué, dans mon premier Extrait, que le récit d'Eudore remplit à peu près la moitié du poëme; cette observation pourroit n'être pas une critique. Les récits d'Ulysse et de son fils occupent aussi beaucoup de place, et cependant paroissent beaucoup plus courts; n'est-ce point parce que l'un et l'autre font partie de l'action, et forment en effet le commencement de l'*Odyssée* et du *Télémaque*, tandis que le récit d'Eudore ne tient que par des fils légers à l'action des *Martyrs*? Cette opinion a besoin d'être développée et d'être protégée par un exemple.

Un épisode d'Homère a fourni à Fénelon le sujet de son ouvrage: Télémaque en est le héros, et l'action du poëme est dans les voyages que le fils d'Ulysse entreprend pour chercher son père. Une tempête l'ayant jeté dans l'île de Calypso, c'est là que commence la narration épique: il est donc nécessaire que le héros raconte les événements qui l'ont amené sur ce rivage, et qui forment eux-mêmes la première partie de l'action. Dès lors son récit ne paroîtra long qu'autant que l'action elle-même sera sans intérêt pour nous.

Examinons à présent l'action des *Martyrs*; elle est dans les mœurs d'Eudore et de Cymodocée, que la jalousie atroce d'Hiéroclès dévoue à la persécution, et qui par le martyre des deux amants, préparent le triomphe de la religion chrétienne. Cette action commence naturellement par la rencontre imprévue d'Eudore et de Cymodocée dans les bois du Taygète; mais elle est interrompue tout à coup par un récit qui prend plus d'un tiers de l'ouvrage, et dont presque tous les détails sont étrangers, ou du moins foiblement liés à l'action principale. Aussi l'admirable combat des Francs, l'esclavage d'Eudore chez Pharamond et Mérovée, la découverte du tombeau d'Ovide, les conseils des peuples Germains, les triomphes du héros dans l'île des Bretons, son aventure romanesque avec Velléda; tous ces morceaux, isolément remplis de charme et d'un intérêt qui leur est propre, ne m'empêchent point de sentir que le véritable intérêt de l'ouvrage languit trop long-temps. Il est évident qu'Eudore pouvoit aimer Cymodocée, et en être aimé, braver le proconsul d'Achaïe, et courir au martyre sans aucun des événements qu'il raconte, et dont le récit, tout beau qu'il est, ralentit le mouvement des personnages, et la marche de l'action.

M. de Chateaubriand connoît trop bien la théorie de l'art pour n'avoir point senti ce défaut, et il a trop de talent pour n'avoir pas heureusement tenté de l'affoiblir. Mais ne voulant point renoncer (et j'avoue que le sacrifice eût été dur) aux beautés du premier ordre qui étincellent de toutes parts dans le récit d'Eudore, il n'a pu l'attacher à l'action que par des fils presque imperceptibles, et qu'on perd de vue à chaque instant. Ainsi, par exemple, je veux croire que les égaremerits et le repentir d'Eudore étoient nécessaires pour lui donner à la fin cette résignation sublime, cette inébranlable fermeté qu'il porte dans les supplices en confessant la foi; mais quoique cette conception soit naturelle et facile à saisir dans l'esprit du christianisme, il me semble qu'elle devoit être développée dans le poëme, et l'auteur ne paroît pas y avoir songé. Le seul endroit où l'on aperçoive clairement l'intention de lier le récit d'Eudore au reste de l'ouvrage, est celui où les erreurs coupables du jeune chrétien forcent l'évêque de Rome à le séparer de la communion des fidèles. Ce passage est d'une beauté remarquable; il a le mérite d'offrir au lecteur une scène très imposante, et de faire entrevoir le dénoûment de l'ouvrage sans en affoiblir la terrible impression. Je crois donc être obligé de le placer ici comme la meilleure réponse aux objections que l'amour de l'art m'a fait élever sur la convenance et la longueur d'un épisode dont personne n'admire plus que moi les riches détails. (Voyez la fin du livre IV.)

. . . .

. . . .

C'est par ce pressentiment sinistre que le récit d'Eudore et ses longues aventures se rattachent une seule fois à l'action et au dénoûment des *Martyrs*. Je ne décide point si cette combinaison est suffisante pour lier les deux parties de ce grand ouvrage, dont l'une embrasse tous les événements de la vie d'Eudore jusqu'à sa rencontre avec Cymodocée, et l'autre tous ceux qui le conduisent, avec sa jeune amante, dans ce même amphithéâtre de Vespasien, pour y périr ensemble sous la dent du tigre. Je n'ai dissimulé ni mes doutes, ni la réponse que j'y trouve dans l'ouvrage même : c'est aux maîtres de l'art à prononcer. J'ajouterai seulement qu'on paroît s'accorder à trouver dans le second volume, quoique moins brillant peut-être de beautés originales et poétiques, plus de mouvement et d'intérêt; or, il me semble que l'infériorité de la première partie, à cet égard, ne peut s'imputer qu'à la longueur et à la nature du récit[1].

Il me seroit facile de citer encore un grand nombre de fragments détachés, pour justifier la haute admiration que j'ai témoignée pour le talent de l'auteur des *Martyrs*. Il seroit encore plus utile de lui soumettre quelques observations critiques sur le caractère des deux principaux personnages, et sur l'abus du merveilleux dont il a cru devoir faire usage. Par exemple, dans cette grande et magnifique scène, où la cause des chrétiens est portée devant le trône des empereurs et devant le sénat romain; quand le prêtre de Jupiter plaide avec une éloquence douce et modeste, pour ces dieux de l'empire dont on n'encense plus que les autels; quand Hiéroclès affiche, avec l'impudence d'un so-

---

[1] Il sera facile, en parcourant les Remarques placées à la fin de chaque volume des *Martyrs*, et l'*Examen* qui précède cet ouvrage; il sera facile, disons-nous, de trouver cette liaison des divers incidents du récit d'Eudore avec l'action principale, qui paroît avoir échappé à la sagacité du critique.

(*Note de l'Éditeur.*)

phiste, le mépris de tous les cultes et de toutes les religions; quand Eudore défend le christianisme avec les armes que lui fournissent Tertullien et saint Ambroise, au milieu du choc de tous les intérêts et de toutes les passions humaines, l'intervention des anges et des démons est-elle bien nécessaire pour influer si foiblement sur la résolution de Dioclétien ? Je ne hasarde cette question que sous le rapport littéraire et poétique; je sais que, dans le temps où se passe l'action, le paganisme étoit encore un culte et n'était plus une croyance. On a dit avec raison qu'à cette époque les prêtres païens parloient et pensoient comme Symmaque, et non point comme Démodocus; mais toutes ces objections de l'histoire et de la philosophie me paroisréfutées d'avance par la nature de l'ouvrage : il s'agiroit seulement de savoir si l'intérêt du poëme gagne quelque chose à l'emploi de ce merveilleux, digne sans doute de la grandeur du sujet, mais qui paroît au-dessus de l'importance de l'action et des personnages. Les bornes de ce journal ne me permettent point de prolonger cette discussion. Je la terminerai donc en répondant à un reproche plus sérieux qu'on adresse également à l'ouvrage et à l'auteur.

Des hommes d'une piété solide et d'une profonde doctrine ont blâmé le merveilleux prodigué dans *les Martyrs*, non point comme moyen épique (la gravité de leur caractère les éloignoit de cet examen), mais comme un ressort dont le génie même ne doit point disposer à son gré. Ces hommes d'une foi constante et sévère, convaincus des vérités d'une religion mystérieuse, qui parle au cœur le plus simple, et se dérobe à l'intelligence la plus élevée, ne permettent point de soulever le voile redoutable dont elle est couverte : ils défendent à la poésie de mêler ses fictions ingénieuses à ce que les livres sacrés nous enseignent sur le ciel, l'enfer et le purgatoire des chrétiens. De là, le jugement rigoureux qu'ils ont porté sur l'ouvrage de M. de Chateaubriand; de là l'opinion assez accréditée qu'il est moins utile que dangereux, pour cette même religion, dont il célèbre la gloire et les bienfaits. Il ne m'appartient d'approuver ni de combattre une austérité de principes fondée sur des lumières qui n'ont point éclairé ma foiblesse. J'aime à regarder comme orthodoxe tout ce qui inspire l'amour et le respect de la religion; et je laisse à des mains plus fermes et plus savantes que les miennes le soin d'élever une limite éternelle entre les droits de l'antique Sorbonne et les priviléges du Parnasse : toutefois si le livre des *Martyrs* étoit jamais banni d'une bibliothèque chrétienne, il me semble qu'on ne pourroit se dispenser de traiter l'auteur comme Platon vouloit qu'on traitât les poëtes dans sa république imaginaire. « S'il se présente parmi nous, dit-il, un « de ces chantres divins qui savent tout imiter et « prendre toutes sortes de formes, et s'il vient nous « présenter ses poëmes, nous lui témoignerons no- « tre vénération comme à un homme sacré qu'il faut « admirer et chérir; mais nous lui dirons : Nous « n'avons parmi nous personne qui vous ressemble;

« et dans notre constitution politique il ne nous est
« pas permis d'en avoir ; et ensuite nous le renver-
« rons dans une autre ville, après avoir répandu
« sur lui des parfums et couronné sa tête de fleurs. »
Je ne sais si M. de Chateaubriand se consoleroit
d'un exil prononcé avec des marques si flatteuses
d'intérêt et d'estime. Mais M. de La Harpe a dit avec
raison que si la république de Platon existoit, un
poëte seroit tenté d'y aller, ne fût-ce que pour en
être renvoyé.

CRITIQUE DE P. B. HOFFMANN,

ET

OBSERVATIONS SUR CETTE CRITIQUE.

SUR LA CRITIQUE

DE P. B. HOFFMANN.

Quand il donna *les Martyrs* à la France, M. de Chateaubriand donna en même temps son poëme épique à l'Europe du dix-neuvième siècle. Ce poëme est un chef-d'œuvre dans lequel vous assistez à cette lutte immense du Midi contre le Nord, de l'Evangile contre le paganisme, de la puissance romaine qui s'en va, contre la nation gauloise qui s'avance. Tous les éléments de ce grand livre ont été recueillis sur les lieux, avec la persévérance d'un poëte et le courage d'un antiquaire, par M. de Chateaubriand lui-même. Quel poëme, ce poëme qui a pour préface un chef-d'œuvre, l'*Itinéraire !* Et comme c'est là pour nous un inépuisable sujet d'orgueil d'être les contemporains d'un poëte comme M. de Chateaubriand !

Dans le plan de ces notes qui sont faites uniquement pour servir un jour à l'histoire littéraire du dix-neuvième siècle envisagé sous son côté le plus poétique et le plus littéraire, on a pu voir déjà que toutes les fois que nous pouvons, à propos de M. de Chateaubriand, mettre en avant la critique contemporaine et nous retrancher en toute abnégation derrière ces anciens maîtres de la critique, si écoutés autrefois et si oubliés aujourd'hui, nous n'y avons jamais manqué, car c'est là une très commode façon de nous mettre à l'aise avec cette illustre renommée. Nous n'avons pas manqué à cette règle que nous nous étions faite à propos de l'*Atala*, et il nous semble en effet que nous avons tiré du sieur Chénier la plus terrible vengeance qui se pût tirer de ce triste pamphlétaire, en attachant son pamphlet à l'*Atala* même de M. de Chateaubriand. Oui certes, c'est là une noble et terrible vengeance. Voici un homme, ou plutôt une envie, qui a voulu s'attacher à la gloire naissante de M. de Chateaubriand! Il jette, du haut de sa chaire improvisée, le mépris et la haine sur un livre qui est toute une révolution dans le monde littéraire. Ce monsieur, grâce à ses quolibets, parvient à faire rire aux éclats quelques-unes de ces vieilles têtes sans idées et sans prévoyance qui se rencontrent à toutes les époques, après quoi le critique descend de sa chaire, et pendant que la gloire qu'il a si indignement attaquée s'en va jetant au loin ses rayons lumineux, le critique meurt dans l'oubli, — peut-être même dans le remords. Seulement il se console quelque peu en songeant que sa critique est morte avant lui, que sa page d'injures a été oubliée, que lui-même il a été mis à l'ombre par la grande lumière que jette au loin le poëte outragé : vain espoir! Il faut que toute injustice soit punie, il faut que le crime ait sa vengeance, il faut que, même le plus obscur critique, s'il a été ignorant, perfide, injuste, avec la volonté de l'être, ne soit pas même à l'abri dans son obscurité. On sait le nom du détracteur d'Homère, et le mépris couvre Zoïle encore après tant de siècles. Non pas que l'infamie de Zoïle ajoute quelque chose à la gloire d'Homère, mais Zoïle au pilori sert d'exemple aux Zoïles à venir.

J'allois donc parler des *Martyrs,* et je me préparois à analyser dans son ensemble et dans ses détails cet illustre chef-d'œuvre, lorsque je me suis rappelé qu'il devoit exister quelque part une critique des *Martyrs,* par un homme qui eut de son temps un grand crédit littéraire. Cet homme, c'est Hoffmann. Homme d'un esprit froid et méthodique, plus enclin au blâme qu'à la louange, à la satire qu'au conseil, esprit élégant et médiocre, Hoffmann étoit peu fait pour comprendre ce grand style, cette imagination inépuisable, cette vivacité de coloris, ce grand art tout nouveau de faire agir et parler les siècles qui ne sont plus. Il falloit, en effet, une intelligence supérieure et une haute sagacité pour comprendre au premier abord ce nouveau roi du monde poétique, Chateaubriand. Si bien, qu'à tout prendre, nous ne devons pas nous trop irriter contre ces hommes; l'intelligence leur a manqué, et on peut dire d'eux ce que disait Notre-Seigneur sur la croix en parlant de ses bourreaux : — *Pardonnez-leur, Seigneur, ils ne savent pas ce qu'ils font!*

Donc, je me suis mis en quête de la critique d'Hoffmann. Et si vous saviez comme déjà cette vieille critique est enfoncée dans l'oubli! Avoir jeté un si vif éclat et tomber dans cette ombre épaisse!

Avoir retenti si loin et s'abîmer ensuite dans ce silence! Avoir été le conseil de l'Europe, et puis soudain disparoître si fort de ce monde, que pour retrouver ces chefs-d'œuvre de critique, il faut se donner plus de soins et plus de peines que pour découvrir le plus rare volume des temps les plus reculés de l'imprimerie; c'est cela qui est triste! Voilà pourquoi nous avons un double intérêt à relire ces vieilles pages de la défunte critique. Elles ont chacune leur intérêt; tantôt parce qu'elles sont infâmes, tantôt parce qu'elles sont injustes, tantôt parce qu'elles sont sans intelligence; quelquefois, par hasard, parce que c'est une critique juste, loyale, intelligente, dévouée, honorable, digne de la croyance et des respects de tous.

Voici, à ces causes, cette analyse des *Martyrs*. Nous avons soin cependant, avant de la donner à notre public, de faire toutes les réserves qu'il appartiendra. Le temps n'est plus, en effet, où M. de Chateaubriand pouvoit être impunément attaqué par le premier gredin venu qui avoit de la haine à répandre; en ce temps-là, la gloire de M. de Chateaubriand, ce n'étoit que sa gloire; aujourd'hui cette gloire est la nôtre, défendons-la!

CRITIQUE DE P. B. HOFFMANN.

Ce livre étoit célèbre avant d'être connu; on l'annonçoit comme devant augmenter les richesses de notre littérature, raffermir la religion ébranlée par les attaques d'une fausse philosophie, et décider cette grande question : S'il peut exister des poëmes en prose? Cette dernière victoire étoit d'autant plus difficile à obtenir, que l'on refusoit même le titre de poëme au *poëme descriptif*, quoiqu'il fût écrit en vers.

Tel est le privilége des grands talents : tout ce qu'ils produisent excite un vif intérêt, fait une grande impression sur les esprits, et, par cela même, peut éclairer l'opinion comme l'égarer, épurer le goût comme le corrompre. M. de Chateaubriand est du petit nombre des auteurs qui, de leur vivant, font déjà autorité dans la littérature; et il faut avouer qu'il mérite, à bien des égards, cette distinction, que si peu d'écrivains partagent avec lui. Il a porté bien loin le charme, je dirois presque la séduction du style. Ce mot exprime en effet, mieux qu'aucun autre, l'espèce de sensation qu'on éprouve quand on lit les ouvrages de M. de Chateaubriand. Personne n'a su mieux que lui embellir le désert, peupler de fantômes les vastes solitudes, exprimer la voix des grandes eaux, développer à nos yeux les immenses draperies qui couvrent les montagnes, unir l'amour à la religion, le roman à la vérité, les images poétiques aux exhortations chrétiennes, et peindre enfin la mort et le tombeau.

Mais cette espèce de tyrannie, qu'exerce sur notre esprit le talent de l'auteur, nous avertit, par sa violence même, de lui opposer toute notre raison, pour ne pas nous laisser entraîner dans les fausses routes où s'égare quelquefois l'imagination de l'écrivain, et qu'il sème des fleurs les plus aimables, comme pour nous inviter à nous y perdre avec lui. Je ne puis donc m'armer de trop de défiance, de sang-froid, et même de stoïcisme, pour résister au charme : précautions qui seront peut-être inutiles ; car en osant chercher les défauts dans un auteur que l'on place déjà entre le Tasse et Fénelon, je crains bien de succomber sous le poids d'une réputation un peu trop précoce, mais assez bien justifiée pour effrayer la critique.

Je ne m'occuperai d'abord que de la préface, qui, quoique très courte, tend à établir des principes qui me paroissent être des erreurs dangereuses, et contre lesquelles on ne peut trop prémunir des lecteurs déjà séduits par les prestiges brillants dont l'auteur a su les environner. Voici le début de cette préface : « J'ai avancé, dans un premier ou-
« vrage, que la religion chrétienne me paroissoit
« plus favorable que le paganisme au développe-
« ment des caractères et au jeu des passions dans
« l'épopée ; j'ai dit encore que le merveilleux de
« cette religion pouvoit peut-être lutter contre le

« merveilleux emprunté de la mythologie : ce sont
« ces opinions, plus ou moins combattues, que je
« cherche à appuyer par un exemple. »

Si l'auteur s'étoit contenté d'avancer ces propositions, sans vouloir les confirmer par des ouvrages écrits selon ce système ; si même ses ouvrages et son talent n'étoient pas de nature à tenter les imitateurs, toujours nombreux en littérature, je ne m'élèverois pas ici contre son opinion ; mais comme le nom et le mérite de l'écrivain n'auront que trop d'influence sur l'imagination et le goût des jeunes gens, on ne peut trop se hâter d'attaquer et de détruire des principes qui peuvent avoir les plus fâcheuses conséquences.

D'ailleurs, il est bon de remarquer ici que M. de Chateaubriand n'affirme que l'une de ces propositions ; et relativement à l'autre, il a cru seulement que le merveilleux de notre religion pouvoit *peut-être* lutter contre le merveilleux de la mythologie. Ce *peut-être* me donne un grand avantage ; car si l'un de ces principes n'est pas sûr, l'autre risque d'être fort douteux ; et j'ai conséquemment le droit de dire à l'auteur que *peut-être* il s'est trompé, et que *peut-être*, dans la suite, il reconnoîtra son erreur.

M. de Chateaubriand n'a certainement pas eu l'intention de corrompre notre goût en littérature ; il connoît trop bien les bons et anciens modèles, pour qu'on puisse lui supposer ce travers ; il a eu moins encore le dessein d'affoiblir notre respect pour la religion ; il y auroit une insigne mauvaise foi à l'en soupçonner; il est très certainement un homme pieux et honnête; la religion a été jusqu'ici sa muse favorite, et elle a payé ses hommages d'une assez belle somme de gloire, pour qu'on puisse croire qu'il devienne jamais ingrat. Comment se fait-il donc qu'avec des intentions aussi louables, il ait pu composer deux volumes pour étaler des principes qui nuiroient également à la religion et à la littérature? C'est ce que je crois pouvoir lui démontrer; car tel est l'ascendant de la raison, que, sans le secours du talent et le charme du style, elle finit toujours par triompher, même de l'esprit le plus brillant.

La religion chrétienne, dit l'auteur, me semble plus favorable que le paganisme au jeu des passions dans l'épopée: comment n'a-t-il pas senti que cette opinion est une véritable hérésie? Rien ne favorise moins le jeu des passions que la religion chrétienne; elle ne se présente jamais que pour les combattre, ou pour tâcher de nous en préserver. Dans le paganisme, au contraire, tout est passion, sensation vive, désordre et mouvement tumultueux, qualités essentielles à la poésie. Le ciel des païens est rempli de vertus, de passions et même de vices: nous y trouvons des couleurs pour tout peindre. Le nôtre n'offre qu'une perfection absolue, sévère, inaltérable, et il ne nous permet d'autre sentiment que le respect, le recueillement et l'humilité. La mythologie païenne a cela d'admirable, qu'elle nous donne la faculté de personnifier tous les êtres métaphysiques, qui seroient si froids s'ils ne prenoient un corps, et s'ils ne parloient à nos sens. Mais quels sont les habitants du ciel chrétien que vous substituerez aux êtres mythologiques ? Quel est celui de nos anges, de nos saints, que vous chargerez de la balance de Thémis, du glaive de Mars, du bandeau de l'Amour, de l'olivier de la Paix, du marteau de Vulcain et des outres d'Éole ? A qui ferez-vous jouer le rôle des Grâces, cortége si nécessaire à la beauté, et qui enfin oserez-vous parer de la ceinture de Vénus ? Vous réformerez tout cela, me direz-vous ; alors, je me tais, et je laisse parler Boileau, que vous reconnoissez sans doute pour une autorité respectable :

> Bientôt ils défendront de peindre la Prudence,
> De donner à Thémis ni bandeau ni balance ;
> De figurer aux yeux la Guerre au front d'airain,
> Ou le Temps qui s'enfuit une horloge à la main ;
> Et partout des discours, comme une idolâtrie,
> Dans leur faux zèle iront chasser l'allégorie.

Si, au contraire, vous offrez un mélange de la religion païenne et de la nôtre, outre que ce procédé n'a rien d'édifiant, il nous ramène à ces siècles de barbarie où l'on faisoit assister Junon Lucine aux couches de la Vierge, où l'on osoit donner le nom d'Apollon à Jésus-Christ, et où un pape souffroit qu'on le nommât Jupiter.

Le merveilleux de la religion chrétienne pourra peut-être lutter, dites-vous, avec le merveilleux emprunté de la mythologie. Je suis d'abord fort étonné qu'un homme aussi religieux n'ait pas senti combien cette expression est peu convenable ; sans doute le christianisme est plein de *merveilleux;* mais ce mot ne devient-il pas une injure, quand on le met en parallèle avec le *merveilleux* de la fable? Si quelqu'un osoit comparer les deux religions, en se servant du mot de *mythologie,* ne l'accuseroit-on pas de blasphème? Il est cependant bien certain que le mot *merveilleux* présente la même idée, quand on l'applique en même temps à la fable et au christianisme.

L'auteur nous apprend ensuite qu'il a cherché *un sujet qui renfermât dans un même cadre le tableau des deux religions....; un sujet où le langage de la Genèse pût se faire entendre auprès de celui de l'Odyssée, où le Jupiter d'Homère vînt se placer à côté du Jéhovah de Milton,* etc.... Mais ce Jéhovah de Milton est-il autre chose que notre Dieu? Est-il bien décent de le faire asseoir à côté de Jupiter? Il faut faire tout cela, dit l'auteur, sans blesser la *piété.* Cela se peut-il? N'est-elle pas déjà blessée d'une telle alliance? Jéhovah, dira-t-il, l'emportera sur le paganisme. N'est-ce pas déjà trop de les comparer, de les mettre en opposition, et n'est-ce pas une bien triste victoire que celle du vrai Dieu sur Jupiter!

Mais passons sur ce que cette idée peut avoir de choquant pour un esprit religieux : ne doit-on pas craindre les suites d'un pareil mélange? Assez d'auteurs, tels que les Boulanger, les Fréret, les Diderot, etc., ont tâché de rompre ce premier lien de la société, et de persuader aux peuples que notre religion est une imitation du paganisme. N'est-ce pas favoriser ce système, qui peut avoir, comme il a déjà eu, les conséquences les plus funestes, que de mêler sans cesse les objets de notre culte avec les folies des païens? A force de montrer ensemble Jéhovah et Jupiter, la vérité et l'erreur, le sacré et le profane, n'habituera-t-on pas le peuple à les confondre? Après avoir vu les deux espèces de merveilleux se disputer l'honneur de plaire à son imagination, le lecteur ne sera-t-il pas tenté de leur donner le nom commun de mythologie? Que de choses ne pourrois-je pas ajouter à ces réflexions!... L'obligation où je suis de m'arrêter est elle-même une preuve du danger de ce système.

Je ne dirai plus qu'un mot relatif à la poésie. La fable est la source féconde où puisent tous les poëtes; c'est elle qui nous présente, sous un voile agréable, les vérités austères dont la nudité effraieroit notre foiblesse; il faut même qu'elle soit fable, car une vérité ne peut pas servir d'emblème à une autre. Sans la fable, plus de magie, plus de prestige, plus d'allégorie, plus rien pour l'imagination! Est-ce dans le paradis chrétien que les poëtes iront la chercher? ou oseront-ils s'y introduire, s'ils l'empruntent au paganisme?

Sans doute M. de Chateaubriand ne croit pas que son goût particulier et son opinion littéraire puissent entraîner des conséquences absolument contraires à ses intentions; et quand je me trouve en opposition avec un homme de ce mérite, je dois dire, à mon tour, que je me trompe *peut-être;* mais ma conviction est sur ce point si forte, elle a été tellement confirmée par la lecture de l'ouvrage, que j'ai regardé comme un devoir la franchise la plus absolue dans cette discussion. L'auteur lui-même doit me savoir gré de mes remarques, si elles sont justes, comme je le crois. Dans ce cas, il ne manquera sûrement pas d'en convenir, et d'abandonner une route où il égareroit ses nombreux admirateurs. Il seroit affligeant pour un écrivain aussi estimable et aussi religieux, de s'entendre reprocher d'avoir corrompu le goût, ou de se voir accuser de n'avoir été qu'un philosophe adroit.

Les bruits étranges que l'on répand sur cet ouvrage m'imposent plus impérieusement encore l'obligation d'exposer librement ce que j'en pense. Des hommes, plus intéressés au succès de l'auteur qu'à sa véritable gloire, voudroient persuader au public que les ennemis de M. de Chateaubriand ont exercé une certaine influence sur la critique. Si cela étoit vrai, l'influence auroit été bien peu puissante, puisque des journalistes se sont extasiés devant *les Martyrs,* tandis que d'autres ont osé les critiquer. La contradiction qui existe, à cet égard, dans les feuilles publiques, prouve au contraire que la véritable influence a été celle de l'estime et de l'amitié que l'on porte à l'auteur; car les journaux qui l'ont critiqué lui ont en même temps payé un ample tribut d'éloges; tandis que ceux qui ont approuvé son ouvrage ont tout loué, tout admiré, tout vanté, sans la moindre restriction, sans la plus légère observation critique. Si ces derniers ont eu raison, je suis bien coupable ou bien sot de trouver de nombreux et de dangereux défauts dans une œuvre qui seroit la perfection même, qualité dont Virgile, Racine et Fénelon se croyoient si éloignés.

Au reste, j'espère donner d'assez bonnes raisons pour que mes lecteurs soient entièrement convaincus que j'ai dit au moins ce que je pense; mais comme j'apprends tous les jours qu'il faut prendre ses précautions, je veux, avant tout, détruire jusqu'à la possibilité de me supposer des intentions indignes de moi, et repousser d'avance les accusations odieuses qu'on ne manque pas d'intenter au critique, quand il n'est pas le lâche complaisant des auteurs, ou leur admirateur banal.

M. de Chateaubriand m'a toujours paru l'un de nos littérateurs les plus estimables et les plus instruits. Son goût et son respect pour les bons modèles éclatent, même lorsqu'il abuse des richesses qu'il leur emprunte. Doué d'une imagination vive, brillante et profondément mélancolique, il répand un grand charme sur tous les objets qu'il décrit, et sur ce point, la sobriété est peut-être la seule qualité qui lui manque. Jugeant de nos goûts d'après son goût propre, et nous croyant capables de supporter aussi long-temps que lui les émotions qu'il éprouve, il ne sait plus s'arrêter quand il nous offre des tableaux conformes à ses affections. Toujours élégant, et souvent trop, il semble dans chaque page vouloir montrer tout ce qu'il sait et tout ce qu'il peut. Son style est charmant, quelquefois admirable, partout où il ne dédaigne pas la simplicité. Son estime bien louable pour les écrivains de l'antiquité, lui a inspiré l'ambition dangereuse de transporter les beautés des langues hardies et poétiques dans notre langue si sage, si régulière et si timide : ses défauts mêmes découlent donc d'une belle source et nous offrent encore des beautés. Telle est mon opinion sur cet auteur, et telle est, je pense, celle de tous les hommes qu'une amitié aveugle ou qu'une injuste inimitié n'égarent point dans leur jugement.

Maintenant si j'applique ce que je viens de dire à l'ouvrage que j'annonce, je trouve, ou du moins je crois que M. de Chateaubriand y a exagéré et multiplié les brillants défauts auxquels il a dû une grande vogue, qui n'est pas toujours la célébrité la plus désirable. Je ne reconnois pas souvent dans *les Martyrs*, l'auteur qui a comparé une croix posée sur la tombe d'une jeune vierge, au mât d'un vaisseau naufragé, mais celui qui s'est étonné de la quantité de larmes que contiennent les yeux des rois, et qui s'est écrié : *Orage du cœur, est-ce une goutte de votre pluie ?*

Je dois aussi prémunir mes lecteurs contre une accusation plus grave qu'ils seraient tentés de me faire d'après le compte que je vais leur rendre : comme M. de Chateaubriand a confondu le *merveilleux* des païens et le *merveilleux* du christianisme, je n'aurai peut-être pas pour son Dieu et pour ses anges tout le respect que ces noms semblent devoir m'inspirer. Mais le Dieu que l'on montre comme le rival de Jupiter, le Dieu qui assemble les anges, pour discuter devant eux des considérations politiques, le Dieu qui envoie, pêle-mêle, les anges et les diables au sénat de Rome, pour y entendre plaider pour et contre Jésus-Christ; le Dieu enfin qui joue un rôle dans un roman n'est point celui que les chrétiens adorent, et je suis dispensé envers lui de tout hommage et de tout respect. C'est ainsi que l'une de nos églises, lorsqu'elle cesse d'être destinée au culte, et qu'elle sert à des usages profanes, n'est plus à nos yeux qu'un bâtiment ordinaire, et ne commande plus à ceux qui y entrent le silence et le recueillement. J'espère qu'on me pardonnera cette comparaison, quand je parle d'un auteur qui prodigue les comparaisons, et qui en fait de charmantes qui ne sont pas toujours justes.

Je vais essayer de tracer une analyse de ce prétendu poëme, auquel l'auteur a eu le bon esprit de ne pas donner ce titre; elle confirmera, je n'en doute pas, les observations que je viens de faire. C'est envers un écrivain de ce mérite que la critique doit se servir de toutes ses armes, parce que l'exemple est dangereux en proportion de ce que le talent est recommandable. Quand nous prenons une fausse route, le talent ne nous sert qu'à nous enfoncer plus avant dans l'erreur, et à y entraîner les jeunes gens, toujours disposés à prendre le délire de leur imagination pour de la verve, et ses plus grands écarts pour les élans du génie.

Pour introduire un grand nombre de personnages dans son roman, M. de Chateaubriand a pris dans l'antiquité une portion de temps considérable, depuis la druidesse Velléda, que Tacite fait contemporaine de Vespasien et de Civilis ; jusqu'à Claudion et Mérovée, c'est-à-dire depuis le premier siècle jusqu'au cinquième siècle de notre ère. L'anachronisme consiste en ce qu'il place tous ces personnages sous le règne de Dioclétien; et l'on ne peut plus lui en faire un reproche, puisqu'il l'avoue lui-même, en se fondant sur ce que Virgile a fait trouver ensemble Énée et Didon, que plusieurs siècles ont séparés. Reste à savoir si l'anachronisme des *Martyrs* est aussi agréablement justifié par le plaisir que causent dans cet ouvrage Jamblique, Porphyre, Velléda et saint Jérôme, que celui de l'Énéide par celui de Didon.

Dans l'invocation où le poëte en prose appelle à son aide la Muse chrétienne, il adresse aussi cette phrase à la Muse qui inspira Homère : « O riante « divinité de la fable! toi qui n'as pu faire de la mort « et du malheur même une chose sérieuse, viens, « Muse des mensonges, viens lutter avec la Muse « des vérités ! » Est-ce un reproche que l'auteur prétend lui faire ? N'est-ce pas un des plus beaux attributs des Muses, que de répandre des fleurs sur la vie de l'homme, et même sur son tombeau ? Tout notre esprit, tout notre art, doit-il être employé à rendre plus amers des maux inévitables ? Ici la Muse des mensonges a un avantage incontestable. Passons au récit.

Cymodocée, fille d'un pontife païen, s'égare pendant la nuit, après s'être séparée de sa nourrice; elle voit un jeune homme couché sur l'herbe; elle le prend pour Endymion que Diane venoit de visiter, et elle se reproche d'*avoir troublé le mystère*, ce qui prouve que la jeune fille étoit fort instruite dans sa religion. Le jeune homme se réveille, et il s'établit entre les deux personnages le dialogue le plus extraordinaire que l'on puisse imaginer. La païenne parle sans cesse de mythologie, ce qui est naturel; mais le jeune homme répond toujours en chrétien, sans s'inquiéter si l'on pourra le comprendre. Cymodocée ressemble un peu à l'auteur; elle ne néglige jamais de montrer son érudition.

« Si tu n'es pas, dit-elle au chrétien, un dieu ca-
« ché sous la forme d'un mortel, tu es sans doute
« un étranger que les satyres ont égaré comme moi
« dans ces bois. Dans quel port est entré ton vais-
« seau ? Viens-tu de Tyr, qui est si célèbre par
« la richesse de ses marchands ? Viens-tu de la
« charmante Corinthe, où tes hôtes t'ont fait de ri-
« ches présents ? Es-tu de ceux qui trafiquent sur
« les mers, jusqu'aux colonnes d'Hercule ? Sers-tu
« le cruel Mars dans les combats, ou plutôt n'es-tu
« pas le fils d'un de ces mortels, jadis décorés du
« sceptre, qui régnaient sur un pays fertile en trou-
« peaux, et chéris des dieux ? »

Il faut avouer que voilà bien des questions pour une jeune fille qui se trouve seule la nuit avec un jeune homme qu'elle voit pour la première fois; cela paroît plus singulier encore, quand on sait que chez les Grecs, les femmes, et surtout les jeunes filles, étoient toujours soigneusement séparées des hommes : *Nam neque in convivium adhibentur, nisi a parentibus advocatœ : nec sedent, nisi in interiore parte œdium, quæ Gynæconitis appellatur.* Cette manière de les élever devoit les rendre un peu moins causeuses, quand elles se trouvoient pour la première fois en tête-à-tête avec un homme, sous la seule inspiration des étoiles. Quoi qu'il en soit, elle ajoute : « Je suis fille d'Homère, aux chants immor-« tels. » L'inconnu lui répond : « Je connois un plus « beau livre que le sien; » ce qui est plus chrétien que poli. La jeune vierge, un peu honteuse de cette apostrophe, hasarde cependant *quelques mots sur les charmes de la nuit sacrée, épouse de l'Érèbe, et mère des Hespérides et de l'Amour;* ce qui étoit assez engageant; mais l'inflexible Eudore lui ferme une seconde fois la bouche en lui disant : « Je ne vois que des « astres qui racontent la gloire du Très-Haut. » Tout le dialogue est dans ce genre; et voilà comment les deux héros de ce roman poétique font connoissance, et finissent bientôt après par devenir amoureux l'un de l'autre.

Je ne sais si c'est ainsi que se parloient jadis les garçons et les filles qui ne s'étoient pas encore vus, ou si le poëme en prose dispense de tout naturel; mais ce n'est pas la seule occasion où cet Eudore prononce des phrases chrétiennes, au risque de n'être pas entendu; car on verra au livre treizième, qu'en parlant à un prêtre païen, il lui cite la montagne de Nébo, le prophète Jérémie et les profanations de Babylone; et je suis étonné que le Grec ne lui ait pas répondu : C'est de l'hébreu que vous me dites là.

Après cet entretien nocturne, Eudore conduit Cymodocée chez le pontife son père, et refuse lui-même d'y entrer. La jeune vierge raconte au vieillard comment elle a été égarée, et comment elle a été remise dans son chemin. Démodocus la serre dans ses bras, « et pendant quelques moments, on « n'entendit que des sanglots entrecoupés : tels sont « les cris dont retentit le nid des oiseaux, lorsque la « mère apporte la nourriture à ses petits. » Comme si les cris des besoins physiques devaient être comparés aux accents qui sortent du cœur d'un père, quand il revoit l'enfant qu'il croyoit avoir perdu ! Démodocus cependant s'imagine que sa fille a négligé d'inviter le jeune homme à entrer dans la maison, et il est près de se fâcher; mais Cymodocée lui dit : « Calme, je t'en supplie, les transports de ta « colère : *la colère, comme la faim, est mère des mau-* « *vais conseils.* » La douce persuasion rentre au cœur du père, et il se décide à aller remercier celui qui lui a rendu sa fille.

Avant de poursuivre l'examen de cet ouvrage, je crois devoir faire observer qu'en trouvant un peu d'affectation dans les expressions et les tournures de style de M. de Chateaubriand, je n'ai pas prétendu l'accuser de cet abus d'esprit qui passe aujourd'hui pour du talent.

L'auteur des *Martyrs* est exempt de ce défaut, si général chez les modernes, et que l'on trouve même dans quelques bons écrivains de l'antiquité. Mais l'abus de l'esprit, la recherche des pointes brillantes et les jeux de mots, ne sont pas ce qui constitue l'*affectation*. Il peut y avoir affectation dans l'expression, dans le choix des idées, dans les images, dans les comparaisons, dans la pompe du style, dans sa simplicité même, surtout dans l'abus immodéré de l'érudition. Il y a, tour à tour, de tout cela dans *les Martyrs*, et le dernier de ces défauts y domine depuis la première page jusqu'à la dernière. Dans les nombreux voyages que l'auteur vous fait faire, il ne rencontre pas une montagne, un rocher, une ruine, une vallée, une rivière, un ruisseau, sans rattacher à tous ces objets le souvenir d'un trait de mythologie, d'histoire sacrée ou profane, de philosophie, de morale ou d'antiquité. Il affecte souvent de chercher les plus obscurs et les plus inconnus, et ce flux d'érudition ne s'arrête pas, même lorsque l'intérêt de son roman demande une action rapide, et quand le lecteur est plus impatient d'apprendre le sort des personnages, que de connoître les qualités et propriétés des objets matériels qui les entourent. L'auteur d'*Anacharsis* nous a fait voir toute la Grèce en détail; mais c'étoit là son but réel et son unique intention : le récit, dans son ouvrage, n'est qu'un lien qui sert à réunir tant d'objets épars. Dans *les Martyrs*, au contraire, le récit est le but principal de l'auteur, et les petits détails d'érudition devroient y être répandus avec d'autant plus de sobriété, que l'écrivain s'y présente comme poëte, et non pas comme antiquaire. Cependant l'abus que j'attaque a du moins cet avantage, que si *les Martyrs* ne peuvent pas passer pour un poëme, on peut au moins les considérer comme un itinéraire fort agréable. Reprenons maintenant le fil de la narration.

Démodocus conduit chez Eudore sa fille Cymodocée. Ici l'auteur nous fait un tableau charmant de l'intérieur d'une famille chrétienne. La situation est piquante par le contraste des deux religions et du prêtre païen qui veut toujours faire des libations à Hercule, tandis que ses hôtes ne lui parlent que du Dieu des chrétiens. Cymodocée prend sa lyre, et chante le merveilleux de la mythologie, tandis qu'Eudore chante à son tour les merveilles du Dieu d'Israël. Dans ce livre, M. de Chateaubriand se montre avec tout son talent, c'est-à-dire qu'il y en a beaucoup. Arrive ensuite saint Cyrille, qui vient demander à Eudore le récit de ses aventures; et le livre se termine par la prière du saint personnage.

Au livre suivant, le poëte nous transporte en paradis. Malgré le Dante, malgré Milton, auxquels M. de Chateaubriand a des obligations sans nombre, je persiste à croire que la Trinité, l'Apocalypse, les mystères de la religion chrétienne, sont des choses qu'il faut laisser dans les livres sacrés, et ne point mêler à des actions romanesques. La Trinité *cousant ensemble*, et ici je suis plus exact que je ne parois, me semble une bizarrerie très contraire au respect que nous devons à ce mystère. Il y a, selon moi, de la témérité à faire parler l'éternelle sagesse. Homère a pu, comme ses imitateurs, faire discourir les dieux du paganisme, qui avoient toutes les passions et tous les vices des hommes : ces dieux, à proprement parler, n'étoient que des hommes renforcés, et Homère leur faisoit honneur en leur prêtant son beau langage. Il n'en est pas de même de notre Dieu, et je n'appuierai ceci d'aucune raison, parce que j'en ai de trop bonnes à dire.

L'auteur nous fait une magnifique description du paradis : on y remarque surtout *cent degrés de rubis, d'escarboucles et d'émeraudes, qui conduisent de la demeure de Marie au sanctuaire du Sauveur des hommes.* Le Dieu de M. de Chateaubriand qui prêche le mépris du faste et des richesses ne nous prêche pas d'exemple. Cent degrés de rubis et d'escarboucles qui sont encore des rubis ! Il me semble lire, dans Ovide, la description de la cour du Soleil :

Clara micante auro, flammasque imitante pyropo.

D'ailleurs, cent degrés forment un terrible escalier. Si les bienheureux marchent, que de pas, que de bruit dans le ciel ! S'ils volent, ils n'ont pas besoin d'escalier.

Quoi qu'il en soit, le Père éternel *fait un signe de son sourcil redoutable, et les temps rassurés reprennent leur cours.* Le sourcil de Jupiter fait trembler les sphères célestes ; M. de Chateaubriand emploie le sourcil de Jéhovah pour les calmer : n'est-ce pas là une variante à la Bartholo, qui, pour avoir substitué Rosinette à Fanchonette, croit avoir composé une chanson ?

La prière de saint Cyrille se présente devant le trône de l'Éternel, qui la reçoit avec bonté. L'auteur a très bien fait de ne pas rendre cette prière boiteuse, comme celles d'Homère, car elle auroit fait une mauvaise figure sur les cent degrés d'escarboucles. Ensuite le *Père* adresse un beau discours au *Fils*, qui le salue, et qui fait trembler, par cette révérence, *tout ce qui n'est pas le marchepied de Dieu*. Le discours du Dieu de M. de Chateaubriand est celui d'un excellent politique; il dit qu'il ne veut pas accepter le sacrifice de la vie de saint Cyrille, parce qu'il a déjà souffert le martyre, et qu'il lui faut une victime entière; il ne veut pas non plus du prince Constantin, parce qu'on attribueroit son dévouement *aux effets des passions des cours, aux calculs de l'ambition et de la politique*. Voilà donc Jéhovah qui a peur du qu'en dira-t-on. Il me semble qu'il s'écrie : Que diroient les puissances étrangères, si je faisois une pareille faute ? Est-ce par ces moyens qu'on peut faire lutter le *merveilleux* de la religion chrétienne avec celui du paganisme ? Après une mûre délibération, Jéhovah décide que Cymodocée et Eudore obtiendront la couronne des martyrs, décision qui ôte tout intérêt au poëme, puisque, dès le troisième chant, le destin des héros est irrévocablement fixé. Qu'on ne m'oppose pas ici les païens mythologiques : dans le paganisme, le décret d'un dieu peut être cassé par le dieu supérieur, ou par le destin; les oracles, toujours obscurs, peuvent être diversement interprétés : ainsi, l'espérance et la curiosité subsistent toujours, malgré les arrêts célestes. Mais quand le vrai Dieu a parlé, rien ne peut changer l'ordre des événements : ainsi le lecteur sait d'avance que les héros de l'action mourront martyrs, quelque chose qui puisse arriver.

Le récit d'Eudore contient plusieurs livres. Il nous apprend que dans sa jeunesse, et chrétien, il a mené une vie peu exemplaire; que le séjour de Rome avoit altéré ses mœurs et sa foi. Son voyage du Péloponèse à Rome nous prouve la profonde érudition de l'auteur: en Italie, il ne décrit pas moins savamment; et dans la capitale, il décrit encore avec plus de science. Il se trompe cependant quelquefois, comme, par exemple, quand il fait arriver au *Forum* un paysan volsque avec des bœufs du *Clytumnus*: il faut que le bonhomme les ait achetés à quelque foire; car le Clytumnus étoit au nord de Rome, chez les Falisques, tandis que les Volsques étoient au midi, au-delà de la montagne de Circé.

Eudore se brouille avec un certain Hiéroclès, sophiste et proconsul d'Achaïe. Le sophiste est un vilain et méchant homme; *son front étroit et comprimé,* dit l'auteur, *annonce l'obstination et l'esprit de système* : excellente observation cranologique ! Le jeune chrétien est banni de la cour et envoyé dans les Gaules, à l'armée de Constance.

Non-seulement je regarde comme une justice, mais je me fais un véritable plaisir de reconnoître ici que M. de Chateaubriand a répandu sur le séjour d'Eudore à Rome, un charme qui y attache le lecteur, et que, dans cette partie de l'ouvrage, son style est doux, agréable, noble et sévère, comme l'exigent les diverses situations où se trouve son héros; mais le talent de l'écrivain devient encore plus brillant dans la description de l'armée romaine, de celle des Francs, et surtout dans le combat terrible que se livrent ces deux peuples. Exactitude, connoissances précises, mouvement, chaleur, force, élégance, tout se trouve dans son style, et l'on ignore souvent si on lit de la poésie ou de la prose. Cette étrange disparate que l'on remarque dans les différents livres de ce poëme, me prouve que la plupart des défauts qui le défigurent appartiennent plus au sujet qu'à l'auteur; si M. de Chateaubriand n'avoit pas eu la malheureuse prétention d'établir un nouveau système de poétique, il auroit fait un ouvrage digne de sa réputation. Maintenant même, s'il supprimoit son apocalypse, ses anges, ses démons, et les trois quarts de sa science, son livre deviendroit d'autant plus précieux qu'il le réduiroit à un plus petit volume.

Eudore devient l'esclave de Pharamond, à qui l'auteur donne pour femme cette chrétienne Clothilde que l'histoire fait épouse de Clovis. Les princes francs vont faire une chasse dans le Nord, et leur promenade est assez belle; car des bords du Rhin ils marchent jusqu'aux rivages de la mer Noire. Eudore, qui les accompagne, dit qu'étant arrivé presque au bord de l'Ister, il y a trouvé le tombeau d'Ovide : autre petite inexactitude, car en venant du nord, pour arriver au tombeau d'Ovide, il ne falloit pas seulement aller presque jusqu'au Danube, mais il falloit le passer. Le chrétien rend ensuite un service à Mérovée, et sa liberté en est la récompense. Devenu libre, il est chargé par les

Francs d'aller demander la paix à Constance, et il arrive dans la Gaule.

Le poëte, après nous avoir poussés en paradis, nous fait descendre dans les enfers. Le Dante et Milton se retrouvent à chaque instant dans cette partie de l'ouvrage, avec des variantes qui sont rarement à l'avantage du nouveau poëme. Il seroit cependant injuste de ne pas faire remarquer ce qui distingue M. de Chateaubriand de ses prédécesseurs. Dans cette description de l'abîme infernal, on trouve des morceaux d'une véritable éloquence, et les couleurs y sont aussi terribles qu'elles sont riantes et agréables dans d'autres parties de ce roman poétique : Satan même, dans sa fureur, y donne d'excellentes leçons de morale ; et les différents démons qui représentent les passions humaines ont chacun un caractère et une physionomie qui les distinguent et en font autant d'êtres particuliers. On est frappé surtout d'un tableau effrayant, quand tous les démons assemblés en conseil comme chez Milton, ont négligé la garde des enfers, et lorsque les damnés s'échappent de leurs cachots, traînant après eux une partie de leurs supplices, et se placent à demi mutilés et brûlés dans les tribunes ardentes du sénat infernal. Mais, malgré ces traits hardis et vigoureux, l'enfer de M. de Chateaubriand ne pourra jamais se comparer à celui du Dante, où une immense spirale renferme dans chacune de ses révolutions un genre de crimes et de supplices qui décroissent en nombre, comme ils croissent en atrocité et en rigueur, et au fond de laquelle rugit éternellement l'esprit immonde, fixé à l'extrémité de cet affreux cône, comme le point central, comme la pierre angulaire de l'enfer.

Après avoir visité l'enfer du Dante et de Milton, dépeint en prose par M. de Chateaubriand, le lecteur revient sur la terre pour reprendre le récit d'Eudore. Le héros chrétien est envoyé dans l'île des Bretons, où il se signale par son courage, et il obtient les honneurs du triomphe; je dis les honneurs, car s'il triomphoit réellement, cette pompe mondaine, ces chants païens, ces sacrifices aux divinités de Rome, conviendraient mal à la modestie et à la piété du christianisme. Il est nommé commandant de l'Armorique, c'est-à-dire de la Bretagne. Ici, nouvelle description des Gaules en général, et de l'Armorique en particulier. C'est dans cette province qu'il arrive à notre héros une aventure bien romanesque, où il succombe à une tentation si attrayante et si naturelle, que je ne me sens pas le courage de le gronder. Qui de nous seroit assez barbare pour repousser une jeune vierge, belle comme l'amour, et de plus druidesse, prophétesse, prêtresse, et se croyant sorcière ? Les soldats d'Eudore viennent l'avertir que, depuis quelques jours, une femme sortoit des bois, *à l'entrée de la nuit*, notez cette circonstance, montoit seule dans une barque, traversoit le lac, et disparoissoit. *Vers le soir*, Eudore se revêt de ses armes, les couvre d'une saie, et va se mettre à l'affût dans l'endroit que les soldats lui avoient indiqué. *Il attendit quelque temps sans voir rien paroître :* ainsi la nuit étoit déjà sombre ; cependant quand il s'agit d'une jeune femme, on a l'œil bon ; aussi vit-il distinctement un esquif qu'une femme conduisoit ; *elle chantoit en luttant contre la tempête, et sembloit se jouer dans les vents. Tour à tour elle jetoit dans le lac des pièces de toile, des toisons de brebis, des pains de cire et de petites meules d'or et d'argent.* Bientôt elle touche à la rive, s'enfonce dans le bois, et passe près d'Eudore, qui, malgré la nuit, remarque très bien *sa tunique noire, courte et sans manches, une faucille d'or suspendue à une ceinture d'airain; la blancheur de son teint et de ses bras, ses yeux bleus, ses lèvres de rose, et ses longs cheveux blonds, qui contrastoient par leur douceur, avec sa démarche fière et sauvage.* Cette jeune fille ne fit que passer ; ainsi il faut avouer qu'Eudore avoit d'aussi bons yeux que ce Strabon, qui, du cap Lilibie, voyoit les vaisseaux sortir du port de Carthage. Pour abréger, je dirai seulement que la druidesse devient amoureuse d'Eudore, qui fait d'abord le cruel, mais qui songe un peu trop tard à fuir le danger. Quand il veut prendre un parti sérieux, il n'est plus temps ; car, dit l'auteur, *lorsque Dieu va nous punir, il tourne contre nous notre propre sagesse :* maxime peu rassurante pour tout homme qui n'est pas un saint. Enfin, la bonne intention du chrétien fut inutile ; il se trouva par hasard sur les bords de la mer avec l'amoureuse prêtresse ; cette amante désolée résolut ou feignit de se précipiter dans les flots ; Eudore la retint par son voile, et s'écria : *Non, je ne suis pas assez fort pour être chrétien.* Si le lecteur trop curieux veut en savoir davantage, je lui dirai qu'il arriva au chaste Eudore ce qu'il arriva au pieux Énée dans la grotte de Didon, et ce qui arrivera toujours, quand un homme tant soit peu poli se trouvera, pendant la nuit, dans un lieu solitaire, avec une jeune et jolie femme qui a des bontés pour lui. Mais pour la gloire due au martyr, je dois ajouter qu'il se repentit et pleura de cette aventure, tandis que parmi nous autres pécheurs, il est tant de gens qui n'en pleureroient pas. Je demande bien pardon à mes lecteurs de leur mettre sous les yeux un tableau qu'ils trouveront peut-être trop gai; mais pourroient-ils me faire un crime d'une gaieté que je puise à une source aussi pure que celle des *Martyrs, ou le Triomphe de la religion chrétienne*? C'est ici vraiment que l'auteur lutte agréablement avec le merveilleux du paganisme.

Après s'être soumis à une pénitence publique, Eudore se décide à quitter le service, parce qu'il pense apparemment que les militaires sont plus sujets que les autres hommes à l'espèce d'accident qui vient de lui arriver. Cependant, comme l'empereur seul peut lui accorder sa retraite, et que Dioclétien est dans ce moment en Égypte, le pénitent Eudore s'embarque pour ce pays. Sa contrition ne l'empêche pas d'observer tous les caps et toutes les sinuosités des côtes; et comme il est aussi savant que M. de Chateaubriand, il cite toujours fort à propos quelque joli trait de l'histoire ancienne. Une fois entré dans le Nil, il nous donne encore une description; mais celle-ci n'est bonne que pour les gens qui n'ont rien vu ni rien lu de l'Égypte. Il obtient sa retraite de Dioclétien, qu'il trouve dans la Thébaïde; puis il retourne chez lui en passant par l'isthme de Suez. Pour arriver à l'Arabie Pétrée, il traverse le désert qui sépare le Nil de la mer Rouge : il y rencontre des grillons *qui demandent en vain dans le sable inculte le foyer du laboureur,* et ensuite un lion qui est bien la meilleure bête du monde, car c'étoit celui de Paul l'ermite, son seul compagnon dans le désert, et cet animal officieux creusa la fosse du solitaire le jour même où Eudore arriva. Notre pénitent, comme l'auteur le nomme, assista au dernier moment du saint anachorète, qui pendant cent années n'avoit vu que deux hommes, et une seule fois chacun : c'étoient Eudore, et Antoine, ce saint éprouvé par tant de combats que lui livra l'enfer.

Dans le livre XII, Eudore a terminé son récit, et Cymodocée est devenue amoureuse du chrétien qui a fait de si jolies fautes, qui s'en est si bien repenti, qui a fait de si beaux voyages, et qui les raconte si bien. Mais malheureusement, Dioclétien ordonne qu'on recherche les serviteurs du Christ, qu'on en fasse le dénombrement, et le méchant Hiéroclès part pour l'Achaïe. Démodocus n'est pas trop effrayé de l'amour de sa fille pour un chrétien, il consent même à leur union; mais Eudore ne veut pour épouse qu'une chrétienne, et Cymodocée est très empressée de se marier pour se convertir, ou de se convertir pour se marier.

Je m'arrête à regret dans un endroit intéressant,

pour confirmer ce que j'ai avancé en parlant de la préface. On prétend que j'ai eu tort de dire que M. de Chateaubriand confondoit la mythologie avec le merveilleux du christianisme; et l'on ajoute que l'auteur, en plaçant son action dans un temps où les deux religions existoient ensemble, il falloit bien qu'il prêtât à ses personnages le langage qui convenoit à leur croyance.

Ce ne sont point ses personnages que j'accuse : aucun d'eux ne me conduit en paradis, en enfer, en purgatoire, ni dans le Panthéon des païens; aucun d'eux ne prête son langage et son style au Père, au Fils et au Saint-Esprit : c'est à l'auteur même que je reproche de confondre les deux merveilleux, comme s'il en vouloit faire une mythologie commune. Ici, par exemple, le démon de la volupté veut inspirer à Eudore pour Cymodocée, le même amour qu'il a ressenti pour Velléda. Le poëte dit : « Il prend à la main une torche odorante, et traverse « les bois de l'Arcadie. Les zéphyrs agitent douce- « ment la lumière du flambeau : tels au milieu des « bocages d'Amathonte, *ils se jouent dans la cheve-* « *lure parfumée de la mère des Grâces.* » Il y a donc une Vénus ? Cette déesse n'est donc pas le démon de la volupté, car on ne le compareroit pas à lui-même. Il y a donc mélange des deux merveilleux, puisque c'est le poëte qui parle.

Ce passage me fournit une autre réflexion. Voyons ce que la poésie gagneroit si l'on substituoit le démon Astarté à Vénus, et d'autres diables aux Bacchus, aux Mars, etc. Lisons ce qui suit la phrase que je viens de citer : « Le fantôme magique « (le démon) fait naître sous ses pas une foule de « prestiges ; la nature semble se ranimer à sa pré-« sence : la colombe gémit, le rossignol soupire ; le « cerf fuit en bramant sa légère compagne. » Quoi ! c'est par le diable que la nature semble se ranimer, c'est pour le diable que la colombe roucoule, c'est le diable qui fait chanter le rossignol, c'est le diable que nous devons remercier des charmes du printemps et des douces émotions qu'il fait naître ! Quel aimable merveilleux ! la belle invention ! Combien la déesse d'Amathonte, combien le dieu de Paphos et de Gnide sont tristes et désagréables en comparaison ! Qu'on est heureux d'avoir trouvé que quand le rossignol chante, c'est qu'il a le diable au corps ! Quels jolis vers nous ferons avec des idées si riantes !

La jeune Cymodocée, décidée à se faire chrétienne, fait ses adieux aux Muses ; mais comme elle est petite-fille d'Homère, elle regrette ses ingénieuses fictions. « La chrétienne désignée, dit l'auteur, « se sentoit, en dépit d'elle-même, domptée par le « génie du père des fables. Ainsi, lorsqu'un serpent « d'or et d'azur roule au sein d'un pré ses écailles « changeantes....., la colombe qui l'aperçoit du haut « des airs, fascinée par le brillant reptile, abaisse « peu à peu son vol, s'abat sur un arbre voisin, et, « descendant de branche en branche, se livre au « pouvoir magique qui la fait tomber des voûtes du « ciel. » A qui donc a-t-il pu venir en tête de comparer une jeune fille, qui regrette les aimables fictions d'Homère, à une colombe qui se laisse dévorer par un serpent? La fille à la colombe, passe; mais Homère à un *brillant reptile!* il n'y a que dans un poëme en prose que l'on peut trouver de pareilles comparaisons.

Enfin, nous sommes arrivés au nœud de l'action. Cet Hiéroclès qui a *le front étroit*, et qui, conséquemment, n'a qu'un méchant caractère, va persécuter les futurs époux. Un diable lui a inspiré de l'amour pour Cymodocée; un autre diable lui a soufflé la jalousie contre Eudore; il envoie des soldats disperser les fidèles, au moment où les fiançailles alloient se faire. Eudore seul, appuyé au tombeau de Léonidas, défend Cymodocée contre toute la troupe, et parvient à la repousser. Cependant il est appelé à Rome, et les parents de Cymodocée, redoutant pour elle une nouvelle violence, se décident à l'envoyer à Jérusalem : de là, nouveau voyage; nouvelle description. Il faut cependant remarquer que cette demi-chrétienne, conduite par le chrétien Dorothée, entend, en côtoyant l'île de Chypre, un hymne à Vénus, dont elle ne perd pas une syllabe, et elle ressent je ne sais quel trouble aimable et dangereux qui ne s'apaise qu'à la vue du mont Carmel et des côtes de la Terre-Sainte.

Voici le moment de parler de l'ange des mers, que l'on regarde comme l'une des plus belles fictions de ce roman; M. de Chateaubriand en fait une peinture fort agréable, et je me plais à lui rendre justice sur le talent qu'il a pour la description. Je ne lui reproche, en ce genre, qu'une profusion effrayante : elle nuit considérablement à l'intérêt de ses récits, parce qu'elle trompe sans cesse la curiosité du lecteur, parce qu'à chaque pas elle arrête et refroidit l'action. Il semble que l'auteur ait pris pour un précepte du goût, ce vers d'un nouvel art poétique :

Décrivez, décrivez ; peignez, peignez sans cesse.

Il semble d'ailleurs oublier que la plus belle prose n'a pas le charme des beaux vers, et qu'elle a plus besoin d'action et d'intérêt pour produire une vive sensation et faire supporter une longue lecture.

Cependant *cet ange des mers* que l'on a vanté avec quelque justice, va me fournir le moyen de réfuter l'opinion de M. de Chateaubriand : on ne m'accusera pas, cette fois, de choisir un passage foible pour combattre l'auteur, puisque dans un journal que j'ai sous les yeux, on a dit de cet *ange des mers* : « *Que de mouvement ! quelle magie de « style ! Et la fiction ? certes, elle ne le cède à au- « cune autre.* » Je dirai à mon tour : *Certes, les amis de l'auteur ont dû être contents !*

Les dieux d'Homère, comme je l'ai déjà dit, agissent par passions, par affections, par des considérations purement humaines; ce qui jette un grand mouvement dans la poésie, parce que les êtres surnaturels y sont plus étroitement liés avec les hommes. Ils ont d'ailleurs un avantage inappréciable d'avoir tous une physionomie distincte, des attributs et un caractère particulier, et, ce qui est plus important encore, une volonté et un pouvoir indépendant sur la partie de la nature soumise à leur empire. Si Vénus veut procurer à son fils Énée une navigation heureuse, ce n'est point assez qu'elle désire, toute déesse qu'elle est; ce n'est même pas assez que Jupiter y consente : il faut encore que Neptune lui soit favorable, car il règne sur les mers, comme son frère dans le ciel; et cependant, malgré ces trois puissants protecteurs, Éole, excité par Junon, peut encore soulever les flots et exciter une tempête qui met en danger le héros troyen, et qui fait périr plusieurs de ses compagnons d'infortune. Maintenant, si nous consultons l'*Iliade*, nous y trouverons bien plus de mouvement encore et plus d'intérêt, puisque les dieux, dans ce beau poëme, ne se contentent pas de protéger, mais qu'ils vont jusqu'à combattre eux-mêmes, et à se faire blesser pour la cause des mortels qu'ils favorisent. L'opposition, le choc de toutes ces puissances divines et contraires, produisent sur le lecteur cette alternative constante de crainte et d'espérance, qui est le secret de l'art et le plus grand charme des récits.

Quelle différence dans le merveilleux du christianisme! Un seul Dieu, une seule volonté, une volonté immuable! Les anges, les saints, tout ce qui peuple notre ciel est éternellement soumis à un seul maître, et ne peut avoir de volonté, d'action, de pensée qui lui soit contraire. Il n'y a donc qu'une seule source de pouvoir, qu'une seule cause d'action à laquelle tout obéit dans la nature : idée sublime, sans doute, relativement à la religion, mais froide et monotone relativement à la poésie. Il est indifférent qu'il n'y ait qu'un seul ange, ou qu'il en existe des milliers, puisqu'ils ont tous le même désir, la même volonté, puisqu'ils obéissent tous à la même impulsion.

Il y a un autre vice dans le système de M. de Chateaubriand; il dénature l'idée que nous avons de la grandeur et de la puissance de notre Dieu. N'est-il pas ridicule, par exemple, que celui qui d'un mot a fait jaillir la lumière du sein du chaos, et a éclairé l'univers jusque dans ses immenses profondeurs, envoie un ange en ambassade à un autre ange, pour pousser une frêle barque et lui faire faire le trajet du Péloponèse à la côte de Syrie? Que Jupiter fasse galoper Mercure, ou fasse trotter Iris, cela est tout simple, puisque, tout dieu qu'il est, il ne peut rien sur d'autres dieux tels que Pluton et Neptune; mais attribuer ces petits moyens au suprême Ordonnateur des mondes; mais faire jouer le rôle de Jupiter à celui qui d'un souffle peut tout créer et tout détruire, n'est-ce pas nuire en même temps à la poésie et à la religion, puisqu'on prive l'une de ses fables charmantes, et que l'on diminue notre respect pour l'autre en l'assimilant à la mythologie?

On ne manquera pas de me supposer des intentions odieuses; on l'a déjà fait; on a été même jusqu'à m'accuser de n'écrire dans ce sens que par un motif d'envie, moi, écrivain obscur, qui n'ai rien produit de remarquable, qui ne puis conséquemment avoir la prétention de lutter contre un auteur célèbre et estimable, malgré les écarts de son imagination et les défauts de son style; moi, qui n'ai qu'un peu de bon sens et de logique dont je ne suis pas toujours bien sûr; moi enfin, qui voudrois avoir fait le roman des *Martyrs*, tout vicieux qu'il me paroît, parce que le talent que suppose cet ouvrage donne les moyens d'en produire d'excellents. Quand mes adversaires m'ont fait ce reproche, il falloit qu'ils n'eussent rien de bon à me dire, aussi n'y reviendront-ils plus; ils s'y prendront autrement. Ils diront que je n'ai ni goût, ni esprit, ni sentiment du vrai beau; et comme il pourroit y avoir dans ceci quelque chose de vrai, je me retrancherai sur le droit incontestable que j'ai de dire ce que je pense, dussé-je me tromper. Ces messieurs d'ailleurs ne se trompent-ils jamais? Je les invite à détruire, s'ils le peuvent, les objections que je viens de faire. Qu'ils me prouvent que je me suis trompé dans le parallèle que j'ai établi entre le merveilleux du paganisme et celui de notre religion; je crois avoir donné des raisons; qu'ils m'opposent des raisons; surtout qu'il ne soit pas question de ma personne; le public s'en inquiète fort peu : j'ai respecté celle de M. de Chateaubriand, et en lui donnant des éloges, j'ai sans doute été plus sincère que ses amis, qui admirent tout. Qu'on attaque mon opinion, et non pas l'intention qu'on me suppose si généreusement. Quand je serois un envieux, je n'aurois pas moins raison si j'ai dit vrai, et l'auteur n'y gagneroit rien.

Je vais donc continuer à suivre la marche de

l'auteur dans son roman historico-poétique : j'y rirai franchement de ce qui me paroîtra ridicule, permettant la revanche à ceux qui me trouveront tel; et je ne prendrai un ton plus sévère que dans les choses qui intéressent ou la religion ou la littérature.

Le seizième livre nous ouvre le sénat romain; Dioclétien et Galère le président; on doit y plaider la cause du christianisme, et Dieu a prescrit aux anges et aux diables d'assister à cette séance et d'animer les orateurs pour ou contre Jésus-Christ. Cette idée, qui n'auroit rien de choquant dans une fiction païenne, me semble fort ridicule dans un auteur chrétien. Quel rôle fait-il jouer aux anges? Dieu ne leur a-t-il pas dit dans le troisième livre, qu'il y auroit des martyrs? N'a-t-il pas assez désigné Eudore? Les anges ne savent-ils pas qu'il y aura persécution contre l'Église, puisque Dieu fait déjà le choix des victimes? Or les décrets de Dieu sont immuables. Que peuvent donc faire les anges dans le sénat, quand ils savent que les plus beaux discours ne sauveront pas les chrétiens? Est-il bien noble d'ailleurs, et bien décent, de transformer les anges et les diables en solliciteurs, formant deux cabales opposées? Milton change ses démons en pygmées pour qu'ils puissent tous tenir dans la salle du conseil; mais il n'a pas eu l'idée de les entasser pêle-mêle avec les anges pour leur faire écouter un plaidoyer.

Le discours que prononce le grand-prêtre de Jupiter est un modèle de douceur et de modération.

L'auteur, opposant aux chrétiens deux orateurs, a eu le bon esprit de donner à ceux-ci deux caractères et deux genres différents. Le discours d'Eudore, pour le christianisme, m'a paru parfaitement beau : point de mauvais goût, point de déclamation, beaucoup de simplicité, de raison, de modestie ; c'est un bel exemple d'éloquence chrétienne. Celui d'Hiéroclès n'est pas moins remarquable par la tournure que M. de Chateaubriand a su prêter à cet ennemi des chrétiens ; mais il me semble bien extraordinaire et bien invraisemblable. Est-il bien vrai qu'un orateur ait jamais osé prêcher l'athéisme au milieu du sénat de Rome, devant des empereurs qui passaient pour des dieux, et à qui on donnoit le titre d'*éternité ?* Ces princes, me dira-t-on, ne croyaient pas à leur divinité : sans doute ; mais ils désiroient au moins que le peuple y crût ; et comme les Romains n'ont jamais été aussi philosophes que nous l'étions en 1793, je doute qu'il ait jamais été permis de prêcher devant les ministres des dieux le mépris de tous les dieux. Aristote disoit plaisamment : O mes amis ! il n'y a point d'amis ! Hiéroclès semble dire à Auguste : O mes dieux ! il n'y a point de dieux !

Malgré le beau discours d'Eudore et l'intercession des anges, le diable l'emporte et l'édit de persécution est promulgué. Cependant Cymodocée, qui a été baptisée dans le Jourdain par saint Jérôme, s'embarque pour la Grèce ; mais l'ange des mers reçoit de Dieu l'ordre d'exciter une tempête : le vaisseau qui porte la nouvelle chrétienne est près d'échouer sur les côtes d'Italie; Cymodocée se met en prières, un miracle la sauve du naufrage; mais à peine est-elle à terre qu'elle se voit arrêtée par les satellites d'Hiéroclès : elle est conduite à ce monstre, qui lui fait la proposition que le colonel Hirle a faite, il y a deux siècles, à Jenny Lille. La résistance de la chrétienne ne fait qu'irriter l'athée païen, il s'apprête à violer la jeune fille, lorsqu'une émeute populaire la sauve de sa fureur. Un peu déconcerté devant le peuple, il ne perd pas cependant la présence d'esprit; et se souvenant sans doute de l'expédient employé par Appius-Claudius contre Virginie, il réclame Cymodocée comme son esclave. L'empereur paroît; Cymodocée est reconnue pour fille de Démodocus, et conséquemment arrachée à Hiéroclès; mais comme chrétienne, elle est livrée au préfet de Rome, et conduite en prison. Tous les événements que je viens de retracer sont extrêmement romanesques, et liés avec bien moins d'art qu'on en remarque dans un grand nombre de romans. Il n'est aucune situation qu'on ne se rappelle avoir vue quelque part; le style y est constamment un mélange de précieux et de naturel, d'affectation et de simplicité, de bizarrerie et d'élégance, et de morceaux ridicules au milieu desquels on trouve de très belles pages, des idées justes et quelquefois admirables.

Le pénitent Eudore reçoit enfin l'absolution de saint Cyrille; et bientôt après, il est traduit devant le tribunal chargé de la recherche des chrétiens. L'amant de Cymodocée est conduit dans une salle dont les meubles ne sont pas fort agréables : ce sont des entraves, un chevalet, un bûcher, une chaise de fer, mille instruments de supplice, et de nombreux bourreaux. Les tourments qu'on lui fait souffrir ne peuvent l'ébranler, et au milieu des tortures il dit aux juges : « Remarquez bien mon vi-« sage, afin de le reconnoître à ce jour terrible où « tous les hommes seront jugés. » Je ne sais si cette phrase, où perce un certain désir de vengeance, est bien conforme à l'esprit du christianisme, qui nous ordonne de prier Dieu, même pour nos ennemis. Quoi qu'il en soit, le confesseur est condamné à être livré aux bêtes dans l'amphithéâtre; puis il est reporté tout mutilé, tout déchiré dans sa prison.

Ici le poëte nous ramène pour un moment en paradis. Marie se lève de son trône, et monte vers son Fils; elle a vu les tortures d'Eudore, et demande à Jésus si le sang déjà répandu par ce martyr ne suffit pas pour le racheter et le faire entrer dans le ciel. Le Fils répond qu'il compatit aux larmes des hommes, mais il faut que les décrets du Père s'accomplissent. Ainsi celui qui vient d'être déchiré par des bourreaux, doit encore être dévoré par un tigre. Sans doute le Dieu de M. de Chateaubriand est bien le maître d'ordonner ce qui lui plaît; mais je me permettrai une humble remontrance sur ce double supplice infligé à un chrétien aussi vertueux, et qui vient de montrer autant de courage. Eudore a été appliqué à la torture immédiatement après son absolution; s'il étoit mort dans les tourments, on ne pouvoit sans injustice lui refuser le ciel; il me semble donc qu'on auroit pu supprimer ou le tigre ou le chevalet; des ongles de fer et une chaise de fer toute rouge sont, je pense, une honnête correction pour un chrétien en état de grâce; et j'espère que le vrai Dieu qui ne fait pas des discours académiques, ne sera pas aussi sévère que le Dieu de ce roman.

Marie ne peut obtenir la suppression du tigre; mais pour la consoler, on lui permet de descendre en purgatoire, et d'en tirer la mère d'Eudore, dont les prophètes ont déclaré la béatitude.

Après nous avoir promené en paradis et en enfer, l'auteur auroit eu quelque chose à se reprocher, si, dans sa lanterne magique, il ne nous avoit pas montré le purgatoire. Je lui dois cette justice d'avouer qu'il y a fait des changements notables et qu'il l'a fort joliment arrangé. Le lieu d'expiation n'est pas un lieu de supplices, et les pécheurs n'y ont que la peur du mal; ils entendent claquer des fouets qui ne les touchent pas, résonner des chaînes qu'ils ne portent pas, et ils voient un fleuve brûlant qui ne les brûle pas. Ceci n'est que le premier étage du purgatoire; en s'élevant dans ces lieux d'épreuves, les peines deviennent plus douces et moins durables. *De limpides ruisseaux, des bocages enchantés, d'agréables concerts formés par les chants de mille oiseaux, une lumière semblable à une perpétuelle aurore, annoncent la solitude de ces sages qui ont pratiqué toutes les vertus morales.* Dieu soit loué! voilà un assez joli purgatoire; cependant, je ne sais pas si le Jéhovah de M. de Chateaubriand a été un fort bon politique; car les hommes qui n'aiment ni le tigre, ni le chevalet, seront gens à se contenter des limpides ruisseaux, des bosquets enchantés, et ils renonceront à un paradis qu'il faut payer si cher. Mais si cette peinture riante d'un lieu d'expiation ne satisfait pas les sévères chrétiens, elle plaira aux philosophes, qui ne savoient où placer Titus, Antonin et Marc-Aurèle, pour qui ils ont une tendresse inexprimable : ces bons et vertueux empereurs auront du moins des bosquets et des ruisseaux; c'est toujours ça : dans l'Élysée de Virgile, ils ne seroient pas mieux.

Tel est ce purgatoire que les admirateurs de M. de Chateaubriand citent comme une des plus belles choses de son poëme : poëme qui, selon moi, a besoin de passer quelques milliers d'années dans le purgatoire du Parnasse, pour mériter une petite place dans la bibliothèque de Jéhovah.

Après quelques événements dont je me lasse de suivre le fil, le dénoûment arrive, et il se fait dans l'amphithéâtre de Vespasien. Eudore est seul dans l'arène, et il demande au peuple la permission de s'asseoir par terre, en attendant le tigre qui devoit le dévorer; on lui accorde cette grâce. L'empereur paroît : Eudore se lève et le salue fort poliment. Ce salut me rappelle un trait rapporté par Suétone dans la vie de Claude. Dix-neuf mille misérables étoient condamnés à combattre et à périr dans une naumachie; quand l'empereur parut pour jouir de ce beau divertissement, ils s'écrièrent : *Ave, imperator, morituri te salutant.* M. de Chateaubriand a sans doute songé à ce passage; mais quelle différence entre le froid salut d'Eudore et le *morituri salutant* des malheureux dont parle Suétone! Cette imitation de l'histoire est cependant plus heureuse qu'une autre dont j'ai oublié de parler. Quand on conduisoit Eudore à l'amphithéâtre, le peuple vouloit se jeter sur lui et le déchirer; les prétoriens pouvoient à peine réprimer cette fureur populaire, et le chrétien leur dit : « Laissez-les faire, c'est ainsi « qu'ils ont souvent traité leurs empereurs; mais « vous ne serez point obligés d'employer la pointe « de vos épées pour me forcer à lever la tête. » Pour goûter cette allusion, il faut supposer que les soldats du quatrième siècle avoient lu Suétone, et savoient très bien l'histoire de Vitellius.

Enfin, une porte de l'arène s'ouvre, et Cymodocée s'y précipite pour partager le sort de son époux, quoiqu'elle ne soit pas comprise dans la proscription. Eudore veut d'abord la détourner de ce cruel sacrifice; mais la voyant inébranlable : « Je ne « m'oppose plus à vos desseins, lui dit-il, je ne puis « vouloir vous ravir plus long-temps une couronne « que vous recherchez avec tant de courage. » Après quelques altercations au sujet de cette jeune fille, le peuple s'écrie : « Qu'on donne le signal! les bêtes! les chrétiens aux bêtes! » La trompette sonne, on ouvre la loge du tigre, qui s'élance en rugissant dans l'arène, *enfonce ses ongles dans les flancs* d'Eudore, *déchire avec ses dents les épaules* de ce martyr, et *rompt le cou d'ivoire* de la belle Cymodocée.

Cette catastrophe, qui termine le roman, assure sans doute à Eudore une belle place dans le ciel; car l'auteur nous fait voir au-dessus de l'amphithéâtre des légions d'anges et de saints qui célèbrent déjà le triomphe des martyrs; et cependant j'ai le malheur de douter encore de son salut. Une réflexion de l'auteur me fait trembler pour le pauvre Eudore. Quand il a vu le tigre s'avancer, il s'est hâté de couvrir Cymodocée de son manteau, pour dérober tant de charmes aux yeux des spectateurs. Ce mouvement n'a rien que de louable: la pudeur d'Eudore me rappelle celle de Thisbé, qui, en se donnant la mort, a soin de ranger ses vêtements:

Dernier trait de pudeur en ses derniers moments.

Mais malheureusement, le poëte des *Martyrs* ajoute cette phrase inconcevable: « Peut-être aussi « étoit-ce un dernier instinct de la nature, *un mou-* « *vement de cette jalousie* qui accompagne le véri- « table amour jusqu'au tombeau. » Quoi! lorsque le tigre s'avance, les griffes ouvertes et la gueule béante, le chrétien qui a été mutilé sur le chevalet et qui va être mis en pièces avec la femme qu'il adore, éprouve encore un mouvement de jalousie, conçoit des idées terrestres et charnelles! En vérité, cette réflexion est un peu trop philosophique. Si elle est juste, je vois le pauvre Eudore en purgatoire pour quelques millions d'années; car le Dieu de M. de Chateaubriand ne badine pas; et s'il veut livrer aux tigres un chrétien en état de grâce, que ne doit-il pas prononcer contre un homme qui s'avise d'avoir de pareilles idées dans un pareil moment ?

J'ai dit que je ne me croyois pas obligé au respect envers un Dieu et des saints que l'on me présente comme des héros de romans, comme des rivaux malheureux des dieux du paganisme ; et le droit que l'auteur me donne de plaisanter sur tant d'objets qui devroient être respectables, n'est pas la moindre critique que l'on peut faire de son ouvrage. Il est des choses dont on ne doit jamais rire ; c'est pourquoi il ne faudroit pas les rendre ridicules. Quand on se moque d'un portrait dont on respecte l'original, c'est la faute du peintre, et non pas celle du rieur.

Je n'aurai pas ici la prétention de vouloir donner une conclusion en forme ; mon opinion est trop peu importante en littérature pour qu'il me soit permis de rien décider ; mais en récapitulant tout ce que j'ai dit sur *les Martyrs*, on trouve que ce prétendu poëme est *le mauvais ouvrage d'un homme qui a un grand talent*. Si je me trompe sur la première partie de cette opinion, il est donc possible que je me trompe sur la seconde ; car il seroit bien étonnant que j'eusse toujours un goût excellent quand je fais l'éloge de l'auteur, et toujours un mauvais goût quand je le critique. Aujourd'hui, je parle avec d'autant moins de défiance, que mon sentiment est plus d'accord avec le sentiment général. Les admirateurs des *Martyrs* sont devenus plus rares et plus modestes ; il ne menacent plus d'une révolution en littérature et en poésie ; la désertion a beaucoup éclairci leurs rangs, et le temps n'est pas loin où ils auront quelque honte de leur ridicule enthousiasme. La conception de cet ouvrage est une grande folie, et le mélange du sacré et du profane y est un grand scandale. Je ne serois pas étonné que quelques prélats, quelques pasteurs, ou autres personnages bien pieux, s'élevassent contre une production dont l'effet est si contraire à l'intention de l'auteur. En revanche, *les Martyrs* plairont beaucoup aux philosophes et aux amateurs de la mythologie païenne, à laquelle M. de Chateaubriand a donné, sans le vouloir, une si grande supériorité.

A ne le considérer que sous le rapport de l'art, l'ouvrage est froid et d'un intérêt très médiocre. Les Cyrille, les Jérôme, Augustin, Dorothée, Paul l'ermite, Antoine, Porphyre, Jamblique, sont des figures de plâtre sans mouvement et sans chaleur; Dioclétien, prince sans volonté, sans énergie, est un fort triste personnage; c'est bien le *cereus in vitium flecti*, et l'homme le moins propre à figurer dans un poëme; Galère et Hiéroclès sont dégoûtants; Lasthénès est un honnête homme assez ennuyeux; Eudore, un peu pédant; Cymodocée seroit assez gentille, si elle n'étoit pas tour à tour trop ignorante et trop savante; mais rien n'approche de la pauvreté, de la nullité du papa Démodocus; c'est un homme sans physionomie, sans caractère, un véritable père Anchise, que le lecteur, à l'exemple d'Enée, porte sans cesse sur ses épaules.

Le style de cet ouvrage produit deux sensations

bien différentes. Partout où l'auteur est simple, il offre des morceaux du plus grand mérite; des pages, des livres entiers sont écrits avec une rare élégance; les descriptions même qui, par leur multitude, fatiguent et rebutent le lecteur, sont pour la plupart extrêmement agréables, à ne les considérer qu'isolément; mais partout où l'auteur se livre à la fougue de son imagination, son style devient, comme ses idées, affecté, bizarre, extravagant et quelquefois ridicule : il semble avoir fait la gageure de ne rien dire comme un autre, et de faire entrer de force dans la langue française les idées, les métaphores et les tournures hébraïques, grecques et romaines. Enfin, ce roman, tel qu'il est, mérite d'être conservé, comme un modèle à fuir, et d'être montré aux jeunes littérateurs, comme un exemple des folies dont les grands talents sont capables, lorsque leur imagination n'est pas guidée par le bon goût et par le bon sens.

A cette injuste, ignorante et déloyale critique, notre réponse sera facile et courte. Toutes les objections d'Hoffmann, il nous sera aisé de les réduire à leur juste valeur.

1° *Le merveilleux du christianisme?* — M. Hoffmann le nie, M. de Chateaubriand le prouve. Les passions chrétiennes? — Lisez *les Martyrs*, lisez *Atala*, lisez *Polyeucte*, lisez *Athalie*. La plus brillante épopée du monde moderne, *la Jérusalem délivrée*, est une épopée chrétienne. Dante a fait un poëme chrétien, *la Divine Comédie. Le Paradis perdu*, de Milton, est-ce donc, à votre avis, un poëme païen? La poésie est là cependant : elle y est pleine et entière, douce et terrible, triste et gaie, pastorale et guerrière, elle y est *merveilleuse* surtout. Quand les chefs-d'œuvre sont là qui parlent de leur voix toujours vivante, toujours plus éloquente et toujours plus écoutée, qu'importe la critique? La critique nie le mouvement, le poëte marche.

2° M. de Chateaubriand a mêlé le merveilleux des païens au merveilleux des chrétiens? — Mais, justement c'est là le plan, c'est là le sujet des *Martyrs*. Comparer les deux religions dans leur poésie ; mettre en scène Homère et la Bible, les dieux de la fable et les martyrs, les philosophes et les apôtres, le ciel de Jupiter et les cieux de Jésus-Christ ; voilà justement l'œuvre entière du grand poëte, et vous savez s'il l'a dignement accomplie, et vous savez si cette lutte des vieux dieux et du Dieu nouveau a été soutenue avec un courage et une persévérance admirables; et vous savez, quand enfin Eudore et Cymodocée succombent dans l'arène sanglante sous le regard des tyrans, si c'est là un cri lamentable et prophétique : *Les dieux s'en vont !* Singulière préoccupation de la critique. Reprocher à M. de Chateaubriand le hardi pêle-mêle des *Martyrs,* n'est-ce pas comme si on disait à Racine : Vous avez eu tort de mettre en présence Néron et Britannicus?

3° Velléda ! — Le critique attaque Velléda, cette création homérique ; Velléda, qui représente la vieille Gaule, avec quel génie et quelle beauté, vous le savez. On permet à Virgile Didon, cet adorable anachronisme, et à M. de Chateaubriand, on ne permet pas ce livre des *Martyrs,* où le vieux Brennus semble renaître pour confondre de nouveau cette Rome qu'il a vaincue, lui le premier des Gaulois ! Et voyez la logique du critique ! Tout à l'heure il ne reconnoissoit pas le merveilleux du christianisme, et maintenant il s'indigne que M. de Chateaubriand ne fasse pas de la mort une courtisane parée de fleurs, comme le poëte Horace. Il ne voit pas que M. de Chateaubriand se sert en tremblant de cette muse chrétienne, la mort, et que c'est là déjà une source infinie de poésie, que de prendre enfin la mort au sérieux. Et ce contraste de Cymodocée la profane avec Eudore le chrétien; celle-ci qui récite les chants d'Homère, celui-là qui lit la Bible ; l'une, plongée encore dans les rêves riants de la Grèce, l'autre, élevé dans les sévères doctrines du chrétien ; celle-ci qui s'appuie en souriant sur tant de fables riantes, celui-là qui marche dans la voie nouvelle d'un pas ferme et sûr; l'une, chaste fille de la profane Athènes, et l'autre amoureux chrétien de l'Eglise militante : quelles plus poétiques figures, quels plus poétiques amours! et quel odieux courage ne faut-il pas pour ne pas admirer Velléda, pour ne pas adorer Cymodocée !

4° Bientôt arrive le tour du style de M. de Chateaubriand. — Le style de M. de Chateaubriand est toute une révolution dans la langue françoise. M. de Chateaubriand a arraché notre langue aux sanglantes fureurs, au hideux dévergondage de 93; il lui a appris à parler de nouveau de la liberté, de la religion, de l'humanité, de la tolérance, de toutes les vertus que la France sembloit avoir oubliées. Que la France a dû être étonnée et charmée, quand elle entendit parler ainsi ce gentilhomme sauvé des échafauds comme par miracle, et qui revenoit tout exprès de l'exil pour rendre son éclat terni à la langue de Bossuet, de Fénelon et de Racine !

N'est-ce pas, je vous prie, une chose étrange ? Hoffmann, ce sec et inculte écrivain, cet Allemand francisé par son esprit, mais non pas par la grammaire, qui ose s'attaquer corps à corps au style de M. de Chateaubriand !

Ce n'est qu'aujourd'hui, quand il a bien prouvé qu'il étoit en effet le maître de la langue, que nous avons appris à admirer M. de Chateaubriand ; ce n'est qu'aujourd'hui, quand il a eu donné le mouvement, la vie, la pensée, l'éloquence, et, disons-le, la liberté de la presse, cette mère de toutes les libertés, au dix-neuvième siècle et à sa patrie, que M. de Chateaubriand est enfin arrivé à cette place que nul ne songe plus à lui disputer ni à lui défendre. Qu'il est haut placé et que les critiques sont devenus petits! Mais, de son temps, Hoffmann étoit ce qu'on appelle une puissance; on disoit autour de lui *qu'il écrivoit bien*, et, à ces causes, il osa s'attaquer à ce nouveau venu, Chateaubriand, qui étoit loin d'écrire comme lui Hoffmann.

5° Eudore dans la famille de Cymodocée trouve grâce aux yeux du critique; il avoue que la scène est belle et touchante. — Pourquoi donc critiquer tout à l'heure l'entretien d'Eudore et de Cymodocée? Ceci n'est que le commencement de ce beau livre, qui est à la fois un hymne en faveur du paganisme et un saint cantique en l'honneur du Fils de Marie.

6° Dans le livre suivant, le poëte se recueille. Cette grande tâche d'une épopée l'épouvante. Il va consulter Milton et Dante dans le ciel. — Ici, la critique descend à de bien niaises plaisanteries. M. de Chateaubriand a toujours été ainsi attaqué par mille épigrammes inaperçues et qui devoient échapper aux regards, que dis-je? au mépris de cet aigle. Dans ce livre, où M. Hoffmann se moque de Chateaubriand, comme Voltaire, esprit, talent et style à part, se moquait de ce barbare Milton et de William Shakespeare, cet autre barbare, le poëte des *Martyrs* n'a jamais déployé plus d'éclat et de magnificence. Cette grande parole retentit dans les cieux chrétiens comme la trompette de l'archange au jour du jugement dernier. On peut dire de M. Hoffmann qu'il a des oreilles pour ne pas entendre, *aures habent et non audiunt*, et pourtant ce n'est pas faute d'oreilles.

Après avoir attaqué le paradis de M. de Chateaubriand, le poëte attaque son enfer. Mais que n'attaque-t-il pas? Et pourquoi irions-nous ainsi le suivre pas à pas dans sa mauvaise humeur, dans sa mauvaise foi, dans ses injustices, dans ses cruautés, dans son ignorance, dans ses citations menteuses, dans ses citations pédantes, dans sa bonhomie affectée? Cet homme, qui ne vaut pas la réfutation aujourd'hui, vous représente cependant à merveille les jugeurs de M. de Chateaubriand. Cet homme, tel que vous l'écoutez aujourd'hui, a pourtant été une autorité de son vivant; il a été un obstacle à la gloire de M. de Chateaubriand, comme souvent une montagne de neige est un obstacle au soleil. Cet homme appartient donc, de près ou de loin, à M. de Chateaubriand. Il a parlé avec une légèreté sans exemple d'un livre qui est un chef-d'œuvre; il a parlé sans intelligence d'un poëme qui devoit devenir l'honneur de la langue françoise; il a été sans admiration pour les plus nobles pensées, sans enthousiasme pour un chef-d'œuvre, sans larmes pour les plus touchants malheurs, sans passion pour la plus belle créature qui soit sortie de la main d'un poëte de Dieu (il trouve Cymodocée *assez gentille*). Que ce critique-là soit anathème! que son chapitre soit accolé à la critique d'*Atala* par J. M. J. Chénier. Que ces deux hommes, sur qui retombent aujourd'hui si lourdement leur ignorance et leur injustice, servent d'exemples aux critiques à venir. — *Erudimini qui judicatis.*

FRAGMENTS

D'UN POEME LATIN INTITULÉ

CONSTANTIN

ou

L'IDOLATRIE RENVERSÉE;

PAR LE P. MAMBRUN,

DE LA COMPAGNIE DE JÉSUS[1].

---

[1] Ce religieux est mort à la Flèche en 1601 ; il ne crut pas, non plus que l'auteur des *Martyrs*, faire un mélange profane en se servant du merveilleux chrétien pour l'opposer aux fêtes du paganisme. Le P. Mambrun n'ignoroit pas non plus quelle est la puissance magique d'un nom célèbre, puisqu'il choisit le nom d'Orphée pour le donner à l'un de ses héros, et qu'il plaça la scène de son épisode dans cette même Thrace qui avoit retenti des malheurs de l'amant d'Eurydice. La citation d'un fragment de cet épisode ne peut qu'ajouter à la défense que l'auteur des *Martyrs* a opposée aux critiques dans son *Examen*.

(*Note de l'Éditeur.*)

CONSTANTINUS,

AUCTORE MAMBRUNO.

E LIBRO PRIMO.

Nec minus interea Veneri sua sacra parantur,
Næniaque, et lacrymæ, et tristes in Adonia fletus.
Prima sacerdotem tantis quæ virgo præesset
Ritibus, et tantos meritis æquaret honores,
Cura fuit legere, et pulchræ præponere turbæ.
Hic juvenum studia, hic vota exarsere procorum,
Namque suis decus hoc illi petiere puellis :
Orpheus ante alios Thracas pulcherrimus omnes,
Optimus idem armis, idem ditissimus agri,
Multa sacerdotes orans, sanctumque senatum
Ambiit, et tantum felix præcepit honorem.

Virgo fuit, Beroen prisci dixere, juventa,
Atque opibus, nec non et avis, atavisque superba,
Christiadum sacro nuper quæ flumine tincta,
Christo etiam thalami expertes sacraverat annos;
Sed geminam tacito laudem sub corde premebat.
Hanc sibi jamdudum miro properabat amore
Threicius juvenis vinclo sociare jugali;

CONSTANTIN,

POEME PAR MAMBRUN.

EXTRAIT DU CHANT PREMIER.

On préparoit des sacrifices à Vénus et des jeux funèbres, mêlés de pleurs et de gémissements, pour honorer la mémoire d'Adonis. Une jeune vierge, digne de présider à cette solennité, devoit être choisie pour y remplir les fonctions de prêtresse, et mener le deuil à la tête d'un chœur des jeunes filles de la Thrace. C'est alors que s'éveillent dans l'âme de tous les jeunes hommes les vœux ardents et les brûlantes espérances; chacun ambitionne cette haute faveur pour celle qu'il aime. Le plus beau, le plus vaillant, le plus riche d'entre les aspirants, Orphée, environne les prêtres de la déesse de séductions et de prières : il l'emporte sur tous ses rivaux.

Une vierge (on la nommoit Béroë) unissoit aux heureux dons de la jeunesse l'orgueil d'une haute naissance et d'une grande fortune. Purifiée naguère par l'eau sainte du baptême, elle avoit consacré sa virginité à la mère du Sauveur; mais un double triomphe se préparoit pour elle. Depuis long-temps épris d'un ardent amour pour Béroë, le jeune Thrace espéroit conduire la vierge aux autels de

Et, magnum demens ratus id fore munus amanti,
Sacrilegæ insontem præfecit Adonidis aræ.

Virginis ut castas tam tristis nuncius aures
Impulit, interiora domus irrupit, ibique
Et lacrymis oculos implevit, et ora querelis :
Mene sacerdotem Veneris? mene impia vota
Concipere, et fœdis adolere altaria flammis?
Nec te pœnituit, confidentissime Thracum,
Infelix Orpheu, Christo divellere pactam,
Rivalemque Dei, nostros sperare hymenæos?
Quid frustra queror, imprudens? nil numina curat
Quisquis amat. Deus est, Beroe, sua cuique Cupido.
Sed neque jam lacrymis opus est, nec questibus usus;
Mox aderit, qui sacrilegas me sistat ad aras,
Atque tibi jubeat præfari carmen? Adoni!
Præfabor Beroe? præeuntem turba sequetur?
Ah! me, me potius lentis absumite flammis,
Aut laceros artus toto dispergite ponto,
Ante, fides, quam te violem, aut te, Christe, tuosque
Ejurem ritus! tristi sic ore locuta,
Conticuit paulum, tum lætior ista profatur :

Scilicet his sacris petitur pulcherrima virgo,
Nec nisi formosam admittet Cinyræus Adonis.
Vicisti, Beroe : formæ jactura caducæ
Est facilis. Nam quid dubitas moritura? decoros

l'Hymen... L'insensé! il croit faire un glorieux présent à sa bien-aimée, et il dévoue l'innocence au culte profane d'Adonis.

A cette affreuse nouvelle, la vierge pudique se réfugie dans les lieux les plus retirés de son palais, et là, versant des pleurs et poussant des soupirs : « Moi, moi, la prêtresse de Vénus ! moi, proférer « des vœux impies, et brûler un criminel encens ! Et « toi, jeune téméraire, malheureux Orphée, oses-tu « te placer entre l'Époux divin que j'ai choisi, et te « déclarer le rival de Dieu même ? — Mais que te « servent de vaines plaintes ? O Béroë ! pour un « amant est-il d'autre dieu que l'objet de son ado- « ration ? Sa passion est sa seule idole.... Des larmes, « des gémissements... il n'en est plus besoin ! C'en « est fait ; il va me traîner au temple de l'impiété, « ma langue sera contrainte à dire les louanges « d'Adonis ! Les chanterai-je, ces louanges impures ? « guiderai-je aux autels une foule idolâtre ! Ah ! que « plutôt je sois lentement consumée dans les flam- « mes, que mes membres déchirés soient jetés dans « les ondes, avant de violer ma foi, avant de trahir, « ô Christ ! tes saints commandements. » La jeune vierge se tait un moment... puis se livrant tout à coup à un vif transport de joie :

« Il faut qu'elle soit brillante de beauté, cette prêtresse... le fils de Cinyre le veut ainsi ! Triomphe, Béroë ! le sacrifice d'une beauté périssable est facile. Que peux-tu craindre ? — La mort ? — La

Turpibus, et formas omnes mors omnibus æquat.
Cur tibi tot votis poscor, mirerabilis Orpheu?
Hoc dabitur, quodcumque optas; in me mora nulla est.
Vos, oculi, vos, o mea lux, vos Thracius ille,
Nam memini, vos ille amens laudare solebat,
Vos ite, et tantæ miseram me absolvite culpæ!

Atque ea dum memorat, lacrymæ volvuntur in ora
Injussæ, et largo maduerunt flumine vultus.
Illa iterum : Invitæ mihi quid turgetis, ocelli?
Aut cur sponte imber tantus ruit? ergone nec vos
Vel Veneris pudeat, vel Adonidis? in cruce fixum
Exhalantem animam nostro pro crimine Christum
Aspicite (illum forte manu pro more tenebat).
Hos oculos ecquid tandem cognoscitis atro
Funere perfusos? nempe ille præiverit insons :
Et trepidamus adhuc, et tenebras horremus inanes!
Hæc ait, et magnum, sed non imitabile factum
Aggreditur : licitum id paucis, quos ignea virtus
Aut rapit, aut afflat propiori lumine Christus.
Illa suis oculorum orbes e sedibus ultro
Eruit, et disco fluidos excepit in aureo.
Protinus extinctis vultus decor omnis ocellis,
Atque omnis cecidit formæ nitor! illa sub umbra
Palluit, et totos tremefacta exhorruit artus.
Haud secus ac medio pulcher si Phœbus Olympo
Occidat, et trepidet subducto lumine mundus.
Continuo vocat Andromachen, cui credere pectus,
Arcanosque animi sensus aperire solebat.

beauté et la laideur se confondent dans la mort. Et toi, malheureux Orphée, pourquoi m'as-tu choisie pour l'objet de tes vœux? tu l'obtiendras... tu auras ce que tu désires... je ne me ferai pas attendre!... C'est vous, mes yeux, vous, je m'en souviens, qu'il adoroit dans son délire; c'est à vous de m'absoudre et de finir mes misères! »

Et en parlant ainsi, des larmes involontaires s'échappent de ses yeux et baignent son visage. « Pourquoi, reprit-elle, pourquoi, mes yeux, vous gonfler malgré moi? Pourquoi ces pleurs qui ruissellent? n'êtes-vous pas blessés du culte de Vénus et d'Adonis! Contemplez sur la croix (elle tenoit l'image du Fils de l'homme), contemplez ce Dieu mourant pour les péchés du monde. Voyez-vous ces yeux couverts des ombres du trépas! il a marché le premier!... il étoit innocent!... et j'hésite encore, et je craindrois de vaines ténèbres! » — Elle dit : et, déployant un courage qui n'est donné qu'à ces nobles cœurs que ravit une vertu sublime, ou que le Christ anime d'un souffle divin, elle arrache elle-même ses yeux, et les dépose sanglants dans une vase d'or. C'en est fait de la beauté de son visage : grâces, fraîcheur, tout s'évanouit. Plongée dans une nuit soudaine, ses traits pâlissent, tout son corps frissonne. Ainsi frémiroit le monde, si le soleil venoit à s'éteindre au milieu de sa course. Cependant Béroë appelle Andromaque : c'est dans le sein de cette amie fidèle qu'elle a coutume de déposer ses secrets et d'épancher tous ses sentiments.

Andromache, mihi præ reliquis dilecta, sororis
Esse loco mihi si solita es, cum voce querelas
Et gemitus compesce; refer tum protinus Orpheo
Hæc monimenta mei, verbis ornare memento :
Quæ sit Christiadum virtus hoc munere discat.
At non Andromache, subito perculsa dolore,
Aut lacrymis potis est amens, aut parcere voci ;
Plurima conantem paucis sic Virgo repressit :
Vade, ait, extremumque mihi defungere munus.

At miser interea studio properabat inani
Orpheus, officioque prior certare parabat.
Fingere cæsariem puero dabat : ordine crines
Ille regens, roseos dentato pectit in auro ;
Nunc etiam ferro tortos vibravit : at illi
Se super, inque alios alii tolluntur, ut undam
Unda super tumet, et crispos sinuatur in orbes.
Venit ut Andromache, mœsto sic pectore fatur :
O juvenes inter sævissime, respice quanto
Ante alios tua te Beroe dignetur amore.
Hæc Orpheo Beroe, sanctoque hæc addidit ore :
En, Orpheu, quod amas, atque ex hoc munere disce
Quanto Christiadum attollat se robore virtus.

Ille stupet visu in medio, calor ora reliquit,
Diriguere oculi, siccis vox faucibus hæsit.
Accisæ postquam rediere in pristina vires,
Excepit manibus discum, discoque natantes
Inspiciens oculos suprema luce nitere,
Infelix observat adhuc, et talibus infit :

« Andromaque, lui dit-elle, ô toi, la plus chère de mes compagnes, car tu m'as toujours tenu lieu d'une sœur, retiens tes plaintes et tes soupirs; va trouver Orphée, et remets-lui ce gage de ma tendresse; qu'il apprenne à connoître, à la vue de ce présent, le courage qui anime les chrétiens. » Frappée d'une douleur soudaine, Andromaque, hors d'elle-même, ne peut retenir ses larmes et ses sanglots; elle veut parler, mais l'héroïque vierge l'interrompant : « Va, dit-elle, hâte-toi; c'est un dernier service que je réclame! »

Cependant Orphée ne prévoit pas son malheur; tout entier à son amour, il ouvre son âme à de crédules espérances, et n'est occupé que du soin de plaire à celle qu'il aime. Un esclave parfume ses cheveux, en sépare les longues tresses, les relève sous un peigne aux ongles d'or, ou les fait onduler en longs anneaux, comme les vagues de la mer quand elles sont mollement enflées. Andromaque arrive auprès de lui; et, haletante, laisse tomber ces mots entrecoupés : « Tiens, barbare, contemple l'amour de Béroë pour toi. Voici le gage de tendresse qu'elle t'envoie! Apprends à connoître par ce don quel est le courage des chrétiens. »

A cet aspect, Orphée reste stupéfait, son sang se glace, son front pâlit, ses yeux se troublent, sa voix expire..... A peine a-t-il repris l'usage de ses sens, qu'il saisit le vase fatal; il voit ces yeux qui nageoient dans la mort et brilloient encore d'un

Hoc ergo, Beroe, hos oculos, proh Jupiter! Orpheo
Ista tui, Beroe, tandem monimenta remittis ?
O amor! o Beroe! o pietas! hic pectore rursus
Deficit, et raris fatur sic vocibus : Orpheo
Das oculos, Beroe, magnum et venerabile donum :
Orpheus at, Beroe, vitam pro munere reddet.
Dixit, et adductum vertebat in ilia ferrum;
Sustinuere manum comites, et mollibus ægra
Multa alternantes lenibant pectora verbis.

At postquam trepidas vulgi tam sævus ad aures
Rumor iit, subito sese prætoria circum
Agglomerant turbæ, vocesque ad sidera jactant:
En illa, en Divos Veneremque exosa puella,
Publica fax, patriæque lues! nondum expiat urbem
Morte sua, et miseros solvit formidine cives.

Ecce autem Iphicrates, rerum cui summa potestas,
In medium venit; arrectis stant auribus illi,
Et taciti ora tenent; hic dictis pectora mulcet,
Christiadis tormenta, necesque, crucesque, rogosque,
Intentans : populi flatus irasque remittunt.
Continuo ille patres Paphiæ intra tecta superba
Convocat, et solio placidus sic infit ab alto :

reste de clarté, il n'en peut détourner les siens, et tout entier au sentiment de son infortune :

« Grands dieux ! s'écrie-t-il, c'est donc là, Béroë, le gage de ta tendresse ? O amour ! ô religion ! » L'infortuné ne se connoît plus, il chancelle ; et, dans son délire, s'exhalent ces paroles entrecoupées de sanglots : « Oui, je le reçois, ce présent... il est sacré pour moi... il m'est cher, Béroë ! Ma vie seule peut le payer et m'acquitter envers toi ! » Il dit, et veut se frapper de son épée ; quelques amis accourus arrêtent son bras : ils s'efforcent tour à tour d'adoucir la blessure de son cœur par la douceur de leurs paroles.

Aussitôt que cette affreuse nouvelle eut frappé les oreilles de la multitude, une foule turbulente s'amasse autour du prétoire, et remplit l'air de ses clameurs : « C'est elle, cette femme impie, l'ennemie des dieux et de Vénus, le fléau de la patrie ! Pourquoi n'est-elle pas encore immolée à la sûreté publique ? sa mort seule peut finir nos terreurs et nos maux. »

Iphicrates se rend au milieu de ce rassemblement : dépositaire du souverain pouvoir, on l'écoute en silence et dans l'attitude immobile du respect. Il parle de supplices, de croix, de bûchers contre les chrétiens : par ces discours, il calme le peuple, qui laisse mourir les flots de sa colère. Aussitôt il convoque le sénat dans le temple resplendissant de la

Hæc, Proceres, mandata dabat postrema recedens
Caius, haud rerum imprudens, sancteque monebat.
Tu cave Christiadas intra patiaris inultos
Mœnia; non ferro parces, non vindice flamma.
Ergo animum intentus nunc huc, nunc differor illuc,
Vestigans si qua pestis se ferret ad auras.
Incassum curæ vanique abiere labores;
Nam latebris gens illa suis obtecta tenet se,
Ut coluber, rigido terras cum frigore bruma
Obsidet, atque agros aquilo constringit hiantes,
Tectus humo nunquam prodit, lucemque perosus,
In tenebris recoquit spumoso felle venenum.
Non ego nunc vestros Beroe super, aut super ipsis
Christiadis sensus interrogo : Diique, hominesque
Ad pœnas illos pro relligione reposcunt.
Hoc rerum caput est. Veneri quærenda sacerdos,
Quæ præsit sacris, et Adonidi carmina dicat.

Ecce autem Beroes genitor, grandævus Eristes,
Constitit ante Patres et tali voce profatur :
Non ego vos lacrymis et vano flectere questu
Aggrediar, Proceres; merui, nec deprecor a me.
Peccavi, pater infelix, et crimine natæ
Sum reus. Ah probrum! ah! nostræ fœdissima gentis
Pernicies! cadat ut merita est, et numina placet.

déesse de Paphos ; et là, assis sur un trône élevé, et le front serein, il dit :

« Princes, l'empereur, en quittant ces lieux, m'a donné, dans sa vigilante sollicitude, les avis les plus saints. Ne laisse pas, m'a-t-il dit, ne laisse pas dans ces murs les chrétiens impunis ; que le fer et la flamme soient les instruments de tes vengeances. Fidèle à ses ordres, j'ai ordonné les investigations les plus actives ; je les ai dirigées sur tous les points : tant de soins ont été jusqu'à présent inutiles. Cette secte demeure profondément cachée dans ses obscures retraites, pareille au serpent, qui, tandis que l'hiver couvre les champs de neige et de frimas, évite la clarté du jour, et se gonfle de nouveaux poisons au sein des ténèbres. Je ne vous demande point vos sentiments sur Béroë et sur les chrétiens : la justice divine et la justice humaine nous font un devoir de les immoler à cause de leur culte. Voilà l'objet important. Choisissons maintenant une prêtresse de Vénus pour présider aux sacrifices et chanter Adonis. »

Alors le père de Béroë, le vieux Éristès, se lève, et d'une voix solennelle : « Princes, dit-il, je n'entreprendrai point de vous fléchir par des larmes, par de vaines plaintes ; je ne veux point me soustraire à une fatale solidarité. Père infortuné ! ma fille est coupable, et son crime retombe sur moi. Opprobre et fléau de ma famille, qu'elle périsse, puisqu'elle a mérité la mort ! que son sang apaise

Unum oro, liceat patri mollire puellam
Blanditiis, Christumque animo extorquere furenti:
Non ea res Caio aut superis ingrata putanda est;
Namque ita, quos scelerum artifices et ad impia sacra
Auctores gens illa habeat, rescire potestas,
Qui tacitum inspirent virus, spargantque per urbem.
Assensere olli, mensemque pepigere parenti.

les dieux. Je ne vous adresse qu'une prière : je suis père !... qu'il me soit permis de voir ma fille, de la ramener par les caresses, d'arracher le Christ de son âme égarée. Ma demande ne peut déplaire à l'empereur ni aux dieux. Ce seroit peut-être un moyen de découvrir les chefs artificieux d'une secte impie, qui s'accroît dans l'ombre, et répand ses poisons dans la ville. » On applaudit à ce discours, et il est ordonné de différer le supplice de Béroë.

E LIBRO QUARTO.

Cum tenebras cœlo prima jam luce fugaret
Orta dies, Christo unigenæ Patrique supremo
Christiadæ simul unanimes, tectoque sub uno,
Tanta fuit priscæ pietas ætatis, et almæ
Relligionis amor! precibus cœlum omne ciebant.
Ante alios Beroe virgo, summique sacerdos
Numinis Archidamas, qui, sola Hippocratis arte
Per populos notus, pulchra nunc fraude latebat;
Præterea Sanctorum aderat castissima turba.
Tectum intra Beroes, atque in penetralibus ipsis,
Talia cœlicolum Rectori vota canebant :

Christe, salus hominum, mentes, incautaque veri
Pectora, et indignos cœlo miserare labores.
Ecce illos stygia deceptos fraude tyrannus
Tænarius misere illudit, perque ultima versans
Crimina, præcipites sub tristia Tartara mittit,
Quos tamen eduro linquens in stipite vitam
Morte redemisti. Nempe hæc pro sanguine tanto
Dat pater? ecquid erat cur tu morereris, et isto
Supplicio, si nunc pro te Cinyræus Adonis,
Proque tua regnet meretrix Cytheræa parente?
Tu longe procul a terris sublimis in altum
Jampridem evectus; quidni rapis omnia tecum?
Promissis quid stare vetat? post prælia victor,
Post domitam Styga, nunc totum dominare per orbem.

EXTRAIT DU CHANT QUATRIÈME.

CEPENDANT les premiers rayons du jour ont dissipé les ténèbres, et les chrétiens, rassemblés dans un lieu secret, adressoient au ciel leurs ferventes prières, tant la piété étoit grande dans ces vieux âges de l'Église naissante ! Au milieu de cette foule innombrable de fidèles, étoient Béroë et le prêtre Archidamas, qui, redevable de son salut à un pieux stratagème, n'étoit connu dans la ville que par ses profondes connoissances dans l'art d'Hippocrate. C'étoit au fond du palais de Béroë qu'ils bénissoient le Roi des anges, et répétoient ce cantique :

« Seigneur, daignez éclairer les esprits des hommes et prendre en pitié leurs folles passions. Le tyran de l'enfer les enlace dans ses piéges, et frémit d'une joie féroce, en emportant ses victimes. Vous les avez pourtant rachetés en mourant sur la croix. Où donc est le prix de votre sang ? Vous falloit-il mourir, et d'un si horrible supplice, si l'impur Adonis usurpe vos temples, si l'infâme Vénus tient la place de votre divine Mère ? Vous avez quitté la terre pour monter vers les cieux ; pourquoi ne pas tout attirer à vous ? Qui s'oppose à vos promesses ? Après tant de glorieux combats, après la défaite de l'enfer, étendez votre empire sur tout l'univers ! »

Talibus orabant, magna comitante corona
Cum venit Iphicrates, multo custode coronans
Hinc atque inde domum : sacris jam rite solutis,
Christiadæ foribus cæcis in tuta recedunt,
Et pulchro inviti subducunt corpora leto.
Archidamas, sancti pastor gregis, ædibus unus
Restitit, et stibio Beroes tingebat ocellos.
Protinus ad pœnas virgo deposcitur; intus
Fit gemitus, gemitum longe atria summa volutant
Nil Beroes genitor contra, seu terruit illum
Impia relligio Divum, seu principis ira.
Non ita Pausilipe, licet annis obsita mater,
Sed venit in medios, et tali voce sequuta est :

Tene ego tam longos post tot fastidia menses,
Nata, tuli, atque hæc reptanti circum ubera, mammas
Admovi genitrix, crudelibus ut mea flammis
Viscera, spirantesque artus absumeret ignis !
Hoc potui mater sperare ? hoc nata reponis ?
Nil ne mei, Beroe, miserere, tuique parentis ?
Et nunc ille, quidem senio victusque dolore,
Lucem odit, vitæque fugit miserabilis auras.
Tu patrem matremque necas, tantoque superbis
In scelere, et magna pietate utrumque trucidas.
Aspicis ut canis sparsit rugosa senectus
Tempora, et hæc senio moles evicta fatiscat.
Lapsantem quid sponte sua, perseque ruentem
Hanc animam male præcipitas ? at nec tuus ille,

Telles étoient les prières des fidèles, lorsque Iphicrates s'avance suivi d'un nombreux cortége ; il fait entourer le palais de gardes : les chrétiens, exhortés à fuir par de secrètes issues, se dérobent à regret à l'honneur d'un saint trépas. Archidamas, ce pieux pasteur des hommes, étoit resté seul avec Béroë ; et ses mains pressoient, sur les yeux de la vierge, un bandeau imprégné d'un baume salutaire. On la saisit pour la mener au supplice : tout à coup un gémissement se fait entendre ; les voûtes le répètent et le prolongent. Le père de Béroë ne parut point, soit que sa fausse religion lui inspirât de l'effroi, soit qu'il redoutât la colère de l'empereur. Mais qui peut arrêter une mère ? Tout accablée qu'elle soit sous le poids des ans, Pausilippe s'élance au milieu des soldats, et s'adressant à sa fille :

« Ma fille, lui dit-elle, t'ai-je portée dans mon sein avec de longues douleurs, t'ai-je nourrie du lait de mes mamelles, ai-je bercé dans mes bras ta débile enfance, pour que la flamme dévore mes entrailles et mes membres palpitants ? Mère, est-ce là ce que j'ai pu espérer ? fille, est-ce là ce que tu dois me rendre ? n'as-tu point pitié de moi, Béroë, de ton père, qui, vaincu par l'âge et la douleur, maudit sa déplorable vie, et blasphème le ciel ? Tu assassines ton père, ta mère, et, en nous égorgeant tous deux, ton pieux forfait t'enivre d'orgueil. Vois comme la vieillesse a blanchi mes cheveux et ridé mon front ; vois comme tout mon corps chancelle sous le faix des ans ! Cruelle ! veux-tu hâter la fin

Crudelis licet, ac morum quem rere magistrum,
Hoc Christus velit; ille patrum nil jura resolvit :
Quin etiam ut vereare jubet, sectare monentem.
Expecta, dum mors peragat. Te, nata, fruendæ
Non spatium vitæ, sed morti poscimus : exin
Utere sorte tua. Luctu dum talia mater
Prosequitur, circum turba omnis mœret, et ipsa
Gens fera, lictores lacrymas questusque dedere.

Tot gemitus inter manet imperterrita virgo,
Nec timet, exitio cujus tam multa timentur.
Subjicit hæc demum, et magno sic pectore fatur :

O cordi genitrix nostro charissima, quid te,
Meque isto incendis gemitu? si pectus amore
Tentatur tibi, cur non et pietate movetur?
Tangor amore tui, genitrix, doleoque parentis
Nata dolore! sed insistens me numine Christus
Majori rapit, et divino inflammat amore,
Mortales hebetans sensus. Cœlestibus ultro
Urimur, et pulchrum est flammis cœlestibus uri.
Cede Deo mulier ! tali sermone loquutam
Impia gens, primo pietatis imagine capta
Obstupuit, mox et majores arsit in iras.

de mon existence qui déjà tombe en ruine? Non, ton Dieu, que tu veux prendre pour modèle, ton Dieu, tout barbare qu'il est, ne l'exige pas de toi; il ne brise point les nœuds de la piété filiale; que dis-je? il impose aux enfants le respect et l'obéissance. Attends, ma fille, que la mort nous ait frappés. Voilà tout ce que je te demande; laisse-nous mourir, et tu pourras disposer de ton sort. » Ces plaintes d'une mère font éclater des sanglots parmi la foule qui l'écoute; les bourreaux eux-mêmes ont trouvé des larmes.

Au milieu de cette profonde consternation la jeune vierge demeure inébranlable; elle ne craint rien quand on craint tant pour elle. Enfin elle se tourne vers sa mère, et lui répond avec un courage héroïque:

« Ma mère, vous qui êtes si chère à mon cœur, pourquoi ces sanglots dont je ressens l'atteinte comme vous? Si votre cœur cède à la tendresse, pourquoi ne s'ouvre-t-il pas à la religion? Je vous aime, ô ma mère; oui, je suis votre fille, et je souffre de votre douleur: mais le souffle du Dieu sauveur est plus puissant; il me pénètre, il m'embrase d'une flamme toute céleste; j'échappe à l'empire des sens; un esprit divin me remplit: voilà, voilà ma gloire! O femme, ne résistez pas à Dieu! » Elle dit, et la foule impie, entraînée un moment par l'expression d'une foi si pure, s'étonne en silence; mais bientôt après sa rage n'en est que plus ardente.

Continuo rapitur virgo, magnoque tumultu
Matres, atque viri, puerique, et grandior ætas,
Heu! pietas, heu! sancta fides, invadere certant,
Insontemque trahunt, retrahuntque; ut ab ubere matris.
Hinnuleum rapuere canes, lacerantque, feruntque.
Linquitur hic animo genitrix, membrisque solutis
Labitur; excipiunt famulæ, stratisque reponunt.

Orpheus at postquam, Thracum pulcherrimus ille
Orpheus, audierat Beroen ad sæva reposci
Supplicia, arma amens capit, atque incensus amore
Se medium armatos inter sanctamque puellam
Objicit, et Stenelo dextram, qua forte prehensam
Ante alios sævus Beroen rapit, ense recidens
Archilocho fodit pectus. Totam ergo cohortem
Excitat imprudens, tali quem voce sequutus
Increpat Iphicrates. Quæ te dementia sanis
Sensibus evertit juvenis, quis te furor, Orpheu?
Respice teque, tuosque : cruci Christoque juventam
Hanc, patriosque Deos, sanctosque parentes
Posthabuisse potes? cui paucis Orpheus addit :
Vota Deusque mihi Beroe : me dedere leto
Iphicrates potis est, Beroen subducere nemo.
Jam ducis imperio, juvenem circum undique miles
Funditur, et vitæ parcunt, et vulnera figunt.
Spes erat Iphicrati, Beores per tristia fata
Mollire, inque suas juvenem deducere partes.
Jamque trahebatur, manibus post terga revinctis;
Cum Beroe casto Christum sub corde precatur,
Multa dolens Orpheo super; illi nullus amoris
Sensus erat, sola virgo pietate movetur.

On s'empare de la jeune chrétienne; hommes, femmes, enfants, vieillards, tous se précipitent sur elle à grands cris. O religion! ô foi sublime! l'innocence, hélas! est saisie et entraînée; tel un faon, ravi à la mamelle, est emporté par les chiens qui le déchirent; la mère de Béroë perd l'usage de ses sens, ses forces l'abandonnent, elle chancelle; des esclaves la soutiennent, et vont la déposer sur de riches tapis.

Cependant l'impétueux Orphée apprend que Béroë est traînée au supplice; dans l'égarement de la colère et de l'amour, il prend des armes, et va se placer entre les soldats et celle qu'il ne peut cesser d'aimer. Le bras du farouche Sténélus, qui tenoit Béroë, tombe sous les coups de son épée, et le fer, tout sanglant, est aussitôt plongé dans le cœur d'Archiloque. Cette attaque audacieuse émeut toute la multitude. « Téméraire, lui dit Iphicrates, quelle folie est la tienne? quelle fureur t'égare? songe à ta famille, Orphée, à toi-même; peux-tu sacrifier au Nazaréen tes parents, ta jeunesse et tes dieux?—Mon dieu, répond le jeune amant, c'est Béroë; Iphicrates peut m'ôter la vie; personne ne pourra m'arracher Béroë! » Iphicrates ordonne à ses soldats de se saisir de l'intrépide jeune homme, mais d'épargner sa vie. Il espérait amollir ce cœur farouche par le supplice de Béroë, et le ramener au culte de ses dieux. On l'entraîne, les mains liées derrière le dos; Béroë prie en son âme; elle gémit sur le sort d'Orphée; ce n'est pas un terrestre

Ecce autem Archidamas Beroen comitatur, et artem
Dissimulans, tristi cum jam furiosa theatro
Turba propinquaret, rapidisque incendia flammis
Vibraret propius, tum magnum dedecus ultra
Non tulit. Heu! quo vos, nam quo furor iste, decori
Immemores rapit? in pueros tenerasque puellas
Nil sævire pudet? quid vestra in viscera, vestros
In natos ruitis? natarum in sanguine dextras
Tingere jam sanctum est, et munus amabile Divis!
Si patris unigenam æterni, cœlique potentem,
Et dominum mundi Christum, regemque fateri
Est scelus, et crimen tam sæva morte piandum,
Me, me, adsum, leto date. Nil hæc virgo, vel ausa,
Vel sine me potuit, Christi rerumque sacrarum
Interpres, Veneris ritus odisse profanos
Auctor ego. Forti promentem talia voce
ardentemque animis plebs indignata tuetur.

Actutum, circo in medio, demittitur alte
In terram geminus stipes, circum arida ligna,
Et pinus pingues, et odoriferas cyparissos
Admovere; exin sanctum cum virgine casta
Pontificem immites per ferrea vincla ligarunt.
Ille prior Christo grates laudesque ferebat:

amour qui l'inspire : la religion seule parle dans son cœur.

Cependant le pieux Archidamas avoit suivi les pas de Béroë; son dessein n'étoit pas de se découvrir; mais quand cette multitude effrénée fut arrivée au théâtre de ses cruautés, et qu'il vit l'horrible appareil des bûchers, des flammes, l'homme de Dieu ne put soutenir ce spectacle d'horreur. « Malheureux! s'écria-t-il, quelle rage vous transporte ? Ne rougissez-vous point de vos fureurs ? Pourquoi déchirer le fruit de vos entrailles ? Tremper vos mains dans le sang des enfants, des jeunes filles, c'est donc là un acte de piété, une offrande digne de vos dieux ! Mais si c'est un crime de confesser le Christ, roi des cieux et de la terre, si ce crime doit s'expier par les tourments d'une mort cruelle, c'est moi, moi seul qu'il faut livrer au trépas. Cette vierge n'a rien fait, n'a pu rien faire sans moi. C'est moi, prêtre du Dieu vivant, c'est moi qui lui ai fait abhorrer l'impudique Vénus et son culte infâme. » Ce discours, cette voix solennelle, cette ferme énergie, attirent les regards de la populace irritée.

Aussitôt, vers le milieu du cirque, sont élevés deux poteaux, instruments du supplice : des branches de bois sec, dépouille des cyprès et des pins, s'entassent à l'entour ; les barbares attachent avec des chaînes de fer la jeune vierge et Archidamas ; le saint pontife commence alors à louer et à bénir Dieu.

Christe, Dei soboles, Patrisque æterna propago,
De nihilo dias qui me sub luminis auras
Eductum, et sancto informans pietatis amore
Pastorem gregis esse tui, populique magistrum
Per varios belli casus pacisque dedisti;
Qui nostræ pius elueres ut crimina vitæ,
Atque tuas æternus oves ex ore leonis
Tartarei eriperes pastor, cœloque locares;
Divinam fudisti animam, nos munere vitæ
Accipe defunctos, ovibusque intersere sanctis.
Talia dicentem fumus flammæque tulerunt.

Hæc dum oculis Orpheus, dum singula prospicit, ecce
Purpureo visum est illi discedere cœlum
Limite: tergemini mox luce alisque corusci
Aligeri accelerant media inter nubila gressum,
Tergeminasque ferunt studio properante coronas.
Obstupuit tanta perculsus imagine rerum
Orpheus, et donis pariter puerisque movetur.
Hæc tacitus secum : Nam quo tria præmia? nempe
Hic duo sunt pugiles : solus cum virgine sola
Archidamas. Ubi tertius? hæc dum corde volutat,
Spiritus ille Deus, Patris Natique voluptas,
Et communis amor, juveni pia viscera motu
Interior tentat, magnoque incendit amore.
Ergo illi species animi vertuntur, et ultro
Se rerum facies aliis inopina figuris

« O Seigneur, Fils éternel du Très-Haut, qui m'avez tiré du néant pour me conduire dans la vie ; qui, en me pénétrant du saint amour de la religion, m'avez choisi pour être le pasteur de votre troupeau, et l'exemple de votre peuple, dans la persécution et dans la paix ; qui, pour expier nos crimes, pour arracher vos brebis aux lions dévorants de l'enfer, pour les placer dans le séjour éternel du bonheur, avez, dans votre amour, rendu l'âme sur la croix ; daignez nous recevoir au sortir de la vie, et nous placer au nombre de vos élus. » Et bientôt des tourbillons de flamme et de fumée dérobent les martyrs à tous les yeux.

Mais tandis qu'Orphée jette autour de lui des regards pleins de trouble, voici qu'un sillon de pourpre entr'ouvre le ciel ; il en voit sortir trois anges lumineux, déployant des ailes radieuses : ils hâtent leur vol à travers les nues ; trois couronnes brillent dans leurs mains. Frappé de ce spectacle surnaturel, Orphée s'étonne ; une vive émotion s'empare de son âme. « Pourquoi trois couronnes ? « dit-il en lui-même. Béroë, Archidamas... ils ne « sont que deux combattants... où donc est le troi- « sième ? » Et comme il se recueilloit dans cette pensée, l'Esprit-Saint, amour et volupté du Père et du Fils, et Dieu comme eux, descend au fond de son cœur ; il l'ébranle, il le pénètre, il l'amollit aux rayons d'une chaste flamme. Soudain Orphée sent qu'il n'est plus le même ; son esprit s'agrandit ; un monde nouveau se dévoile à sa vue : il s'élance aux

Objicit : actutum Beroes advolvitur imos
Ante pedes, lacrymisque effusus talibus orat :

  Si quis adhuc veniæ locus, o sanctissima virgo,
Si qua pii miseros erga clementia Christi
Est super, et precibus si quando flectitur, illum
Supplicibus supera votis, et vince precando.
Magna mihi, fateor, commissa piacula, amanti
Ignoscenda tamen. Quis te per tanta putasset
Sacra Deo pactam, pulsisque ex æthere priscis
Numinibus, Christum cœlo regnare potentem ?
Nunc quoniam afflavit Christus me lumine sancto
Christus, et obscuræ detersit nubila mentis,
Sacrilegos ejuro Deos, ritusque profanos
Abdico. Tu, quoniam potes, ah ! miserere precantis.
Magna quidem poscis, retulit sanctissima virgo ;
Si scelerum tamen, atque ævi te pœnitet acti,
Te Deus excipiet facilis, blandusque fovebit,
Et quæcumque olim vestigia crimen inussit,
Diluet, ac cœli suprema parte locabit.
Aude animis, atque hoc quodcumque est lucis, et auræ
Mortalis, contemne ; manet te pura doloris
Et leti summota procul formidine vita.
Nonne vides, magna ut Christus stipante caterva
Obvius it nobis, summoque invitat Olympo ?

  At populi circum fusi vesana fremebant :

pieds de Béroë, et, les yeux noyés de larmes, il lui adresse cette prière :

« O vierge si sainte et si pure ! s'il en est temps encore ; si la clémence de ton Dieu est ouverte au repentir ; s'il se laisse fléchir à la prière des suppliants, obtiens grâce pour moi de sa miséricorde, et daigne l'apaiser par tes humbles vœux et tes saintes paroles ! J'ai à expier de grandes fautes, mais elles sont pardonnables à un amant. Pouvois-je penser que tu étois liée à ton Dieu par des nœuds indissolubles, et que, vainqueur des fausses divinités du monde, le Christ régnoit seul dans les cieux ? Maintenant que son souffle divin s'est épanoui sur moi, et a dissipé les nuages qui couvroient mon âme, j'abjure tous mes dieux ; je renonce à leur culte sacrilége. Voilà mes prières, ô vierge ! prends pitié de l'homme suppliant. — Elle est grande la grâce que vous implorez, répond la vierge sans tache ; mais si un véritable repentir vous touche, Dieu peut effacer jusqu'à la trace la plus légère de vos iniquités ; il vous tendra la main dans sa miséricorde et vous assignera une place parmi ses élus. Courage, pécheur ! méprisez ce qui vous reste d'une existence terrestre et fragile ; méritez une vie toute immortelle, exempte des souffrances de l'humanité, et des craintes de la mort... Vois-tu pas déjà le Rédempteur qui vient à nous environné d'une milice brillante, et qui nous sourit du haut des cieux ? »

Cependant la multitude s'empressoit autour du

Sacrilegi pereant, pereat quæ carmine mentes
Sensibus exturbat sanis, ritusque Deorum
Polluit, et totam funestat cantibus urbem !
Saxa alii, torresque alii, flammasque ferebant :
Virginis ille caput saxo petit, ille præusto
Stipite transadigit costas, hic Orphea sævus
Ense petit, revolutum in flammas corpus utrumque
Ille agit, et tanto cuncti pro crimine gaudent !
O vanas hominum mentes, et inania veri
Pectora, et in terras curvatos pondere sensus !
Ecce aderat cœlo, radiis et luce coruscans
Ætherea Christus, medium quem mille sequuti
Cœlicolæ clara circum cinxere corona.
Ille citis summo subvectus ab axe quadrigis
Orpheaque, et Beroen mundi super ardua tollit.

FINIS.

bûcher, et frappée d'un aveugle délire : « Mort aux
« sacriléges ! mort à cette impie qui, par ses en-
« chantements, jette le vertige dans les cœurs, pro-
« fane le culte des dieux, et appelle sur la ville le
« deuil et les calamités ! » Et tout ce peuple en dé-
mence agite des torches et lance des pierres. Un
caillou acéré atteint le front de la vierge héroïque :
un barbare lui perce le flanc avec un pieu calciné
par la flamme ; un autre tient Orphée à la gorge, et
lui plonge un poignard dans le cœur ; celui-là saisit
les deux amants et les pousse dans les flammes ;
une horrible joie éclate dans la foule hideuse. O
triste aveuglement des hommes ! Misérable nature,
accablée sous le poids des sens, et courbée vers la
terre ! Le Christ étoit en ce moment accessible à des
yeux mortels ; il apparoît dans les airs, resplendissant de flammes et de lumière ; autour de lui sont
rangés des milliers de génies célestes : porté rapidement sur un char de feu, il descend et ravit
les bienheureuses victimes par delà les soleils et les
mondes.

FIN.

EXTRAIT
DES ANNALES LITTÉRAIRES
DE M. DUSSAULT.[1]

Moins heureux qu'*Atala* et que le *Génie du Christianisme*, ce nouvel ouvrage de M. de Chateaubriand a été moins bien reçu du public, et plus maltraité par la censure littéraire; un homme d'esprit, M. H., a déployé contre *les Martyrs* toutes les rigueurs de sa critique, et toutes les ressources de son rare talent pour la raillerie; peut-être une production de cette importance demandoit-elle un examen plus indulgent et un ton plus sérieux. Quelques reproches qu'on puisse faire à cette création nouvelle d'un grand écrivain, on doit reconnoître qu'elle porte l'empreinte de son beau génie; M. de Chateaubriand ne s'est pas montré inférieur à lui-même dans cette périlleuse application de sa théorie poétique, et la nature seule d'une tentative si hardie et si neuve exigeoit les plus honorables égards, indépendamment du bonheur de l'exécution et du succès des efforts. Une des plus intéressantes Épîtres de Boileau est une consolation adressée à l'auteur de *Phèdre*, qu'affligeoient de cruelles et injustes critiques : si des vers mélodieux peuvent charmer les chagrins cuisants, et suspendre les douleurs amères d'une âme qu'ont bles-

---

[1] Nous ne saurions mieux terminer ce volume que par un dernier jugement porté sur le poëme de M. de Chateaubriand par feu M. Dussault; jugement qui, en outre, amène très naturellement les belles stances que M. de Fontanes adressa à l'auteur des *Martyrs*.

sée les traits de la satire, l'auteur des *Martyrs* ne pourra manquer d'oublier les siennes aux doux sons que lui fait entendre la lyre harmonieuse d'un grand poëte. M. de Fontanes vient d'adresser les vers suivants à son illustre ami ; ils renferment un jugement littéraire d'une autorité bien imposante, en même temps qu'ils offrent toutes les grâces d'une poésie pleine d'enchantement, et toute l'élégance d'un style devenu très rare aujourd'hui :

>Le Tasse errant de ville en ville,
>Un jour accablé de ses maux,
>S'assit près du laurier fertile
>Qui, sur la tombe de Virgile,
>Étend toujours ses verts rameaux.

>En contemplant l'urne sacrée,
>Ses yeux de larmes sont couverts ;
>Et là, d'une voix éplorée,
>Il raconte à l'ombre adorée
>Les longs tourments qu'il a soufferts.

>Il veut fuir l'ingrate Ausonie,
>Des talents il maudit le don,
>Quand, touché des pleurs du génie,
>Devant le chantre d'Herminie,
>Paroit le chantre de Didon.

>« Hé quoi ! dit-il, tu fis Armide,
>« Et tu peux accuser ton sort !
>« Souviens-toi que le Méonide,
>« Notre modèle et notre guide,
>« Ne devint grand qu'après sa mort.

>« L'infortune, en sa coupe amère,
>« L'abreuva d'affronts et de pleurs ;
>« Et quelque jour un autre Homère
>« Doit, au fond d'une île étrangère,
>« Mourir aveugle et sans honneurs.

« De l'indigence et du naufrage
« Camoëns connut les tourments ;
« Naguère les nymphes du Tage,
« Sur leur mélodieux rivage,
« Ont redit ses gémissements.

« Ainsi les maîtres de la lyre
« Partout exhalent leurs chagrins :
« Vivants, la haine les déchire,
« Et ces dieux que la terre admire
« Ont peu compté de jours sereins.

« Long-temps la gloire fugitive
« Semble troubler leur noble orgueil ;
« La gloire enfin pour eux arrive,
« Et toujours sa palme tardive
« Croit plus belle au pied d'un cercueil.

« Torquato, d'asile en asile,
« L'envie ose en vain t'assiéger ;
« Enfant des Muses! sois tranquille :
« Ton Renaud vivra comme Achille :
« L'arrêt du temps doit te venger.

« Le bruit confus de la cabale
« A tes pieds va bientôt mourir :
« Bientôt à moi-même on t'égale,
« Et, pour ta pompe triomphale,
« Le Capitole va s'ouvrir. »

Virgile a dit : O doux présage !
Il se replonge en son tombeau,
Et le vieux laurier qui l'ombrage,
Trois fois inclinant son feuillage,
Refleurit plus jeune et plus beau.

Les derniers mots que l'ombre achève
Du Tasse ont calmé les regrets :
Plein de courage, il se relève,
Et tenant sa lyre et son glaive,
Du Destin brave tous les traits.

STANCES.

Chateaubriand, le sort du Tasse
Doit t'instruire et te consoler :
Trop heureux qui, suivant sa trace,
Au prix de la même disgrâce,
Dans l'avenir peut l'égaler !

Contre toi du peuple critique
Que peut l'injuste opinion ?
Tu retrouvas la muse antique
Sous la poussière poétique
Et de Solyme et d'Ilion.

Du grand peintre de l'*Odyssée*
Tous les trésors te sont ouverts ;
Et dans ta prose cadencée,
Les soupirs de Cymodocée
Ont la douceur des plus beaux vers.

Aux regrets d'Eudore coupable
Je trouve un charme différent ;
Et tu joins dans la même fable
Ce qu'Athène a de plus aimable,
Ce que Sion a de plus grand.

Ta gloire est sûre, il faut l'attendre :
Ce n'est point un présage vain ;
Chérile n'osera prétendre
Au prix qu'un nouvel Alexandre
Promet à l'illustre écrivain.

Que le mérite se console,
Un héros gouverne aujourd'hui :
Des arts il veut rouvrir l'école
Et faire asseoir au Capitole
Tous les talents dignes de lui [1].

[1] Ces vers ont été adressés à M. de Chateaubriand en 1810.
(*Note de l'Éditeur.*)

FIN.

TABLE.

LES MARTYRS,

ou

LE TRIOMPHE DE LA RELIGION CHRÉTIENNE.

LIVRE DIX-NEUVIÈME.................... Page	3
LIVRE VINGTIÈME...............................	28
LIVRE VINGT ET UNIÈME......................	51
LIVRE VINGT-DEUXIÈME.......................	68
LIVRE VINGT-TROISIÈME......................	83
LIVRE VINGT-QUATRIÈME.....................	109
Remarques sur le dix-neuvième livre...........	135
Remarques sur le vingtième livre..............	147
Remarques sur le vingt et unième livre.........	152
Remarques sur le vingt-deuxième livre.........	157
Remarques sur le vingt-troisième livre.........	160
Remarques sur le vingt-quatrième livre........	167
Examen des *Martyrs*.........................	177
Jugements portés sur *les Martyrs*.............	241
Critique de P. B. Hoffmann et Observations sur cette critique..................................	273
Fragments du poëme de *Constantin*, par le P. Mambrun..	329
Extrait des *Annales littéraires* de M. Dussault......	360

FIN DE LA TABLE.

www.ingramcontent.com/pod-product-compliance
Lightning Source LLC
Chambersburg PA
CBHW070846170426
43202CB00012B/1961